Tanja Wieners

Miteinander von Kindern und alten Menschen

Tanja Wieners

Miteinander von Kindern und alten Menschen

Perspektiven für Familien
und öffentliche Einrichtungen

VS VERLAG FÜR SOZIALWISSENSCHAFTEN

VS VERLAG FÜR SOZIALWISSENSCHAFTEN

VS Verlag für Sozialwissenschaften
Entstanden mit Beginn des Jahres 2004 aus den beiden Häusern
Leske+Budrich und Westdeutscher Verlag.
Die breite Basis für sozialwissenschaftliches Publizieren

Bibliografische Information Der Deutschen Bibliothek
Die Deutsche Bibliothek verzeichnet diese Publikation in der Deutschen Nationalbibliografie;
detaillierte bibliografische Daten sind im Internet über <http://dnb.ddb.de> abrufbar.

1. Auflage Februar 2005

Alle Rechte vorbehalten
© VS Verlag für Sozialwissenschaften/GWV Fachverlage GmbH, Wiesbaden 2005

Lektorat: Monika Mülhausen / Marianne Schultheis

Der VS Verlag für Sozialwissenschaften ist ein Unternehmen von Springer Science+Business Media.
www.vs-verlag.de

Das Werk einschließlich aller seiner Teile ist urheberrechtlich geschützt. Jede Verwertung außerhalb der engen Grenzen des Urheberrechtsgesetzes ist ohne Zustimmung des Verlags unzulässig und strafbar. Das gilt insbesondere für Vervielfältigungen, Übersetzungen, Mikroverfilmungen und die Einspeicherung und Verarbeitung in elektronischen Systemen.

Die Wiedergabe von Gebrauchsnamen, Handelsnamen, Warenbezeichnungen usw. in diesem Werk berechtigt auch ohne besondere Kennzeichnung nicht zu der Annahme, dass solche Namen im Sinne der Warenzeichen- und Markenschutz-Gesetzgebung als frei zu betrachten wären und daher von jedermann benutzt werden dürften.

ISBN-13: 978-3-531-14526-6   e-ISBN-13: 978-3-322-80700-7
DOI: 10.1007/978-3-322-80700-7

Inhalt

I Einleitung 11

II Kinder und alte Menschen: Altersstrukturen und
    Bevölkerungsentwicklung in der Bundesrepublik
    Deutschland 14

III Intergenerationelle Kontakte in familialen und
     institutionellen Lebenskontexten am Beispiel von
     Großeltern-Enkel-Beziehungen: Eine Literaturstudie 17
1   Großeltern-Enkel-Beziehungen in familialen Lebenskontexten 18
     1.1 Kinder 18
          1.1.1 Kontaktmöglichkeiten zu Großeltern 18
          1.1.2 Bedeutung der Kontakte zu Großeltern 19
          1.1.3 Institutionalisierte Kindheit: Kontaktmöglichkeiten
                 zu alten Menschen 23
     1.2 Elterngeneration als Bindeglied zwischen Enkelkindern
          und Großeltern 25
     1.3 Alte Menschen 26
          1.3.1 Kontaktmöglichkeiten zu Enkelkindern 26
          1.3.2 Bedeutung der Kontakte zu Enkelkindern 28
          1.3.3 Institutionelle Altenarbeit: Kontaktmöglichkeiten
                 zu Kindern 30
     1.4 Kindheit-Erwachsenenalter-Rentenalter: Intergenerationelle
          Kontaktmöglichkeiten und deren Bedeutung im Vergleich 30
2   Großeltern-Enkel-Beziehungen in institutionellen
     Lebenskontexten 32
     2.1 Kinder 32
          2.1.1 Einrichtungen der Heimerziehung 32
          2.1.2 Herkunftsfamilien und Heimeinweisungsgründe 36
          2.1.3 Möglichkeiten und Bedeutung intergenerationeller
                 Kontakte zwischen jungen und alten Menschen -
                 Enkelkindern und Großeltern - in Kinderheimen 38

2.2 Alte Menschen 40
    2.2.1 Einrichtungen der Altenhilfe 40
    2.2.2 Hintergründe für den Einzug in eine Einrichtung der
        Altenhilfe 46
    2.2.3 Möglichkeiten und Bedeutung intergenerationeller
        Kontakte zwischen alten und jungen Menschen -
        Großeltern und Enkelkindern - in Alteneinrichtungen 47
2.3 Einrichtungen der Heimerziehung und Altenhilfe im
    Vergleich: Möglichkeiten und Bedeutung
    intergenerationeller Kontakte 49
2.4 Stand der Forschung zu intergenerationellen Beziehungen
    in Institutionen 50

IV Intergenerationelle Kontakte in familialen und institutionellen Lebenskontexten: Eine empirische Untersuchung über Großeltern-Enkel-Beziehungen 52

1 Einführung in die empirische Untersuchung 52
    1.1 Erkenntnisinteresse 52
    1.2 InterviewteilnehmerInnen 53
    1.3 Fragebögen 54
    1.4 Kontaktaufnahme bei den vier Befragtengruppen 54
    1.5 Besonderheiten des Samples 57
    1.6 Interviews mit Kindern und alten Menschen:
        Methodische Anregungen 58
    1.7 Auswertung 61
2 Enkelkinder in Privathaushalten: Gestaltung und Bedeutung
    der Großeltern-Enkel-Beziehung 62
    2.1 Forschungsinteresse 62
    2.2 Beurteilung der Interviewsituationen 62
    2.3 Sample 62
    2.4 Familienverständnis 63
    2.5 Bedingungen und Kontexte bei
        Großeltern-Enkel-Kontakten 64
    2.6 Gestaltung der Großeltern-Enkel-Beziehung 68
    2.7 Vergleich zwischen dem Leben im Elternhaus
        und bei den Großeltern 71
    2.8 Bedeutung und Intensität der Großeltern-Enkel-Beziehung 72
    2.9 Fallbeispiele 75
    2.10 Ausblick 79

3	Großeltern in Privathaushalten: Gestaltung und Bedeutung der Großeltern-Enkel-Beziehung	80
	3.1 Forschungsinteresse	80
	3.2 Beurteilung der Interviewsituationen	80
	3.3 Sample	81
	3.4 Familienverständnis	82
	3.5 Bedingungen und Kontexte bei Großeltern-Enkel-Kontakten	83
	3.6 Gestaltung der Großeltern-Enkel-Beziehung	84
	3.7 Bedeutung und Intensität der Großeltern-Enkel-Beziehung	87
	3.8 Einstellungen zur Großelternschaft	90
	3.9 Großeltern und Erziehungsaufgaben	92
	3.10 Fallbeispiele	93
	3.10.1 Großmütter	93
	3.10.2 Großväter	99
	3.11 Ausblick	103
4	Enkelkinder in Kinderheimen: Gestaltung und Bedeutung der Großeltern-Enkel-Beziehung	104
	4.1 Forschungsinteresse	104
	4.2 Vorstellung der Kinderheime	104
	4.3 Beurteilung der Interviewsituationen	106
	4.4 Sample	107
	4.5 Familienverständnis	107
	4.6 Bedingungen und Kontexte bei Großeltern-Enkel-Kontakten	109
	4.7 Gestaltung der Großeltern-Enkel-Beziehung	111
	4.8 Vergleich zwischen dem Leben im Heim und bei den Großeltern	114
	4.9 Bedeutung und Intensität der Großeltern-Enkel-Beziehung	115
	4.10 Alte Menschen im Kinderheim	118
	4.11 Fallbeispiele	119
	4.12 Ausblick	125
5	Großeltern in Altenheimen: Gestaltung und Bedeutung der Großeltern-Enkel-Beziehung	126
	5.1 Forschungsinteresse	126
	5.2 Vorstellung der Alten-/Pflegeheime und des Wohnstifts	126
	5.3 Beurteilung der Interviewsituationen	128
	5.4 Sample	128
	5.5 Familienverständnis	129

	5.6	Bedingungen und Kontexte bei Großeltern-Enkel-Kontakten 130
	5.7	Gestaltung der Großeltern-Enkel-Beziehung............. 132
	5.8	Bedeutung und Intensität der Großeltern-Enkel-Beziehung 134
	5.9	Einstellungen zur Großelternschaft 137
	5.10	Großeltern und Erziehungsaufgaben 138
	5.11	Kinder im Altenheim............... 140
	5.12	Fallbeispiele............... 141
	5.13	Ausblick............... 149
6	Exkurs: Der Generationenbegriff - ein spannender Störfaktor 150	
	6.1	Der Generationenbegriff - eine Literaturstudie............... 150
		6.1.1 Abhandlungen zum Generationenbegriff............... 151
		6.1.2 Aufhebung des Generationenbegriffs als Resultat generationenübergreifender Lebensmodelle? 156
	6.2	Neue Perspektiven im Diskurs zum Generationenbegriff - eine empirische Studie............... 158
		6.2.1 Alte Menschen in Privathaushalten: Lebenswege und Generationszugehörigkeit............... 159
		6.2.1.1 Lebenswege und einschneidende Ereignisse 159
		6.2.1.2 Generationszugehörigkeitsgefühl 161
		6.2.2 Alte Menschen in Altenheimen: Lebenswege und Generationszugehörigkeit............... 164
		6.2.2.1 Lebenswege und einschneidende Ereignisse 164
		6.2.2.2 Generationszugehörigkeitsgefühl 166
		6.2.3 Alte Menschen in Privathaushalten und Altenheimen im Vergleich: Lebenswege und Generationszugehörigkeit............... 167
		6.2.3.1 Lebenswege und einschneidende Ereignisse 167
		6.2.3.2 Generationszugehörigkeitsgefühl 168
	6.3	Resümee: Der Generationsbegriff theoretisch, empirisch, von Alten und Hochbetagten, in Privathaushalten und Institutionen............... 169
7	Großeltern-Enkel-Beziehungen aus Sicht von Enkelkindern und Großeltern in Privathaushalten 169	
	7.1	Forschungsinteresse............... 169
	7.2	Familienverständnis............... 169
	7.3	Bedingungen und Kontexte bei Großeltern-Enkel-Kontakten 170
	7.4	Gestaltung der Großeltern-Enkel-Beziehung............... 171

7.5	Bedeutung und Intensität der Großeltern-Enkel-Beziehung	173
7.6	Ausblick	174

8 Großeltern-Enkel-Beziehungen aus Sicht von Enkelkindern in Privathaushalten und Kinderheimen 174
   8.1 Forschungsinteresse 174
   8.2 Familienverständnis 175
   8.3 Bedingungen und Kontexte bei Großeltern-Enkel-Kontakten 176
   8.4 Gestaltung der Großeltern-Enkel-Beziehung 178
   8.5 Vergleich zwischen dem Leben im Elternhaus/Heim und bei den Großeltern 179
   8.6 Bedeutung und Intensität der Großeltern-Enkel-Beziehung 180
   8.7 Ausblick 181

9 Großeltern-Enkel-Beziehungen aus Sicht von Großeltern in Privathaushalten und Altenheimen 182
   9.1 Forschungsinteresse 182
   9.2 Familienverständnis 182
   9.3 Bedingungen und Kontexte bei Großeltern-Enkel-Kontakten 183
   9.4 Gestaltung der Großeltern-Enkel-Beziehung 184
   9.5 Bedeutung und Intensität der Großeltern-Enkel-Beziehung 185
   9.6 Einstellungen zu Großeltern-Enkel-Beziehungen 187
   9.7 Ausblick 188

10 Großeltern und Enkelkinder in familialen und institutionellen Lebenskontexten: Auswirkungen auf die Gestaltung und Bedeutung von Großeltern-Enkel-Beziehungen 188
   10.1 Forschungsinteresse 188
   10.2 Familienverständnis 188
   10.3 Bedingungen und Kontexte bei Großeltern-Enkel-Kontakten 189
   10.4 Gestaltung der Großeltern-Enkel-Beziehung 190
   10.5 Bedeutung und Intensität der Großeltern-Enkel-Beziehung 191
   10.6 Einstellungen zu Großeltern-Enkel-Beziehungen 192
   10.7 Ausblick 192

V Perspektiven **193**

Literatur 195

I Einleitung

Die Analyse von Generationenbeziehungen hat in den letzten Jahren aufgrund des bevorstehenden demographischen Wandels und der Sorgen um die alternde Gesellschaft an gesellschaftlichem Interesse gewonnen. Im Vordergrund standen und stehen hierbei vor allem die Transferleistungen zwischen jungen und alten Menschen verbunden mit der Fragestellung: Wie sollen die wenigen jungen die Rentenansprüche der großen Anzahl an alten Menschen finanzieren? Weitgehend außer Acht gelassen wurden hierbei Überlegungen, wie sich Generationenbeziehungen im familialen Rahmen gestalten. In der vorliegenden Studie werden diese familialen intergenerationellen Kontakte zwischen Kindern und alten Menschen am Beispiel von Großeltern und Enkelkindern untersucht. Wie gestalten sich heutige Großeltern-Enkel-Beziehungen? Kündigt sich auch in diesem familialen Bereich ein „Generationenkrieg" an, so wie er auf gesamtgesellschaftlicher Ebene befürchtet wird? Kann davon ausgegangen werden, daß generationenübergreifende Erfahrungen im Familienbereich auf die Gestaltung gesamtgesellschaftlicher intergenerationeller Kontakte Einfluß nehmen, so können diese innerfamilialen Generationserfahrungen von weitreichender Bedeutung sein. Aber auch ohne den Bezug zu gesamtgesellschaftlichen Kontexten herzustellen, ruft der Mangel an aktuellen Untersuchungen zur Gestaltung und Bedeutung von Großeltern-Enkel-Beziehungen Verwunderung hervor. Die Erfahrungen, die Kinder und alte Menschen mit ihren Rollen als Enkelkinder bzw. Großeltern sammeln, wie sie diese generationenübergreifenden Kontakte zur übernächsten jüngeren bzw. älteren Generation erleben, sind im deutschsprachigen Raum weitgehend unerforscht. Dieses Forschungsinteresse verfolgt die hier präsentierte empirische Studie. In den Kapiteln IV.2 und 3 wird dargestellt, wie aus Sicht heutiger Großeltern und Enkelkinder Großeltern-Enkel-Kontakte realisiert werden, wo sich Großeltern und Enkelkinder treffen, ob die Eltern der Enkelkinder bei den Treffen anwesend sind, was gemeinsam unternommen wird, welche Vorlieben Großeltern und Enkelkinder bezüglich ihrer Treffpunkte und gemeinsamen Aktivitäten haben. Zudem wird auf eher emotionaler Ebene das Wohl- bzw. Unwohlbefinden mit der Enkel- bzw. Großelternrolle erkundet. Es wird untersucht, welchen emotionalen Stellenwert Großeltern bzw. Enkelkinder im Leben der befragten Kinder bzw. alten Menschen haben.

Mit Großeltern-Enkel-Beziehungen werden zumeist familiale Lebenskontexte assoziiert. Weitgehend außer Acht gelassen werden Großeltern-Enkel-Beziehungen in institutionellen Lebensräumen. Doch auch Kinder und alte Menschen, die sich in institutionellen Kontexten bewegen und/oder in Institutionen leben, sind zumeist Enkelkinder bzw. Großeltern. Aufgrund dieser Überlegungen und der weitreichenden Institutionalisierungen in der heutigen Gesellschaft beschäftigt sich diese Studie zudem mit der Fragestellung, inwiefern intergenerationelle Kontakte zwischen Kindern und alten Menschen, die in Institutionen leben, erfahrbar sind. Ebenfalls am Beispiel von Großeltern-Enkel-Beziehungen wird erkundet, inwiefern institutionelle Rahmenbedingungen das Aus- und Erleben von Großeltern-Enkel-Beziehungen erlauben. Es wird erkundet, wie sich diese Kontakte und Beziehungen gestalten und welchen Stellenwert sie für Kinder und alte Menschen in Institutionen haben. In Anlehnung an die Befragungen mit Kindern und alten Menschen in familialen Lebenssituationen werden auch die Befragten aus Institutionen zu ihrem Wohlbefinden als Enkel bzw. Großmutter/Großvater und ihren Emotionen bezüglich der Großeltern-Enkel-Beziehung befragt. Als Institutionen wurden Kinder- und Alten-/Pflegeheime ausgewählt. Beides sind Institutionen, die für die jeweiligen BewohnerInnen deren primäre Lebenswelt darstellen. Weiterführende Überlegungen sind nötig, inwiefern die erzielten Ergebnisse auch auf andere institutionelle Kontexte - also beispielsweise Tageseinrichtungen - übertragbar sind. In Kapitel III.2 werden anhand von Literaturrecherchen Einblicke in die Institutionen Kinder- und Alten-/Pflegeheim gegeben sowie Überlegungen zu den Möglichkeiten und der Bedeutung intergenerationeller Kontakte in diesen Institutionen entwickelt. Darauf aufbauend werden in den Kapiteln IV.4 und 5 die Ergebnisse der Befragung von Enkelkindern in Kinderheimen und Großeltern in Alten-/Pflegeheimen zur Gestaltung und Bedeutung von Großeltern-Enkel-Beziehungen in Institutionen dargestellt.

In den Kapiteln IV.6 bis 9 stehen Vergleiche der verschiedenen Befragtengruppen im Vordergrund. Es wird untersucht, inwiefern Enkelkinder eine andere Sicht auf Großeltern-Enkel-Kontakte haben als Großeltern, Kinder aus Privathaushalten die Beziehung zu ihren Großeltern anders wahrnehmen und einschätzen als Kinder in Kinderheimen und Großeltern in Privathaushalten andere Beschreibungen von ihren Großeltern-Enkel-Beziehungen abgeben als Großeltern, die in Alten-/Pflegeheimen leben. Schließlich wird es möglich sein zu erarbeiten, inwiefern sich Übereinstimmungen und/oder Differenzen bei den Analysen der Großeltern-Enkel-Beziehungen aus privat-familialen bzw. institutionellen Lebensbereichen ableiten lassen.

Die Studie wird demnach Aufschluß liefern über die Gestaltung und Bedeutung von Großeltern-Enkel-Beziehungen aus Perspektive von Enkelkindern und Großeltern, also Kindern und alten Menschen, und zwar aus Sicht von Kindern und alten Menschen in privat-familialen und institutionellen Lebensbereichen. Diese Erforschung alltäglicher Lebenssituationen in so unterschiedlichen Alltagskontexten wie von Menschen in Familien und Institutionen eröffnet weitreichende Einblicke in familiale und institutionelle Lebensbedingungen. Nehmen diese Lebensfelder Einfluß auf die Gestaltung und Bedeutung von Großeltern-Enkel-Beziehungen? Welche Konsequenzen können hieraus für die pädagogische Praxis in Institutionen gewonnen werden? Dieser Vergleich des privaten Lebensraumes Familie mit den institutionellen Lebenskontexten Kinder- und Altenheim erschließt interessante konzeptionelle Überlegungen für die Weiterentwicklung öffentlicher Einrichtungen sowie die professionelle Familienarbeit.

Bei der Auseinandersetzung mit Generationenbeziehungen erscheint zudem - wenn nicht sogar zuerst - die Thematisierung des Generationenbegriffs wesentlich. Bei der Bearbeitung des Generationenbegriffs wird ersichtlich, daß es vielfältige Zugangsweisen gibt, eine zufriedenstellende Strukturierung des Generationenbegriffs jedoch nach wie vor nicht vorliegt. In dem Exkurs „Der Generationenbegriff - ein spannender Störfaktor" - der diesen provokativen Titel trägt, da eine Analyse des Generationenbegriffs vorerst unumgänglicher Bestandteil dieser Studie zu sein schien und wenig Aussicht auf innovative Erkenntnisse versprach, sich jedoch durch die Befragung von alten Menschen zu dieser Thematik als sehr anregend erwiesen hat - wird eine Einführung in den derzeitigen theoretischen Diskurs gegeben, werden neue Akzente im Umgang mit dem Generationenbegriff gesetzt und der Entwurf eines Generationenmodells vorgenommen. Diese auf theoretischer Ebene aufgeworfenen Fragestellungen finden sich auch in der empirischen Studie. Erstmalig wird hier der Versuch unternommen, im Gespräch mit den Interviewten deren Definition des Generationenbegriffs und deren Ansichten zur Generationszugehörigkeit zu erarbeiten.

Im abschließenden Kapitel V wird unter Berücksichtigung wesentlicher Erkenntnisse dieser Studie ein Ausblick auf die Bedeutung dieser Ergebnisse für die pädagogische Praxis sowie weiterführende Forschungsfragen gegeben.

Das Buch wendet sich an Fachkräfte in Einrichtungen für Kinder und alte Menschen, Fachkräfte in der Familienbildung, Lehrende und Studierende an Fachschulen, Fachhochschulen und Universitäten sowie thematisch Interessierte und Betroffene.

II Kinder und alte Menschen: Altersstrukturen und Bevölkerungsentwicklung in der Bundesrepublik Deutschland

Altersstrukturen einer Gesellschaft werden vor allem durch Fertilitäts-, Mortalitäts- und Wanderungsverhältnisse bestimmt. In den meisten Industrieländern sank die Geburtenhäufigkeit zwischen 1965 und 1975 um bis zu 50%. An diesem Rückgang der Geburten hat sich auch in den letzten Jahren nichts verändert. Der hiermit einhergehende Bevölkerungsrückgang wirkt sich auf die quantitative Gewichtung der Altersklassen aus. Das quantitative Anwachsen der älteren Jahrgänge wird zudem durch die markante Verlängerung der Lebenserwartung unterstützt. Während beispielsweise im Jahre 1900 im Deutschen Reich 4,4 Millionen über 60-Jährige (7,8%) lebten, traf das 1990 in West- und Ostdeutschland für 79,1 Millionen Menschen (20,3%) zu. Für 2030 wird der Anteil der 60 Jährigen auf zwischen 32,7% bis 34,6% geschätzt (Tews; in: Niederfranke, Naegele, Frahm 1999-a, S. 138f.). Dreigenerationenfamilien stellen heute die Normalität dar, Vier- und zum Teil auch Fünfgenerationenfamilien sind keine Seltenheit mehr. Nie zuvor in der Geschichte der Menschheit lebten so viele Generationen mit so geringer Kinderzahl gleichzeitig. Von den über 65jährigen sind ungefähr 50% Mitglieder von Vier-Generationen-Familien. Während demnach die Zahl der gleichzeitig lebenden Generationen steigt, sinkt die Anzahl der Mitglieder der jüngeren familialen Generationen (Rosenmayr 1996, S. 14). Demzufolge könnte vermutet werden, daß sich für heutige Kinder zahlreiche Chancen intergenerationeller Kontakte ergeben, während Interaktionen mit Gleichaltrigen - zumindest im familialen Rahmen - seltener werden. Dieser Überlegung wird in den folgenden Kapiteln weiter nachgegangen.

In Deutschland - bzw. in den beiden deutschen Staaten - hat sich bei den zwischen 1930 und 1940 Geborenen im Vergleich zu denen zwischen 1955 und 1960 Geborenen die durchschnittliche Geburtenzahl von 2,5 Kindern auf 1,5 reduziert. Durch die geminderte Kindersterblichkeit wird das rapide Absinken der nachwachsenden Generation und damit auch das Fortpflanzungspotential zwar abgeschwächt, doch zeichnet sich ein unaufhaltsamer Rücklauf nachwachsender Generationen ab. Für die nächsten Jahrzehnte läßt sich ohne kontinuierliche Zuwanderungen ein weiterer Geburtenrückgang vorhersehen. Da die geburtenstärkeren Jahrgänge dementsprechend ältere Lebensalter einnehmen werden, wird der Anteil der alten Menschen in Zukunft den der Kinder und Jugendlichen übersteigen (Bundesministerium für Familie, Senioren, Frauen und Jugend 1995, S. 41ff.; Bundesministerium für Familie, Senioren, Frauen und Jugend 1996, S. 76ff.). Demzufolge kann von einem zweifachen gesellschaftlichen Altern gesprochen werden: zum einen steigt die Zahl der älteren Menschen und zum anderen wandelt sich das relative Verhältnis der jungen gegenüber den alten Menschen (Lastenquotient). Es steht eine Verschiebung des Alten- und des Jugendquotienten an. Im Jahre 2020 werden auf zwei Angehörige der mittleren Altersgruppe einer der älteren kommen. Während der Altenquotient weiterhin ansteigen wird, wird der Jugendquotient abfallen (Tews; in: Niederfranke, Naegele, Frahm 1999-a, S. 139).

Hierbei wird die „Feminisierung des Alters" deutlich. Zwei Drittel der heutigen 60jährigen und drei Viertel der über 75jährigen sind Frauen. Die höhere Lebenserwartung von Frauen und die Nachwirkungen des Krieges tragen dazu bei, daß dieses Geschlechterverhältnis für die nächsten Jahrzehnte unausgeglichen bleiben wird.

Männer- und Frauenanteil der Bevölkerung Deutschlands nach Altersgruppen

	Frauen	Männer
60 bis unter 65 Jahre	51,7%	48,3%
65 bis unter 70 Jahre	57,7%	42,3%
70 bis unter 75 Jahre	64,6%	32,1%
75 bis unter 80 Jahre	67,9%	32,1%
80 bis unter 85 Jahre	71,0%	29,0%
85 Jahre und älter	75,2%	24,8%

(vgl. Tews; in: Niederfranke, Naegele, Frahm 1999-a, S. 148).

Eine weitere Besonderheit der bundesdeutschen Altersstrukturen ist die zunehmende Hochaltrigkeit. Es kann davon ausgegangen werden, daß der Anteil der 80jährigen und älteren an der Gesamtbevölkerung in Deutschland von 3,99% in 2000 auf 6,22% in 2030 steigen wird (Tews; in: Niederfranke, Naegele, Frahm 1999-a, S. 140). Zum heutigen Zeitpunkt handelt es sich bei älteren Menschen zu etwa zwei Drittel um „junge Alte" (60- bis 75jährige) und zu ca. einem Drittel um „alte Alte".

Anteil der 60- bis 80-Jährigen und der Hochaltrigen innerhalb der Gruppe der älteren Menschen in Deutschland 1992

Altersgruppe	Westdeutschland	Ostdeutschland
60- bis 80-Jährige	81,7%	81,5%
(davon 75- bis 80-Jährige	14,1%	12,2%)
über 80-Jährige	18,3%	18,5%

(Statistisches Bundesamt 1994, S. 66)

Die Verschiebungen der quantitativen Anteile von Altersgruppen - insbesondere zwischen der jungen und der alten Bevölkerung - haben weitreichende Konsequenzen im gesamtgesellschaftlichen und im privaten Bereich.

Das soziale Sicherungssystem muß unter den sich wandelnden quantitativen Anteilen von jungen und alten Menschen von einer kleinen Gruppe junger Menschen getragen werden und die Lebenssituation einer großen Anzahl alter Menschen sichern. Das beinhaltet in Anbetracht der schrumpfenden finanziellen Ressourcen für junge Familien zahlreiches Konfliktpotential (vgl. Kaufmann; in: Lüscher, Schultheis 1993, S. 95ff.).

Aber auch im privaten Sektor sind Veränderungen vorhersehbar. Die Pflege und Betreuung von Kindern, alten Menschen und Behinderten findet herkömmlicherweise im Familienverband und vor allem durch die Arbeitskraft der Frauen statt. Zur Zeit werden in West- und Mitteleuropa mehr als drei Viertel aller über 60jährigen Pflegebedürftigen zu Hause versorgt (Rosenmayr 1996, S. 80). Von den insgesamt 1.123.000 Pflegefällen in deutschen Privathaushalten erhalten 1.018.600 Hilfe durch Verwandte, Freunde, Bekannte. Die Hauptpflegepersonen sind zumeist die Töchter und/oder Ehefrau der Betroffenen. Männer sind als Hauptpflegeperson weitaus seltener vertreten als Frauen (Beck-Gernsheim 1999, S. 90). Durch die steigende Erwerbstätigkeit heutiger Frauen fällt jedoch das Potential, um diese Aufgaben zu leisten, in zunehmendem Maße weg. Für diese ehemals im familialen Kontext geleisteten Aufgaben werden demnach entsprechende Leistungen im außerfamilialen Rahmen nötig (Kaufmann; in: Lüscher, Schultheis 1993, S. 95ff.; Beck-Gernsheim 1999, S. 98ff.). Der Verzicht von Frauen auf Erwerbstätigkeit, um Kinder, Alte und/oder Behinderte zu betreuen, stellt ein für die Zukunft nicht vertretbares Modell dar. Anderseits sind außerfamiliale Hilfeleistungen mit enormen Mehrkosten für Familien verbunden. Zur Zeit ist noch unklar, wie mit diesem Problem, das großes Konfliktpotential hinsichtlich sozialer Ungleichheiten beinhaltet, in Zukunft umzugehen ist (Beck-Gernsheim; in: Liebau, Wulf 1996, S. 24ff.).

III Intergenerationelle Kontakte in familialen und institutionellen Lebenskontexten am Beispiel von Großeltern-Enkel-Beziehungen: Eine Literaturstudie

Familiale Generationenbeziehungen werden im folgenden den Schwerpunkt bilden. Die familiale Generationszugehörigkeit gilt für die meisten Menschen als persönlichkeitsbildend. Generationenbeziehungen in Familien sind unkündbar und von daher von besonderer Bedeutung für den Lebenslauf (Lüscher; in: Krappmann, Lepenies 1997, S. 35). Im folgenden sollen die Besonderheiten der Lebensalter Kindheit, Erwachsenenalter, Alter/Rentenalter dargestellt und miteinander verglichen werden. Ein Schwerpunkt liegt auf der Kindheit und dem Alter/Rentenalter, da die bisher weitgehend unerforschte Beziehung dieser beiden Altersgruppen im Mittelpunkt der empirischen Untersuchung (vgl. Kapitel IV) steht. Die verschiedenen Altersphasen werden insbesondere hinsichtlich der Möglichkeiten intergenerationeller Kontakte analysiert. Ist in bestimmten Altersphasen die Wahrscheinlichkeit intergenerationeller Kontakte eher gegeben als in anderen Altersphasen? Welche Lebensfaktoren begünstigen Kontakte zwischen Generationen und welche hemmen sie? Beziehen sich Kontakte eher auf die nächst ältere, nächst jüngere oder die übernächste jüngere bzw. ältere Generation? In Anbetracht der zunehmenden Institutionalisierung des heutigen Lebensalltages wird zudem der Frage nachgegangen, inwiefern in institutionellen Kontexten generationenübergreifende Kontakte zur übernächst jüngeren bzw. älteren Generation existieren.

1 Großeltern-Enkel-Beziehungen in familialen Lebenskontexten

1.1 Kinder

1.1.1 Kontaktmöglichkeiten zu Großeltern

Aufgrund der gestiegenen Lebenserwartung erlebt die Mehrheit heutiger Kinder für viele Jahre ihre Großeltern. 1991 hatten 22% der 10-14jährigen noch alle vier Großeltern und nur 19% dieser Altersgruppe hatten gar keine Großeltern (Lauterbach 1995, S. 22ff.; Bundesministerium für Familie, Senioren, Frauen und Jugend 1998, S. 34). Die Mehrheit der Enkelkinder lebt allerdings nicht im selben Haushalt oder Haus wie ihre Großeltern. Doch entgegen der Annahme der örtlichen Distanzierung von Großeltern und Enkelkindern wohnen lediglich 20% der Familien mehr als eine Fahrstunde voneinander entfernt. Heutige Kinder haben zudem meist viel von ihren Großeltern, da sie sie nicht mit einer großen Zahl an Enkelkindern teilen müssen. Durch die Geburt eines Kindes bzw. Enkelkindes verstärken sich häufig die Kontakte zwischen den Generationen. Insbesondere wenn die Eltern der Kinder berufstätig sind, gewinnt die Beziehung zwischen Enkeln und Großeltern an Bedeutung. Entgegen den Ergebnissen der Haushaltsstatistik, die auf eine Vereinzelung der Generationen und den Zerfall familialer Bande schließen lassen, hat Bien (1994) die verbreitete Existenz intergenerationeller familialer Beziehungen und Kontakte dargelegt. Die Studie belegt, daß junge Familien mit Kindern häufig in der Nachbarschaft bzw. recht nahe bei den Großeltern der Kinder leben. Für solche Informationen ist die Haushaltsstatistik, die einen Anteil von knapp 1% Dreigenerationenhaushalten bezogen auf die Gesamtzahl aller Haushalte und 0,48% Dreigenerationenhaushalte bei den 65jährigen und älteren erbrachte (Statistisches Bundesamt 1998 und eigene Berechnung) sowie ein kontinuierliches Abnehmen dieser Haushaltsform aufweist, nicht die geeignete Quelle. Die Verwandtschaftsnetze sind wesentlich dichter als es die Interpretationen der Haushaltsstatistik für möglich erscheinen lassen (Bien 1994, S. 10).

Lange und Lauterbach (1998, S. 227ff.), die sich mit der gesellschaftlichen Relevanz multilokaler Mehrgenerationenfamilien befassen, haben folgende sozio-ökonomische und familiale Faktoren analysiert, die Einfluß auf die Wohnortentfernung zwischen erwachsenen Kindern und deren Eltern nehmen können: Bildungsniveau und berufliche Situation, Familieneinkommen, regionale Unterschiede (Stadt, Land; Nord-, Mittel-, Süddeutschland), Anzahl der Geschwister, Stellung der Großeltern im Familienzyklus, geschlechtsspezifische Unterschiede, familiale Situation der Großeltern (verheiratet, geschieden, verwitwet), kritische Lebensereignisse (Lange, Lauterbach 1998, S. 231ff.). Laut Lange und Lauterbach ist die Wohnortentfernung ein entscheidendes Kriterium hinsichtlich der Qualität von Großeltern-Enkelkindern-Beziehungen. "Großeltern können aber nur dann neben Eltern unmittelbar relevante Bezugspersonen für Kinder sein, wenn diese auch ohne größeren Aufwand Kontakt zu den Großeltern aufnehmen können - wenn die Großeltern folglich in der Nähe zum elterlichen Haushalt leben." (Lange, Lauterbach 1998, S. 228) Doch auch bei großer Wohnortdistanz zwischen Großeltern und Enkelkindern können sich unter heutigen Lebensbedingungen - Kommunikationsmöglichkeiten Telefon und Internet, Überwindung von Wohnortdistanzen mit Bahn, Auto, Flugzeug - sicherlich interessante Gestaltungsvarianten für diese intergenerationellen Kontakte ergeben. Besuche an Wochenenden und/oder längere Urlaubsaufenthalte, bei denen Großeltern-Enkel-Beziehungen besondere Intensität erfahren können, stellen Alternativen zu häufigen stundenweisen Kontakten dar. Bisher liegen noch keine Untersuchungsergebnisse vor, wie sich diese unterschiedlichen Kontaktformen auf die Beziehungsqualität auswirken können.

1.1.2 Bedeutung der Kontakte zu Großeltern

Während bis Anfang der sechziger Jahre insbesondere in der psychologischen und klinischen Literatur Großeltern als Störfaktoren gelingender Sozialisationsprozesse verstanden wurden (Smith; in: Smith 1991), konzentrieren sich neue Untersuchungen auf die positiven Effekte von Großelternkontakten zu ihren Enkelkindern. Allerdings hat sich Großelternschaft in den letzten Jahrzehnten auch grundlegend geändert. In zunehmendem Maße wird ein positives Bild von alten Menschen und deren produktiven, generativen Einflüssen transportiert (Baltes; in: Baltes, Montada 1996). Indem sich zudem die Verpflichtungen und Zwänge zwischen den Generationen verkleinert haben - Kinder sind heute beispielsweise nicht mehr die Altersversorgung ihrer Eltern - ergeben sich für Eltern, Kinder, Großeltern und Enkelkinder von Verpflichtungen gelöste Interaktionsmöglichkeiten. Das moderne System der staatlichen Altersvorsorge und damit die öffentliche Zuständigkeit für eine gesicherte Versorgung im Alter nimmt maßgeblichen Einfluß auf die Beziehungsdynamik von Alten und Jungen. Hilfeleistungen erhalten dadurch einen neuen Charakter, sind keine existentiellen Notwendigkeiten, keine Pflichten. Sicherlich kann davon ausgegangen werden, daß familiale Zuständigkeitsgefühle nicht durch die staatliche Absicherung erlischen (Schütze; in: Lüscher, Schultheis 1995, S. 287ff.), doch gewinnen sie eine andere Dimension. Beziehungscharakteristika wie Respekt und Gehorsam werden verdrängt von Emotionen wie Liebe, Zuneigung und Kameradschaft (Wilk; in: Lücher, Schultheis 1995, S. 203). So wie Beck-Gernsheim den emotionalen

Bedeutungswandel von Elternschaft bzw. der Geburt eines Kindes für heutige Eltern beschreibt (vgl. Beck-Gernsheim 1998), hat auch die Großeltern-Enkelkinder-Beziehung einen anderen Charakter erhalten. Cherlin und Furstenberg (1986, S. 35ff.) kontrastieren die Emotionalität heutiger Großeltern-Enkel-Beziehungen im Vergleich mit den eher emotionsarmen und von Disziplin und Strenge geprägten Kontakten zwischen Großeltern und Enkelkindern noch zu Kindheitszeiten heutiger Großeltern. Durch die zusätzliche Abnahme vordefinierter Rollenkonzepte - wie sich das auch in der Gestaltung von Eltern-Kind-Beziehungen verdeutlicht - sind Großeltern- und Enkelrollen heute frei(er) wählbar und individuell zu gestalten. Wie immer bei den heutigen Wahl- und Bastelbiographien (Beck, Beck-Gernsheim; in: Beck, Beck-Gernsheim 1994) birgt das Chancen und Risiken. Indem es kein Rollenset für Enkel und Großeltern gibt, ist eine Aushandlung der Beziehungsstrukturen notwendig. Dadurch eröffnet sich ein weites Spektrum an Möglichkeiten, Großeltern-Enkelkinder-Beziehungen zu gestalten. Es bietet sich eine Spannbreite von sehr engen Beziehungen, in denen Großeltern wesentliche Bezugspersonen oder sogar Ersatzeltern darstellen, bis hin zur Verweigerung der Großeltern- bzw. der Enkelrolle.

Aber auch in Anlehnung an die vielfältigen Formen des familialen Zusammenlebens - Kernfamilien, Ein-Elternfamilien, Patchwork-Familien, Wohn-/ Hausgemeinschaften etc. - kann es zu verschiedenartigen Großeltern-Enkelkinder-Konstellationen kommen. Während bei Ein-Elternfamilien davon ausgegangen werden kann, daß zumeist nur der Kontakt zu dem Großelternpaar des alleinerziehenden Elternteils aufrechtgehalten wird (Fthenakis 1998, S.152 ff.; Fabian 1994, S. 385ff.) - was sich allerdings im Rahmen des gemeinsamen Sorgerechts womöglich ändern wird oder auch zum Teil schon geändert hat - verfügen Kinder in Patchwork-Familien möglicherweise über Kontakte zu über drei bis vier Großelternpaaren. Zudem könnte beispielsweise die Stiefmutter selbst über eine Stiefmutter und dadurch mehr als zwei Großelternpaare verfügen. Die wachsende Heterogenität und Vielfalt an Familienformen und Verwandtschaftsstrukturen und -funktionen spiegelt sich in einer Pluralität von Enkel-Großeltern-Varianten (Bengtson, Schütze; in: Baltes, Mittelstraß 1992, S. 501). Hiermit ergeben sich für Enkelkinder neue Möglichkeiten der Auswahl eines Lieblingsopas bzw. einer Lieblingsoma.

Dieser breite Rahmen an Großeltern-Enkel-Beziehungen und auch Großeltern-Enkel-Konstellationen ergibt sich unter anderem durch die minimalen rechtlichen Regelungen von Großeltern-Enkel-Beziehungen. Zwar wurde die Großeltern-Enkel-Beziehung durch das neue Kindschaftsrecht seit Juli 1998 gewissen Rechten und Pflichten unterzogen, die aber im Verhältnis zu den Eltern-Kind-Regelungen sehr gering ausfallen. Demnach übernehmen heutige Kinder und Enkelkinder im familialen Kontext völlig andere Rollen und Funktionen als im gesellschaftlichen. In dem einen Bereich stiften sie Sinn und Lebensfreude im anderen sind sie Garanten der ökonomischen Sicherung der älteren Generation (Wilk; in: Lüscher, Schultheis 1995, S. 207). Die oben skizzierten quantitativen Verschiebungen von Mitgliedern der jüngeren und älteren Generation und die dadurch wachsende Verantwortung der jüngeren für die ältere Generation im gesellschaftlichen Kontext, beinhalten Konfliktpotentiale. Es stellt sich die Frage, welche Bedeutung die emotionalen familialen Generationenbeziehungen im Hinblick auf die Übernahmebereitschaft von gesellschaftlich-ökonomischen Verantwortungen der jüngeren Generation gegenüber der alten haben. Entwikkeln junge Menschen durch Kontakte zu ihren Großeltern Verständnis für die alte Generation? Können positive familiale intergenerationelle Kontakte generationelle Vorurteile und Meinungsverschiedenheiten mindern (vgl. Lange/Lauterbach 1998) und zu einer größeren Bereitschaft beitragen, für die alte Generation auch finanzielle Bürden - z.B. für deren Rente oder Pflege - in Kauf zu nehmen?

Großeltern-Enkelkinder-Interaktionen können den Erfahrungshorizont der Enkelkinder auf vielfältige Weise bereichern. Eine Besonderheit dieser Beziehungen ist heute, daß sie zumeist über ein bis drei Jahrzehnte andauern und damit die Enkelkinder zu Erwachsenen heranwachsen, während die Großeltern das hohe Alter erreichen. Während die Enkel demnach im Verlauf ihrer Beziehung zu den Großeltern an Selbständigkeit, Mobilität, Kompetenz, Teilnahme und Integration in die Gesellschaft gewinnen, verlieren die Großeltern in allen diesen Bereichen ihre ehemaligen Positionen. Sie werden in zunehmendem Maße unselbständiger und aus ehemals für sie wichtigen Lebensbereichen - wie z.B. der Erwerbsarbeit - verdrängt (Wilk; in: Lüscher, Schultheis 1993, S. 204). Im Kontakt mit Großeltern ergeben sich demnach für Enkelkinder Möglichkeiten, wichtige Lebenserfahrungen zu sammeln. Die Konfrontation mit dem Altern, dem Wechsel des Lebensrhythmus sowie zunehmender Abhängigkeit und Hilfsbedürftigkeit sind wesentliche Lebenskomponenten mit denen Kinder und auch junge Erwachsene im gesellschaftlichen Kontext kaum konfrontiert werden. Um so entscheidender können diese Erfahrungen im familialen Kontext sein. Im Umgang mit hilfsbedürftigen Alten werden Kindern Einblicke in Lebensbereiche vermittelt, die von Erwachsenen im mittleren Lebensalter oftmals verdrängt werden (Kräppmann; in: Krappmann, Lepenies 1997, S. 193). Indem Enkelkinder für Großeltern Hilfeleistungen übernehmen, eröffnen sich ihnen über das familiale System Zugänge zur Sozialwelt außerhalb der Familie (Bundesministerium für Familie, Senioren, Frauen und Jugend 1998, S. 35). Für spätere Lebensabschnitte der Enkel mögen Erfahrungen zu Prozessen des Alterns und möglicherweise die Auseinandersetzung mit körperlicher Gebrechlichkeit und dem Sterben hilfreich sein und das Akzeptieren des eigenen Alters erleichtern (Lange, Lauterbach 1998, S. 231).

Gespräche mit Großeltern über deren Vergangenheit und damit häufig auch die Vergangenheit der Eltern können Kindern neue Eindrücke von ihren Eltern vermitteln. Erzählungen über vergangene Ereignisse bereichern das kindliche Vorstellungsvermögen, in einen übergreifenden Zusammenhang eingebettet zu sein. Und auch historische Ereignisse können aus der individuellen Perspektive der Großmutter oder des Großvaters für Kinder wesentlich nachhaltigere Einsichten hinterlassen als beispielsweise Informationen aus dem Geschichtsunterricht (Krappmann; in: Lepenies 1997, S. 115).

Einer Untersuchung von Nagl und Kirchler (1994; in: Lange, Lauterbach 1998, S. 230) zufolge weisen Enkeln ihren Großeltern eine wichtige Position in ihrem sozialen Netzwerk zu. Zur Dynamik der Großeltern-Enkel-Beziehung zeigt die Studie von Kahana und Kahana, die allerdings schon von 1970 ist, daß Kinder unterschiedlicher Altersgruppen der Großelternbeziehung verschiedenerlei Bedeutung zumessen. Zwar schätzen beinahe alle befragten Kinder der unterschiedlichen Altersstufen die Beziehung zu ihren Großeltern als wichtig und wertvoll ein, doch sind die Beweggründe für diese Beurteilung in Abhängigkeit vom Alter der Kinder verschieden. Während die vier- bis fünfjährigen Kinder es besonders schätzen, von ihren Großeltern verwöhnt zu werden und die acht- bis neunjährigen sich insbesondere über Unternehmungen mit den Großeltern sowie den daraus resultierenden Spaß freuen, berichten die Elf- bis Zwölfjährigen - ihren Wünschen entsprechend - von einem eher distanzierteren Verhältnis zu ihren Großeltern. Auch die Ergebnisse von Oberhuemer und Ulich (1992, S. 28ff.) belegen die große Bedeutung von Großeltern für deren Enkelkinder. Die 300 Interviews zum Thema "Wer gehört zur Familie" mit vier- bis achtjährigen Kindern zeigen, daß von Kindern Großeltern sowohl bei der Beschreibung der typischen Familie, der Wunschfamilie als auch der eigenen Familie häufig benannt werden. Allerdings geben die 8jährigen Kinder signifikant häufiger an, daß Großeltern zu ihrer Familie gehören als die 4jährigen Kinder. Unklar bleibt jedoch, welche objektiv meßbaren Einflüsse die Beziehungspartner aufeinander haben. In einigen englischsprachigen Studien wird auf diese Problematik eingegangen. Solche Ergebnisse besagen, daß Großeltern Werte und Vorstellungen selten direkt an die Enkel transferieren, sondern eher als wichtige Figuren im Hintergrund, als Stresspuffer und Schlichter fungieren (Cherlin, Furstenberg 1986, S. 165ff.).

Anhand der Aktivitäten, die Großeltern mit ihren Enkeln unternehmen, werden sie aus Sicht der Enkel als Spielgefährten, Freunde, Vorbilder, Vermittler der Vergangenheit, Ratgebende in schwierigen Lebenslagen verstanden. Aber auch diese Forschungsergebnisse sind auf einige wenige - vorrangig aus dem anglo-amerikanischen Bereich kommende - Studien begrenzt. Die Forschungsdefizite zu diesem Themengebiet sind groß. Zwar wuchs in den letzten Jahren das

Interesse der sozialwissenschaftlichen Forschung an Beziehungen zwischen erwachsenen Kindern und deren Eltern sowie den Transferleistungen zwischen diesen beiden Gruppen, doch wurde der Kontakt zwischen Großeltern und Enkelkindern weitgehend vernachlässigt. Falls die Großeltern-Enkelkinder-Beziehung thematisiert wurde, dann zumeist als „Nebenprodukt" der Untersuchungen zu Beziehungen über erwachsene Kinder und deren Eltern. Im Vordergrund standen hierbei die Anzahl der Kontakte, Wohnentfernung, gegenseitigen Hilfeleistungen (in Krankheitsfällen), finanziellen Unterstützungen etc. Die Großeltern-Enkel-Beziehung wurde vor allem über die Notwendigkeit der Kinderbetreuung und die hierbei möglichen Hilfestellungen für die Elterngeneration beleuchtet. Von daher mangelt es an aktuellen Untersuchungen, die sich mit der Gestaltung und Bedeutung intergenerationeller Kontakte zwischen Großeltern und Enkelkindern befassen. Diese Fragestellungen bilden die Grundlage der in Kapitel IV dargestellten empirischen Untersuchung.

1.1.3 Institutionalisierte Kindheit: Kontaktmöglichkeiten zu alten Menschen

Heutige Kindheit unterscheidet sich hinsichtlich der Bedeutung von Institutionen in großem Ausmaß von der Kindheit noch vor 2-3 Jahrzehnten und insbesondere im Vergleich zu der Kindheit der Großeltern heutiger Kinder. Die private Erziehung in der Familie wird immer stärker und selbstverständlicher durch öffentliche Erziehung ergänzt und teilweise auch ersetzt (Rauschenbach 1999, S. 221). In diesem Kontext stellt sich die Frage, inwiefern Kinder in Institutionen wie Kinderkrippen, Kindertagesstätten, Horten und in der Schule intergenerationelle Kontakte und insbesondere intergenerationelle Kontakte zur übernächst älteren Generation erfahren. Die Angaben des Statistischen Bundesamtes zu den in Kinderkrippen, Kindertagesstätten, Horten tätigen ErzieherInnen besagen, daß diese mehrheitlich dem Alter der Elterngeneration der betreuten Kinder entsprechen und männliches Personal (3,8%) nach wie vor Ausnahmen darstellt. In Tageseinrichtungen für Kinder arbeiten nur zu 0,68% Bezugspersonen, die 60 Jahre und älter sind. 65jährige und ältere ErzieherInnen gibt es zu 0,14% (Statistisches Bundesamt 1996, S. 12/13). Häufig suchen die in diesen Berufen Tätigen in zunehmenden Alter eine berufliche Veränderung. Zudem scheiden durch die Rente ältere Bezugspersonen, die dem Großelternalter der Kinder entsprechen würden, aus. Auch das Personal in Grundschulen ist zu nur 0,4% 60 Jahre oder älter und mehrheitlich weiblich (70,8% der vollbeschäftigten und 95,5% der teilzeitbeschäftigten LehrerInnen sind weiblich). In den weiterführenden Schulen stellen 60jährige und ältere LehrerInnen ebenso Ausnahmen dar (Statistisches Bundesamt 1996, S. 46, 54). Demnach erfahren Kinder im Schul- und Vorschulbereich vorrangig Kontakte zu weiblichen Erwachsenen, die die Altersgrenze von 60 Jahren noch nicht überschritten haben und eher der Eltern- als der Großelterngeneration der Kinder angehören.

Neben diesen institutionellen Gegebenheiten sind bei der Freizeitgestaltung heutiger Kinder Institutionen in Form von Musik-, Mal- und Bastelschulen, Nachhilfeschulen, Sportvereinen, Jugendgruppen von großer Bedeutung. In diesen institutionellen Kontexten spielen für Kinder die Kontakte zur peer-group eine entscheidende Rolle. Über das Alter von MitarbeiterInnen in diesen Freizeitinstitutionen liegen keine statistischen Angaben vor. Aber auch hier kann davon ausgegangen werden, daß ältere Menschen und insbesondere solche über 60 bzw. 65 Jahren Ausnahmen darstellen. Es mangelt an Austauschmöglichkeiten zwischen Jung und Alt und der Zusammenführung dieser Altersgruppen. Es ist verwunderlich, daß solche Überlegungen bisher nur wenig Berücksichtigung finden. Die möglichen Chancen eines intergenerationellen Austausches - nämlich aus Perspektive der Jungen Erfahrungen zu sammeln über das Leben zu Beginn des Jahrhunderts; zu begreifen, daß Realitäten sich verändern; Lebensphasen, Sorgen und Freuden im Alter kennenlernen; Empathie entwickeln; Hilfeleistungen empfangen und übernehmen und aus Perspektive der Alten den Kontakte zur Jugend zu beleben; zu lernen, sich mit neuen Gegebenheiten zu arrangieren; der Einsamkeit und/oder dem Leben unter Alten zu entkommen; Lebenshilfen zu bieten; gebraucht zu werden; Neues kennenzulernen; nicht zu stagnieren - scheinen hinter den Befürchtungen des Mißlingens der Zusammenführung zu verschwinden. Interessant erscheint die Frage, wie Kinder auf alte KursleiterInnen reagieren würden. Würde die Irritation oder das Interesse auf den Kontakt mit alten Menschen überwiegen?

Heutige Kinder leben demnach zwischen Familialisierung und Institutionalisierung. Nie zuvor erhielten Kinder einen derartig hohen emotionalen Stellenwert und waren Familien zugleich so intensiv auf außerfamiliale institutionalisierte Betreuungsangebote angewiesen (Nave-Herz 1994, S. 20ff.; Schimke 1998, S. 14). Während der Mehrheit heutiger Kinder im familialen Bereich Kontakte zu Großeltern möglich sind, trifft dies für den institutionellen Sektor kaum zu, d.h. mangelt es an Interaktionsgelegenheiten mit alten Menschen.

1.2 Elterngeneration als Bindeglied zwischen Enkelkindern und Großeltern

Das Erwachsenenalter soll hier nur am Rande bedacht werden, da es in der empirischen Untersuchung keine Berücksichtigung findet. Allerdings stellen Eltern ein entscheidendes Bindeglied zwischen Großeltern und Enkelkindern dar. Die Spezifika des Erwachsenenalters werden hier in Abgrenzung zur Kindheit und dem Leben im Alter dargestellt.

Das Erwachsenenalter zeichnet sich im Hinblick auf Kontakte zur jüngeren und älteren Generation durch vielfältige Aufgaben und Verantwortungsbereiche aus. Resultierend aus der verlängerten Lebenserwartung sind heutige Erwachsene zumeist nicht nur Eltern, sondern noch immer auch Kinder und evtl. sogar Enkelkinder. Mit diesen verschiedenen Rollen können zahlreiche Verpflichtungen bzw. Zuständigkeiten einhergehen. Erwachsene müssen sich um ihre minderjährigen Kinder kümmern und oftmals zugleich alte pflegebedürftige Eltern oder Großeltern versorgen. Neben diesen Zuständigkeiten für die nachwachsende und die ältere Generation ist das Erwachsenenalter durch Erwerbstätigkeit und Karrierestreben geprägt. Die enorme Vielfalt der Zuständigkeitsbereiche Erwachsener geht einher mit einem Mangel an zeitlichen Ressourcen. Aufgrund der Stellung der Erwachsenengeneration zwischen Alt und Jung und den damit verbundenen Verantwortlichkeiten, wird diese Generation auch als „sandwich-Generation" (Liebau; in: Liebau, Wulf 1996, S. 19) bezeichnet. Die „sandwich"-Problematik betrifft allerdings weniger Menschen im Familiengründungsalter. Eher sind vor allem Frauen im mittleren oder auch höherem Lebensalter mit der Problematik konfrontiert, die eigenen Eltern zu betreuen und zugleich für ihre Kinder und/oder Enkelkinder Leistungen zu erbringen (Rosenkranz; in: Buba, Schneider 1996, S. 211). Der erwachsene Sozialraum kann demnach bezeichnet werden als "der Raum der aktiven Produktions- und Reproduktionstätigkeit, also der Berufstätigkeit sowie der Haus-, Erziehungs- und Schattenarbeit" (Ecarius, 1996, S. 186). Wie schon oben angedeutet, darf bei dieser Diskussion um die „sandwich"-Problematik die Geschlechterfrage nicht außer Acht gelassen werden. Nach wie vor sind es zumeist Frauen, die sich vorrangig um Betreuung und Pflege der Kinder und auch der älteren Menschen im familialen Bereich kümmern. Entweder stellen sich Frauen der Herausforderung, Kinder-, Altenbetreuung, Haushalt und Erwerbstätigkeit zu vereinbaren oder sie entscheiden sich gegen Erwerbstätigkeit. Es kann allerdings in zunehmendem Maße davon ausgegagen werden, daß heutige Frauen nicht mehr gewillt sind, ihre berufliche Laufbahn und Karriere für die Kinder- und/oder Altenbetreuung zu opfern. Daher stellt sich die Frage „Wer pflegt morgen?" (Beck-Gernsheim; in: Liebau, Wulf 1996, S.24ff.; Rosenkranz, Schneider; in: Becker 1997, S.137ff.).

Hinsichtlich der „sandwich"-Lage der Elterngeneration kann die Erwachsenengeneration vorrangig als gebende Generation bezeichnet werden. Sie gibt den Kindern und gegebenfalls auch den Eltern/Großeltern Liebe, Fürsorge, Unterstützung. Hinsichtlich der nachwachsenden Generation bedeutet die liebevolle Versorgung der Kinder so etwas wie eine - nicht bzw. selten berechnete, unreflektierte - Investition in die Zukunft. Der alten Generation wird die Zuwendung im Alter aus Dankbarkeit, Liebe für die in der Kindheit erhaltene Aufmerksamkeit zuteil. Diese Prozesse finden aber heute kaum berechnend statt, sondern sind das Resultat intensiver Eltern-Kind-Beziehungen. Hinsichtlich finanzieller Ressourcen ist jedoch auch die Elterngeneration häufiger in der Position der Empfangenden, insofern sie von der alten Generation finanzielle Unterstützung erhält. Nur in Ausnahmesituationen unterstützen erwachsene Kinder ihre Eltern finanziell.

Im familialen Kontext ergeben sich demnach für heutige Erwachsene zahlreiche Möglichkeiten intergenerationeller Kontakte. Im Erwerbsarbeitsleben und auch in der Freizeit - die wie bei Kindern ebenfalls zunehmend durch institutionelle Angebote geprägt ist - dominieren jedoch Kontakte zu Gleichaltrigen. Eine Akzentuierung in Richtung intergenerationelle Kontakte läßt sich hier nicht erkennen.

1.3 Alte Menschen

1.3.1 Kontaktmöglichkeiten zu Enkelkindern

Das Leben im Alter bringt vielerlei Veränderungen mit sich, die recht häufig die Gefahr der Isolation in sich bergen. 95% der älteren Menschen leben in der Bundesrepublik in Privathaushalten. Haushalte von Personen im Alter von über 60 Jahren bestehen wesentlich häufiger (beinahe zur Hälfte) als bei jüngeren Menschen aus Einpersonenhaushalten. Mit zunehmenden Lebensalter nehmen zudem die Kontaktmöglichkeiten und auch die realen Kontakte außerhalb der Familie ab. Das Beenden der Berufstätigkeit, reduzierte Beweglichkeit und/oder andere gesundheitliche Probleme, der Tod von Freunden und Bekannten resultieren in sinkenden Interaktionen (Stosberg; in: Jansen, Karl, Radebold, Schmitz-Scherzer 1999, S. 433). Um so entscheidender kann es für ältere Menschen sein, familiale Kontakte aufrechtzuerhalten.

Hinsichtlich der Integration von Großeltern in das Familienleben ihrer Kinder und Enkelkinder werden im sozialwissenschaftlichen Diskurs verschiedenartige Argumentationsstränge vertreten. Zum einen wird auf Faktoren verwiesen, die das Zusammenleben der Generationen im familialen Kontext erschweren, zum anderen werden Potentiale benannt, die sich aufgrund der gewandelten gesellschaftlichen Bedingungen für die Gestaltung der Großeltern-Enkel-Beziehung und auch Eltern-Kind-Beziehung ergeben. Als Ausgrenzungstendenzen der Großelterngeneration gegenüber der Zwei-Generationen-Kernfamilie - als heutiger Normfamilie - können folgende Kriterien bedacht werden: Während bis Ende des 18. Jahrhunderts ausschließlich objektive Beweggründe eine Heirat motivierten, ist heutzutage die gegenseitige Zuneigung und Liebe der Ehepartner die hervorragende Motivation zur Eheschließung. Ebenso stellen Kinder keine Altersversorgung, sondern Symbole der Liebe dar. Ausgelebt wird dieses Familienglück zumeist in separaten Wohnungen oder Häusern. Somit gehören Großeltern nicht zur Kernfamilie, sondern eher zur weiteren Verwandtschaft. Die hinzukommenden räumlichen Distanzen in der zeitgenössischen mobilen Gesellschaft erschweren den Anschluß älterer Menschen an ihre Familien bzw. die Familien ihrer Kinder. Durch die kleinere Kinderzahl entsteht zudem eine Reduktion potentieller Kommunikationspartner. Die Veränderung der weiblichen Rolle innerhalb der Familie, weg von der Hausfrau- und Mutterrolle hin zu Erwerbstätigkeit kombiniert mit Mutterschaft, bedeutet eine besondere Mehrbelastung heutiger Frauen. Zeitliche Ressourcen werden zu einem wertvollen Gut, das nur ungern in die Kontaktpflege mit alten, möglicherweise auch pflegebürftigen älteren Menschen investiert wird. Diese Distanzierung von alten Menschen kann durch höchst konträre Lebenseinstellungen, die in den sich schnell wandelnden Zeiten einer enormen Flexibilität unterliegen, verstärkt werden. Hinzu kommen zum Teil große Bildungsdiskrepanzen - insbesondere zwischen Töchtern und Müttern - bei der Großeltern- und Elterngeneration, die als zusätzliche Blockade diese Kontakte erschweren. Ebenfalls angeführt werden innerhalb dieser Kontroverse die mit den vielfältigen familialen Lebensformen - Stieffamilien, unverheiratete Paare, Ein-Elternfamilien - einhergehenden Unsicherheiten von Großeltern hinsichtlich ihrer Großelternrolle (vgl. Stosberg; in: Jansen, Karl, Radebold, Schmitz-Scherzer 1999, S. 433; Lehr, Thomae; in: Wurzbacher 1968, S. 107f.). Diese Betrachtungsweise erweist sich jedoch als sehr einseitig. Sicherlich erschweren die genannten Kriterien das Ausleben und die Gestaltung intergenerationeller Beziehungen. Dennoch werden diese Schwierigkeiten durch hinzukommende Vorteile relativiert. Ein wesentlicher Aspekt ist hierbei die emotionale Komponente im innerfamilialen Bereich. Familiale Beziehungen haben sich weg von vorrangigen Zweckgemeinschaften hin zu Emotionsbeziehungen entwickelt. Die Beziehungsqualität kann von daher eine völlig andere sein als die in der Zweckgemeinschaft des 19. Jahrhunderts. Liebe, Zuneigung, Kameradschaft leiten heutige familiale Beziehungen. Wegen der höheren Lebenserwartung und der längeren Phase gesundheitlichen Wohlbefindens sind Großeltern heute zumeist sehr viel aktiver als noch vor einigen Jahrzehnten. Das bietet eine gute

Basis für die Gestaltung von Großeltern-Enkel-Beziehungen. Aufgrund dieser Potentiale zeitgenössischer Großelternschaft erscheint Rosenmayrs Beschreibung der Großeltern-Enkel-Beziehung als „innere Nähe durch äußere Distanz" oder „Intimität auf Abstand" (Rosenmayr, Köckeis 1965, S. 113ff.; Tartler; in: Thomae, Lehr 1968, S. 410ff.) angemessen.

1.3.2 Bedeutung der Kontakte zu Enkelkindern

Intergenerationelle Beziehungen im familialen Kontext sind für alte Menschen in verschiedenerlei Hinsicht von Bedeutung. Das Ausmaß dieser Bedeutung wiederum hängt von der Lebenssituation der alten Menschen ab. Je nachdem, ob alte Menschen allein oder mit Partner leben, ob sie Kontakte zu Freunden und Bekannten pflegen und wie ihr gesundheitlicher Zustand ist, gewinnen bzw. verlieren familiale Kontakte an Bedeutung. Bei alten Ehepaaren beeinflußt zudem der Harmoniegrad in der Partnerschaft die Bedeutsamkeit der Interaktion mit Kindern und Enkeln. Allerdings ergeben sich hierbei geschlechtsspezifische Differenzen. Während für ältere Frauen bei einer unglücklichen Partnerbeziehung die Bedeutung der Kontakte zum Kind zunehmen oder sogar als einziger Lebensinhalt verstanden werden und bei harmonischer Partnerbeziehung sich Frauen eher Distanz zum Kind wünschen, zeigen sich bei alten Männern gegenläufige Tendenzen. Was wiederum unter regem und seltenem Kontakt verstanden wird, beurteilen alte Menschen - meist in Abhängigkeit mit der Lebenszufriedenheit - sehr unterschiedlich. Im allgemeinen erhoffen sich kranke und pflegebedürftige mehr Kontakte zu ihrer Familie als alte Menschen, die über regelmäßige Kontakte zu ihrem Umfeld - Freunden, Bekannten - verfügen. Hierbei wird die Kontakthäufigkeit von vereinsamten Menschen zu ihren Kinder auch dann als wenig bezeichnet, wenn sie faktisch über mehr Kontakte verfügen als sozial integrierte Alte. Ein weiterer Faktor, der die Wahrnehmung von Kontakthäufigkeiten beeinflußt, ist die Lebensweise in jüngeren Jahren. Einsamkeitsgefühle sind beispielsweise bei Witwen stärker als bei Frauen, die ohne Mann gelebt haben (Lehr Thomae; in: Wurzbacher 1968, S. 119ff.). Die Häufigkeit intergenerationeller Kontakte und deren Bedeutung kann somit ganz unterschiedliche Bewertungen erfahren, je nachdem in welcher Lebenslage sich alte Menschen befinden.

Lehr und Minnemann (in: Lehr, Thomae 1987, S. 89ff.) konnten hinsichtlich des Engagements bei der Großelternrolle - in Anlehnung an die Aktivitäts- und Disengagement-Theorie (vgl. Lehr, Minnemann; in: Lehr, Thomae 1987, S. 80ff.; Havighurst; in: Lehr, Thomae 1968, S. 568f.) - feststellen, daß disengagierte Großeltern über einen höheren Bildungsabschluß verfügten, sich gesünder fühlten und in der Rolle als Vereinsmitglied aktiver verhielten. Dagegen waren

Großeltern, die nachlassende Kontakte zu ihren Enkelkindern als negativ bzw. zunehmende Kontakte als positiv erlebten, mit ihrer Lebenssituation insgesamt unzufriedener, klagten häufiger über Belastungen im familialen Bereich und auch in der Wohnsituation.

Intergenerationelle Kontakte können für alte Menschen dazu beitragen, daß sie am Leben partizipieren, nicht in Isolation verfallen. Die Großeltern-Enkel-Beziehung impliziert Chancen, auf der Basis einer durch Liebe und Zuneigung geprägten Beziehung das Verständnis der gegenwärtigen und zukünftigen Welt nicht zu verlieren. Das Auseinanderklaffen der Lebenswelten Vergangenheit, Gegenwart und Zukunft kann durch Interaktionen von Großeltern und Enkelkindern vermieden werden. Für beide Interaktionspartner ergibt sich durch den Austausch mit dem anderen die Möglichkeit, ihre Lebenssituationen besser zu bewältigen (Wilk; in: Lüscher, Schultheis 1995, S. 208). Allerdings nutzen Großeltern diese Kontakte zur nachwachsenden Generation zum Teil recht unterschiedlich. In den USA haben Neugarten und Weinstein Mitte der 60er Jahre des 20. Jahrhunderts eine Typologie zu „Großelternstilen" erarbeitet. Seitdem wird zwischen den folgenden fünf Stilen der Großelternschaft differenziert: „formal, fun seeker, surrogate parent, reservoir of family wisdom, distant figure" (Neugarten, Weinstein 1964). Doch die Typologie von Neugarten und Weinstein ist nicht unumstritten. Robertson (1977) berichtet dagegen von vier Typen der Großeltern-Enkel-Beziehung „apportioned type, symbolic type, individualized type, remote type", während Kivnick (1982) folgende fünf Dimensionen der Großelternrolle erarbeitete „centrality, valued elder, immortality through clan, reinvolvement with personal past, indulgence" und Cherlin und Furstenberg (1986) zwischen "the remote relationship, the companionate relationship, the involved relationship" differenzieren. Entgegen diesen Typisierungen von Großelternschaft haben Kornhaber und Woodward (1981) zusammengestellt, welche Rollen - "roles of grandparents" - Großeltern für ihre Enkelkinder einnehmen können: "historian, mentor, role model, wizard, nurturer". Hierbei werden Großeltern nicht bestimmten Typen von Großeltern zugeordnet, sondern ein Set von Lebensbereichen und -aufgaben entworfen, die Großeltern übernehmen können. Es hängt von den Großeltern, ihrer Persönlichkeit, ihren Interessen und ihrem gesundheitlichem Befinden ab, wie sie ihre Großelternschaft gestalten. Die Typisierung der Großelternstile erscheint sehr fragwürdig. Vermutlich sind die Übergänge zwischen Großelterntypen eher fließend und situations- sowie altersabhängig. Hierzu bedarf es weiterer Untersuchungen, in denen die Perspektiven der Kinder verstärkt Berücksichtigung finden.

1.3.3   Institutionelle Altenarbeit: Kontaktmöglichkeiten zu Kindern

Durch die Entberuflichung im Alter verfügen alte Menschen über große Freizeitressourcen. Die Freizeitindustrie hat für diese Altersgruppe einen eigenständigen Markt entstehen lassen, Bildungsinstitute wie Volkshochschulen und auch Universitäten eröffnen alten Menschen Möglichkeiten der Fort- und Weiterbildung. Zugleich gehen mit dem Alter jedoch häufig auch finanzielle Einbußen einher, was die Möglichkeiten der Ausnutzung dieser Freizeitressourcen erheblich beschränken kann. Gleiches trifft auch bei gesundheitlichen Problemen zu. Die Inanspruchnahme von Pflegediensten und Dienstleistungseinrichtungen wie der Arbeiterwohlfahrt, dem Samariter-Bund, der Caritas etc. prägen den Alltag alter Menschen, zumeist aber ausschließlich den von Hochbetagten. Alter bedeutet jedoch auch für die weniger Hochbetagten häufig Verengung und Verlust von Sozialraum (Ecarius 1996, 191ff.). Um so wichtiger sind Möglichkeiten der Begegnung und des Austausches. Von daher verwundert es sehr, daß in der Altenkultur im institutionellen Bereich intergenerationelle Ansätze kaum bedacht werden (Schweppe 1996). Reiseveranstalter für Alte, Volkshochschulprogramme für Senioren, Treffpunkte für Senioren implizieren gute Chancen, alte Menschen vor Isolation und Langeweile zu bewahren. Doch bisher ignorieren sie das menschliche Bedürfnis nach intergenerationellen Kontakten.

1.4   Kindheit-Erwachsenenalter-Rentenalter: Intergenerationelle Kontaktmöglichkeiten und deren Bedeutung im Vergleich

Der wohl bedeutsamste Unterschied beim Vergleich dieser drei Altersphasen hinsichtlich der Möglichkeiten und auch Bedeutsamkeit intergenerationeller Kontakte ergibt sich aus der Verfügbarkeit von zeitlichen Ressourcen. Während die Elterngeneration in ihrer „sandwich"-Position einen Mangel an Zeit erfährt, verfügen Großeltern, sofern sie in Rente sind, über einen für sie neuen Reichtum an Zeitreserven. Heutige Kinder unterliegen zwar in ungleich größerem Maße zeitlichen Vorgaben, Terminplanungen und anderen zeitlichen Streßfaktoren als es die Elterngeneration dieser Kinder in deren Kindheit erfuhr, doch verfügen heutige Kinder im Vergleich zu vielen Eltern über zeitliche Ressourcen, die gestaltet werden wollen. Sofern Großeltern dazu imstande und auch gewillt sind, nutzt ein Großteil heutiger Eltern die Großeltern zur zeitweisen Kinderbetreuung. Gründe wie Zeitnot, Mangel an Kinderbetreuungsmöglichkeiten, Bevorzugung einer solchen familialen gegenüber einer außerfamilialen Kinderbetreuung, flexible zeitliche Bereitschaft der Großeltern mögen Eltern zu einer solchen Betreuungsform veranlassen, wenn auch unterschiedliche Erziehungsvorstellungen zahlreiches Konfliktpotential beinhalten können. Aber nicht alle alten Menschen wollen ihre Rente mit der Betreuung ihrer Enkelkinder verbringen, locken doch andere Aktivitäten, Freizeitangebote und Urlaubsreisen. Für alte Menschen mit den entsprechenden finanziellen Mitteln und der nötigen Gesundheit gibt es vielfältige Möglichkeiten der Lebensgestaltung. Allerdings fällt es alten Menschen oftmals schwerer als erwartet, aus dem Erwerbsarbeitsleben auszusteigen und mit den zur Verfügung stehenden Möglichkeiten der Lebensgestaltung umzugehen. Mag zu Beginn der Rentenzeit eine langersehnte Reise noch freudige Abwechslung bringen, gestaltet sich der Alltag doch viel schwieriger. Häufig mangelt es an einem Tagesrhythmus, an Aufgaben, die bewältigt werden wollen. Hier existieren Gefahrenmomente, die zu Vereinsamung und Depressionen führen können. Ein Mangel an Kontakten und insbesondere auch an intergenerationellen Kontakten kann unter solchen Umständen sehr frustrierend sein. Die nachlassende Teilhabe am institutionalisierten Leben ruft für die meisten alten Menschen eine verstärkte Hinwendung zum sozialen Nahbereich und insbesondere zur Familie hervor. Alte Menschen müssen sich mit dem Verschwinden institutionalisierter Rollen arrangieren. Stattdessen wachsen im Alter die informellen und wenig definierten Rollen. Diese informellen Rollen werden von Personen aus dem sozialen Nahraum gespeist (Olbrich; in: Liebau 1997, S. 186).

Im Erwachsenenalter dagegen dominieren gesellschaftlich definierte Rollen. Trotz der enormen Bedeutsamkeit von Elternschaft und dem hohen sinnspendenden Charakter von Töchtern und Söhnen, wird die Lebensgestaltung heutiger Eltern stark von der Erwerbstätigkeit geprägt. Der hohe zeitliche Anteil, den die Erwerbstätigkeit einnimmt, wird von Eltern als Belastung wahrgenommen, wenn zu wenig Zeit für die Kinder bleibt. Wenn, wie schon oben erwähnt, zugleich die Betreuung und Pflege eines älteren Angehörigen nötig ist, wird Vollzeit-/Erwerbstätigkeit schwer realisierbar. Zumeist sind es dann nach wie vor die Frauen, die ihre berufliche Karriere unterbrechen bzw. aufgeben (Beck-Gernsheim 1998, S. 84ff.; Rosenkranz, Schneider; in: Becker 1997, S.137ff.). Geschlechtsspezifische Besonderheiten wirken sich in dieser Lebensphase zum Teil sehr einschneidend auf die Lebensgestaltung aus (Böhnisch 1997, S. 199ff.). Obwohl in dieser Altersphase die Familiengründung, -entstehung und -entwicklung ihre Hochzeit erlebt, ergibt sich die erwachsene Rollendefinition vorrangig über gesellschaftliche Komponenten. Das Familienleben und das zeitliche Ausleben der Familienzugehörigkeit wird zum Großteil von äußeren Strukturen - wie der Erwerbstätigkeit - bestimmt.

In der Kindheit nimmt das familiale Zusammenleben einen besonderen Stellenwert ein. Familiale Gegebenheiten beeinflussen das kindliche Wohlergehen deutlich. Kindergarten-, Schulbesuch, Hobbies, Freundschaften, Vereine sind für heutige Kinder weitere relevante Meilensteile in ihrer Entwicklung. Kontakte zu

Erwachsenen im Alter der Elterngeneration erfahren Kinder in der Schule, im Kindergarten und/oder im Verein. Ältere Menschen spielen für Kinder jedoch zumeist ausschließlich im familialen Rahmen eine Rolle. Das trifft für alte Menschen umgekehrt ebenfalls zu. Die Alterssegregation unserer Gesellschaft (Filipp; in: Krappmann, Lepenies 1997, S. 235) verhindert intergenerationelle Kontakte jenseits der Familie. Diese bleiben zum Großteil auf innerfamiliale Kontakte beschränkt. Was bedeutet diese Eingrenzung intergenerationeller Kontakte auf den familialen Rahmen? Was bedeutet es für Menschen ohne Familie bzw. ohne intergenerationelle Kontakte zu leben?

2   Großeltern-Enkel-Beziehungen in institutionellen Lebenskontexten

Dieses Kapitel konzentriert sich auf die Gestaltung intergenerationeller Kontakte in Institutionen unter besonderer Berücksichtigung von Einrichtungen der Heimerziehung und der Altenhilfe. Diese institutionellen Formen des Zusammenlebens finden auch in der empirischen Untersuchung (vgl. Kapitel IV) Berücksichtigung.

2.1   Kinder

2.1.1   Einrichtungen der Heimerziehung

Im Rahmen des Kinder- und Jugendhilfegesetzes wird zwischen verschiedenen Hilfen zur Erziehung (KJHG §§ 27 - 35) differenziert. Hierbei gilt es, zwischen ambulanten, teil-stationären und stationären Erziehungshilfen zu unterscheiden. Bei den Formen der Erziehung außerhalb der Herkunftsfamilie gibt es familienorientierte Hilfen (Vollzeitpflege in Pflegefamilien), gruppenorientierte Hilfen (Heimerziehung und sonstige betreute Wohnformen) und einzelfallorientierte Hilfen (intensive sozialpädagogische Einzelbetreuung). Kinderheime sind stationäre Hilfen zur Erziehung, in denen die Kinder für eine bestimmte vorhersehbare oder auch nicht abzugrenzende Zeitspanne leben. Kinderheime sollen zwar die Familie in der Regel nicht ersetzen, doch bilden sie für die Zeit, in der die Kinder im Kinderheim leben, deren primäres Lebensumfeld. Neben Kinderheimen gibt es - insbesondere für ältere Jugendliche - noch weitere Formen des betreuten Wohnens, wie z.B. Jugendwohngruppen.

"Hilfe zur Erziehung in einer Einrichtung über Tag und Nacht (Heimerziehung) oder in einer sonstigen betreuten Wohnform soll Kinder und Jugendliche durch eine Verbindung von Alltagsleben mit pädagogischen und therapeutischen

Angeboten in ihrer Entwicklung fördern. Sie soll entsprechend dem Alter und Entwicklungsstand des Kindes oder des Jugendlichen sowie den Möglichkeiten der Verbesserung der Erziehungsbedingungen in der Herkunftsfamilie

1. eine Rückkehr in die Familien zu erreichen versuchen
oder
2. die Erziehung in einer anderen Familie vorbereiten
oder
3. eine auf längere Zeit angelegte Lebensform bieten und auf ein selbständiges Leben vorbereiten. Jugendliche sollen in Fragen der Ausbildung und Beschäftigung sowie der allgemeinen Lebensführung beraten und unterstützt werden."

(KJHG § 34)

Im folgenden liegt der Schwerpunkt - in Anlehnung an die empirische Studie (vgl. Kapitel IV) - auf Kinderheimen. In der Bundesrepublik Deutschland gibt es insgesamt 2.161 Einrichtungen der Heimerziehung (Statistisches Bundesamt 1996, S. 6/7). Von diesen Einrichtungen sind 371 (17,17%) in öffentlicher (örtliche und überörtliche Träger, das Land, die Gemeinden oder Gemeindeverbände ohne Jugendamt) und 1790 (82,83%) in freier (Arbeiterwohlfahrt, Deutscher Paritätischer Wohlfahrtsverband, Deutsches Rotes Kreuz, Diakon. Werk/sonstige der EKD angeschlossenen Träger, Zentralwohlfahrtsstelle der Juden in Deutschland sonstige Religionsgemeinschaften öffentlichen Rechts, Jugendgruppen, -verbände, -ring, Wirtschaftsunternehmen, sonstige juristische Personen, andere Vereinigungen) Trägerschaft (Statistisches Bundesamt 1996, S. 8/9). Es stehen in der Bundesrepublik Deutschland 66.845 Plätze in Einrichtungen der Heimerziehung - 12.218 in öffentlicher und 54.627 in freier Trägerschaft - zur Verfügung (Statistisches Bundesamt 1996, S. 10/11). Von den insgesamt 147.860 Kindern und Jugendlichen, die eine Hilfe zur Erziehung außerhalb des Elternhauses nutzen, sind 56,1% männlich und 43,9% weiblich. Neben Erziehung in einer Tagesgruppe (10,3%), Vollzeitpflege in einer anderen Familie (35,3%) und Intensiver sozialpädagogischer Einzelbetreuung (1,6%) stellen die Heimerziehung und sonstige betreute Wohnformen mit 52,9% die am häufigsten in Anspruch genommenen Hilfeformen dar (100,1% durch Rundungen). Mit insgesamt 45% - 66.543 jungen Menschen - ist die Hilfe zur Erziehung in einem Heim die am häufigsten genutzte Hilfeform. Am zweithäufigsten wird Vollzeitpflege in einer Pflegefamilie (27,1%) in Anspruch genommen. Vollzeitpflege bei Großeltern/Verwandten gibt es zu 8,2%. Mädchen werden etwas häufiger (9,3%) als Jungen (7,3%) in Vollzeitpflege bei Großeltern/Verwandten betreut und besuchen etwas seltener (41,9%) als Jungen (47,5%) ein Heim (Statistisches Bundesamt 1999 und eigene Berechnungen).

Unter den sich wandelnden gesellschaftlichen Bedingungen haben auch Kinderheime verschiedenerlei Veränderungsprozesse durchlaufen. Insbesondere die Heimkampagne in den 70er Jahren hat die jüngsten tiefgreifenden Änderungen vorangetrieben, wie beispielsweise Dezentralisierung, Abbau der Hierarchien, familienorientierte Ausgestaltung des pädagogischen Milieus, lebensweltorientierte Heimerziehung, milieunahe Heimerziehung, Entinstitutionalisierung, Entspezialisierung, Abschaffung gruppenergänzender Dienste, Abschaffung der Arbeitsteilung zwischen den Heimen, Regionalisierung, Professionalisierung, Fortbildung, Supervision, Individualisierung, Entwicklungen von Alternativen zur geschlossenen Unterbringung in der Heimerziehung, Verbesserung der Nachbetreuung von heimentlassenen Jugendlichen (Wolf 1995; Bundesministerium für Familie, Senioren, Frauen und Jugend 1998; Jordan, Sengling 2000).

Zum Thema Heimerziehung gibt es vielfältige Literatur: historische Entwicklungen und insbesondere die Heimreform in den 70er Jahren, pädagogische Ansätze und Ausrichtungen in der Heimerziehung, die besondere Situation von Mädchen und Jungen und/oder MigrantInnen in der Heimerziehung. Zwar verlieren stationäre Erziehungshilfen im Vergleich zu teilstationären und ambulanten Hilfsangeboten an Bedeutung, doch bleiben sie bislang wichtiger als erwartet und als es in Fachkreisen intendiert war (Hamberger; in: Bundesministerium für Familie, Senioren, Frauen und Jugend 1998, S. 201). Als an der Heimerziehung Beteiligte werden von Lambers (1996) unter systemischem Forschungsansatz verstanden:

Kind/Jugendlicher
Herkunftsfamilie
Heim/Tagesgruppe
Schule/Ausbildung
begleitende Therapie- und Diagnoseeinrichtung
Freizeiteinrichtung
Jugendamt
(Lambers 1996, S. 33).

Im folgenden wird der Schwerpunkt auf den Familien der Kinder in Heimen liegen. Hierbei soll aber der Blick auf die Herkunftsfamilie - zumeist definiert als Vater, Mutter, Geschwister - um die Großelterngeneration erweitert werden.

Seit der Heimkampagne in den 70er Jahren wurde der familialen Situation von Kindern in erzieherischen Hilfen im Heim, in der Tagesgruppe oder im betreuten Wohnen verstärkt Aufmerksamkeit gewidmet. Die Lebensumstände der Herkunftsfamilien von Heimkindern werden in der sozialwissenschaftlichen Literatur vorrangig bedacht, um Hinweise auf familiale Besonderheiten zu finden, die die Heimeinweisung erklären könnten. Zumeist werden die Familienkonstellation (Kernfamilie, alleinerziehende Mutter, alleinerziehender Vater, Stieffamilie, verwaist, Geschwisterzahl) und die berufliche Situation der Eltern erhoben. Aus dem Vergleich der so gewonnen Daten mit der amtlichen Statistik zur Bundesrepublik lassen sich eventuelle Besonderheiten der Familien von Kindern in Heimen finden, die Informationen zu den Heimeinweisungshintergründen liefern können. Oftmals führen besondere Lebensumstände, die sich aus gesellschaftlichen Veränderungen ergeben - finanzielle Probleme, Mangel an Zukunftsperspektiven -, zu nichtbewältigbaren innerfamilialen Problemen, die eine Heimeinweisung erforderlich werden lassen. Unhinterfragt bleibt zumeist jedoch, inwiefern Angaben zu den Herkunftsfamilien von Heimkindern Hinweise auf neue Möglichkeiten der Eltern- bzw. Familienarbeit beinhalten. Welche Potentiale können diesen Familien abgewonnen werden? Welche bisher weitgehend unberücksichtigten Möglichkeiten der Zusammenarbeit von Heim und Herkunftsfamilien der Kinder gibt es? Die statistischen Angaben zur Erwerbstätigkeit der Mütter von Kindern in Heimen in der Untersuchung von Bürger (1990, S. 86) zeigen beispielsweise, daß 77% dieser Frauen Hausfrauen sind. Das läßt auf hohe zeitliche Ressourcen dieser Mütter schließen. Burger (1990, S. 80ff.) hält zudem fest, daß in den Haushalten der Kinder in vielen Fällen Großeltern oder andere Verwandte leben. Fünf-Personenhaushalte sind in dieser Untersuchung am häufigsten vertreten. Einzelkinder stellen Ausnahmen dar. Die meisten Kinder haben mehrere Geschwister, die jedoch nicht immer mit im selben Haushalt leben.

Bisher weitgehend unbeachtet blieben in Untersuchungen zum familialen Hintergrund von Kindern in Heimen andere verwandtschaftliche Beziehungen außer der Herkunftsfamilie. Über Kontakte zu Tanten, Onkeln, Cousinen und auch zu Großeltern ist wenig bekannt. Aber könnte nicht insbesondere der Kontakt zu Großeltern bereichernde Momente für Kinder in Heimen ermöglichen (vgl. Großeltern und Quatrangulation: Schwob 1988)? Großelternkontakte als Ausgleich zu nicht realisierbaren aber gewünschten Eltern-Kind-Beziehungen oder aber auch als Kontrast zu nicht realisierbaren und nicht gewünschten Beziehungen zu Eltern könnten für Kinder in Heimen bedeutungsvoll sein. Zudem würde es ihnen die Möglichkeit der oben thematisierten intergenerationellen Beziehungserfahrungen zwischen jungen und alten Menschen geben, welche ansonsten in Heimen kaum erlebbar sind. Aber auch wenn Kinder in Heimen Kontakte zu ihren Eltern haben, können Interaktionen mit Großeltern von Bedeutsamkeit für die kindliche Entwicklung, die intergenerationellen Erfahrungen und das Begreifen familialer Zusammenhänge, Entwicklungen, Risiken und Chancen sein. Möglicherweise kann erst ein solches dreigenerationales Setting dazu führen, daß Hintergründe familialer Schwierigkeiten bewußt und somit bearbeitbar werden. Da keine Untersuchungen vorliegen, inwiefern Großeltern-Enkelkinder-Kontakte Bestandteil der pädagogischen Arbeit im Heim sind, werden über vorhandene Informationen zu Heimeinweisungsgründen und familialen Situationen der Herkunftsfamilien die Möglichkeiten und auch die Bedeutsamkeit von Kontakten zwischen Kindern im Heim und deren Großeltern diskutiert. Zudem stellt sich die Frage, inwiefern von den Rahmenbedingungen und der pädagogischen Praxis in Kinderheimen auf die Bereitschaft der Heime zur Förderung solcher Interaktionen geschlossen werden kann.

2.1.2 Herkunftsfamilien und Heimeinweisungsgründe

Es bestehen statistische Zusammenhänge zwischen familial sozialstrukturellen Benachteiligungen und Heimeinweisungsquoten. Hamberger (in: Bundesministerium für Familie, Senioren, Frauen und Jugend 1998, S. 208) verweist bei Familien, die Heimerziehung in Anspruch nehmen, auf folgende Problemlagen: geringes Einkommen (40,1%); Arbeitslosigkeit (22,8%); hohe Verschuldung (20,8%); problematische Wohnverhältnisse (31,0%); problematisches Umfeld/sozialer Brennpunkt (16,8%); soziale Isolation der Familie (25,9%); problematische Partnerbeziehung der Eltern (53,8%); Überforderung der Eltern (70,1%); wechselnde Familienzusammensetzung (15,2%); Gewalt in der Familie (43,1%); Suchtproblematik der Eltern/eines Elternteils (35,0%); langfristige Krankheit eines Elternteils (11,2%); Psychiatrieaufenthalt/psychische Probleme der Eltern (5,6%); Gefängnisaufenthalt eines Elternteils (8,1%); besondere Unglücksfälle/Notlagen (1,5%); Tod eines Elternteils (7,6%).

Gesamtgesellschaftliche Marginalisierungsprozesse als Verursachungsbedingungen für die Nutzung stationären Erziehungshilfen werden deutlich (Hamberger; in: Bundesministerium für Familie, Senioren, Frauen und Jugend 1998, S. 208). Bei der familialen Struktur überwiegt - der repräsentativen Studie des Bundesministerium für Familie, Senioren, Frauen und Jugend zu Leistungen und Grenzen von Heimerziehung (1998) zufolge - der Anteil alleinerziehender Mütter mit 41,7%. 16,7% der Kinder lebten vor der Heimeinweisung in einer Stieffamilie und 33,3% in einer „vollständigen" Familie. Scheidungsfamilien sind zu insgesamt 58,2% vertreten. Welche Auswirkungen der Verlust/Wegzug eines Elternteils und die Konfrontation mit wechselnden Familienkonstellation auf die Heimeinweisung hat, wurde bislang kaum genaueren Analysen unterzogen. Auffällig ist jedoch die weitaus geringere Menge an „vollständigen" Familien im Vergleich mit dem Bundesdurchschnitt. Die Kinder sind zu 76,6% deutscher

Nationalität und zu 23,4% ausländischer Herkunft. Das Aufnahmealter der Kinder in stationäre Erziehungshilfen liegt bei durchschnittlich 14 Jahren, wobei unter 9 Jährige zu 14,2%, 9-12jährige zu 13,2%, 12-15jährige zu 20,3%, 15-18jährige zu 44,7% und 18-21jährige zu 7,6% vertreten sind (Hamberger; in: Bundesministerium für Familie, Senioren, Frauen und Jugend 1998, S. 202). Bei Mädchen liegt das Aufnahmealter in stationäre Erziehungshilfen höher als bei Jungen (Hamberger; in: Bundesministerium für Familie, Senioren, Frauen und Jugend 1998, S. 203). Die Beziehungsverhältnisse innerhalb der Familien zum Beginn der ersten stationären Erziehungshilfe können bei 80,7% der Familien keine psychosozialen Bedingungen für eine gute Entwicklung der Kinder bieten. Die Begründungen der Inanspruchnahme stationärer Erziehungshilfen betreffen zumeist das gesamte Familiensystem. Es werden häufiger Probleme und Belastungen der Eltern - Alkoholkonsum, sozioökonomische Faktoren, psychische Belastungen - als Verhaltensauffälligkeiten, Entwicklungsverzögerungen und/oder Schwierigkeiten der Kinder benannt, wenn doch das hervorragende Kriterium die zum Teil verfahrenen Beziehungsverhältnisse in der gesamten Familie sind. Kinder in solchen Familien sammeln Erfahrungen des Abgeschoben-Werdens, der Nicht-Anerkennung durch Gewalt und des Mißbrauches (Hamberger; in: Bundesministerium für Familie, Senioren, Frauen und Jugend 1998, S. 211). Aufgrund dieser Problemanalyse versucht die Profession in den letzten Jahrzehnten verstärkt bei der Hilfebegründung das familiale Setting zu berücksichtigen und nicht die Verhaltensauffälligkeiten des Kindes als Ausgangsproblem zu definieren. Zumeist wird jedoch der Blick auf die gesamte Familie im Verlauf der Hilfe aus den Augen verloren. Die Zahlen belegen, daß viele Kinder in ein unverändert schwieriges familiales Umfeld zurückkehren (Hamberger; in: Bundesministerium für Familie, Senioren, Frauen und Jugend 1998, S. 212).

In Anbetracht der Bedeutung familialer Situationen stellt sich die Frage, weshalb außer den Eltern und Kindern nicht auch die Großelterngeneration beachtet wird. Es kann angenommen werden, daß sich für die Auseinandersetzung mit den familialen Schwierigkeiten durch die Interaktion mit den Großeltern neue Bearbeitungsperspektiven und -potentiale ergeben und/oder den Kindern durch den Kontakt zu Großeltern neue Möglichkeiten und Erfahrungen im familialen Rahmen geboten werden können.

2.1.3 Möglichkeiten und Bedeutung intergenerationeller Kontakte zwischen jungen und alten Menschen - Enkelkindern und Großeltern - in Kinderheimen

In Kinderheimen sind die Möglichkeiten der Kinder mit alten Menschen in Kontakt zu kommen sehr reduziert. Die in Einrichtungen der Heimerziehung tätigen Personen sind zu nur 2,3% 60 Jahre und älter. 65 Jahre und älter sind sogar nur 0,7%. Zudem sind die in Einrichtungen der Heimerziehung arbeitenden Personen zu 70,3% weiblich und nur zu 29,7% männlich. Ein Vergleich der bei öffentlichen und freien Trägern tätigen Personen im Alter von 60 Jahren und älter zeigt ebenfalls nur geringfügige Unterschiede: bei freien Trägern arbeiten mit 2,5% etwas häufiger als bei öffentlichen Trägern (1,3%) Menschen im Alter von 60 Jahren und älter (Statistisches Bundesamt 1996, S. 28ff.). Demzufolge können Kinder und Jugendliche in Einrichtungen der Heimerziehung nur sehr begrenzt und in der Mehrzahl der Einrichtungen keine Kontakte mit älteren Menschen in ihrem primären Lebensfeld sammeln. Die Erfahrung intergenerationeller Kontakte zu Menschen einer älteren Generation könnte jedoch auch für Heimkinder - ebenso wie dies für Kinder zutrifft, die in ihren Herkunftsfamilien aufwachsen - sehr bereichernd sein (vgl. Kapitel III.1). Die Integration älterer Menschen in den Heimalltag erscheint daher anstrebenswert. Kontakte mit alten Menschen im Wohnumfeld und in der Gemeinde liegen nahe. Unklar bleibt jedoch, inwiefern alte Menschen, die in ihren eigenen familialen Strukturen leben, für solche Kontakte zu Kinderheimkindern aufgeschlossen sind. Die Alterssegregation unserer Gesellschaft (Filipp; in: Krappmann, Lepenies 1997, S. 235) trägt dazu bei, daß intergenerationelle Kontakte fast ausschließlich in familialen Kontexten stattfinden. Daher kann angenommen werden, daß eher alte Menschen ohne familiales Netzwerk an Kontakten zu Kinderheimkindern interessiert wären. Es ist jedoch auch vorstellbar, Kontakte zwischen Senioren- und Kinderheimen zu aktivieren und somit beiden HeimbewohnerInnengruppen Erfahrungen mit intergenerationellen Kontakten zu ermöglichen. In den 70er Jahren des 20. Jahrhunderts wurden ähnliche Projekte in Erwägung gezogen und zum Teil auch realisiert. Allerdings waren sie relativ kurzlebig; Berichte über die Hintergründe dieser Kurzlebigkeit wurden leider nicht publiziert.

Andere Möglichkeiten intergenerationeller Kontakte mit alten Menschen bieten sich für Heimkinder durch die Interaktion mit ihren Großeltern, sofern die Großeltern noch leben, bekannt und bereit sind, mit ihren Enkelkindern eine Beziehung einzugehen. Inwiefern aber ist ein solcher Ansatz mit den derzeitigen pädagogisch-konzeptionellen Zugängen in der Heimerziehung vereinbar? Seit Anfang der 70er Jahre kommt der Elternarbeit in der Heimerziehung eine besondere Bedeutung zu. Die Herkunftsfamilien der Kinder werden als bedeutsame

Interaktionsgefüge verstanden. Der Kontakt zwischen Eltern und Kindern soll gewahrt werden, um die Wiedereingliederung der Kinder in ihre Familien leisten zu können. Es wird zwischen interner (im Heim) und externer (in der Familie) Elternarbeit differenziert. Bei der Elternarbeit ist die Akzeptanz der Eltern von Seiten der ErzieherInnen für die Kinder und deren Wohlbefinden im Heim sehr wichtig. Signalisieren ErzieherInnen Vorbehalte und minderwertige Einschätzungen der Herkunftsfamilien, geraten Kinder nicht nur in Loyalitätskonflikte, sondern fühlen sich häufig selbst als minderwertig (Baas 1986, S. 212f.). Auch wenn Bezugspersonen nicht intendieren zu "Ersatzeltern" der von ihnen betreuten Kinder zu werden, bleibt eine gewisse Konkurrenzsituation mit den leiblichen Eltern als Konfliktpotential bestehen. Statt gemeinsam zu arbeiten besteht leicht die Gefahr der Ausgrenzung bzw. des gegeneinander Arbeitens. Die für Kinder bleibende große Bedeutung der Herkunftsfamilie kann von Bezugspersonen in Heimen irritierend wahrgenommen werden. Eltern dagegen fühlen sich in einer minderwertigen, teilweise auch machtlosen Position. Ein solch unverknüpftes oder sogar widerstrebendes Setting von Herkunftsfamilie und Heim erschwert den Kindern den Aufenthalt im Heim und versperrt ihnen Entwicklungschancen. Oftmals können Kinder den Heimaufenthalt nicht positiv nutzen sofern es ihren Eltern noch schlecht geht und die Bezugspersonen im Heim dies - aus Sicht der Kinder - ignorieren (Simmen 1990, S. 142ff.). Eine Heimeinweisung stellt für die meisten Eltern nicht eine Lösung ihrer Probleme dar. Im Gegenteil verstärkt sie vorerst zumeist die elterlichen Schuld- und Versagensgefühle. Von daher ist es nachvollziehbar, wenn diese Eltern den ErzieherInnen nicht mit Dankbarkeit und Erleichterung begegnen, sondern mit Verzweiflung, Mißtrauen und Irritation reagieren. Die zur Bewältigung dieser Probleme notwendige Aufweichung der Fronten Heim und Familie stellt an die ErzieherInnen besondere Herausforderungen.

Elternarbeit bedeutet somit immer auch eine schicht- und milieuspezifische Heimerziehung. So kann den Kindern die Rückkehr ins Elternhaus vereinfacht werden. Seit der Reform der Heimerziehung in den 70er und 80er Jahren ist es ein Bestreben der Heimpädagogik, daß Erziehungshilfen mit den Lebenserfahrungen der Betroffenen agieren und deren Ressourcen berücksichtigen. Ein solcher lebensweltorientierter Ansatz basiert auf dem Respekt verschiedenartigster Lebenswelten und versucht, das Selbsthilfepotential der Betroffenen zu stärken. Die durch die Heimkampagne (Almstedt, Munkwitz 1982; Schrapper 1990) vertretenen Forderungen, insbesondere die Berücksichtigung der Lebenswelt und familialen Situationen der Kinder, stehen im Einklang mit der Überlegung, auch die Großeltern der Kinder an diesem systemischen Ansatz teilhaben zu lassen.

Trotz der seit den 70er Jahren wachsenden Bedeutung des familialen Umfeldes von Kindern in stationärer Erziehungshilfe wurde der Beziehung zwischen

Enkelkindern und Großeltern kaum Aufmerksamkeit geschenkt. Bisher ist unerforscht, welche Bedeutung Kontakte zu Großeltern für Kinder im Heim haben könnten und inwiefern diese in der Praxis gewährleistet werden. Aufgrund der weitgehenden Ignorierung dieses Themenkomplexes in der sozialwissenschaftlichen Forschung liegt die Annahme nahe, daß Großeltern-Enkelkinder-Beziehungen auch in der Praxis wenig Beachtung erhalten. Falls dies zutrifft, sollte untersucht werden, weshalb dies so ist und welche Potentiale Großeltern-Enkel-Kontakte für die Entwicklung der Kinder und auch hinsichtlich heimpädagogischer Ansätze beinhalten könnten.

Sicherlich muß auch über mögliche Nachteile und Gefahren reflektiert werden. Stellt die Beziehung zu den Großeltern beispielsweise eine Verlängerung der belastenden und problematischen Elternbeziehung dar, ist von der Förderung der Enkel-Großeltern-Kontakte vermutlich abzuraten. Es stellt sich die Frage, wie beurteilt werden kann, ob Großeltern-Enkel-Kontakte im Sinne der Enkel sind. Können Kinder selbst beurteilen, ob bzw. inwiefern Kontakte zu Großeltern für sie gut sind? Eventuell ist es ihnen bei den Großeltern eher als bei ihren Eltern möglich, diese Beziehungen kritisch zu hinterfragen. Es wird jedoch deutlich, daß ein solcher Ansatz erhebliche fachliche und zeitliche Anforderungen an das Personal stellt. Weitere Überlegungen und Diskussionen sind notwendig, um dieses pädagogische Modell fortzuentwickeln.

Bisher mangelt es gänzlich an Untersuchungen, inwiefern Kinder, die in Kinderheimen leben, zu ihren Großeltern Kontakte haben und wie sich diese gegebenenfalls gestalten, was sie den Kindern bedeuten. Diesen Fragestellungen wird in der empirischen Studie (Kapitel IV) nachgegangen.

2.2 *Alte Menschen*

2.2.1 Einrichtungen der Altenhilfe

Gegenwärtig leben in Einrichtungen der Altenhilfe ca. 5% aller über 65-Jährigen. Diese Personen sind zu 86% 70 Jahre und älter. Während von den über 90-Jährigen rund 25% in einer stationären Einrichtung leben, trifft dies für 8,3% der 80-85jährigen, und nur rund 1,5% der 70-75jährigen zu (Bundesministerium für Familie, Senioren, Frauen und Jugend 1997, S. 20; Entzian 1999, S.26). Von den HeimbewohnerInnen sind 64% verwitwet, 21% ledig, 8% geschieden und 7% verheiratet. 79% der BewohnerInnen von Alteneinrichtungen sind weiblich, 21% männlich (Saup, Reichert; in: Niederfranke, Naegele, Frahm 1999-b, S. 260). Der weitaus höhere Anteil von Frauen in stationären Einrichtungen der Altenhilfe ergibt sich aus dem Altersunterschied zum Ehepartner und der durchschnittlich höheren Lebenserwartung von Frauen. Somit leben Frauen im Alter häufiger allein und sind bei Pflegebedürftigkeit eher auf öffentliche Hilfeleistungen angewiesen. In den letzten Jahren zeigt sich in den alten Bundesländern deutlich, daß in stationären Einrichtungen der Altenhilfe zu einem wachsenden Anteil sehr alte und schwerkranke Menschen, häufig ohne Angehörige, betreut werden (Naegele; in: Niederfranke, Naegele, Frahm 1999-b, S. 438). Diese Entwicklungen manifestieren sich in den neuen Bundesländern weniger eindeutig, da in der ehemaligen DDR auch junge und aktive Rentner aus Gründen schlechter Wohnverhältnisse und finanzieller Engpässe in Feierabend- und Pflegeheime zogen (Bundesministerium für Familie, Senioren, Frauen und Jugend 1997, S. 20).

Für alte Menschen gibt es folgende soziale Dienste: "(1) Angebote zur Förderung der gesellschaftlichen Integration älterer Menschen; (2) Hilfen zur Förderung der selbständigen Lebensführung; (3) Hilfen für kranke und pflegebedürftige ältere Menschen und für deren Angehörige" (Kohli, Neckel, Wolf; in: Niederfranke, Naegele, Frahm 1999-b, S. 454). Für die Dienstbereitstellung gilt der Grundsatz ambulant vor teilstationär vor stationär. Unter (1) wird die offene Altenarbeit verstanden, wie arbeits- und berufsbezogene Dienste für ältere Arbeitnehmer; Maßnahmen zur Vorbereitung auf die nachberufliche Lebensphase; Angebote zur Wahrnehmung neuer Altersrollen; Formen der gesellschaftlichen Partizipation etc. Statistische Angaben zum Vorkommen dieser Formen der offenen Altenarbeit liegen nicht vor. Die Aufzeichnungen der freien Wohlfahrtspflege besagen, daß es in ihrer Trägerschaft Anfang 1996 bundesweit rund 3.050 Altentages- und Altenbegegnungsstätten sowie rund 1.350 Beratungsstellen gab (Naegele; in: Niederfranke, Naegele, Frahm 1999-b, S. 454). Die Dienste zur Förderung der selbständigen Lebensarbeit weisen, ebenso wie die der offenen Altenarbeit, eine heterogene Struktur auf. Es gehören hierzu all jene Dienste, die der Förderung des selbständigen Wohnens dienen, wie Wohnberatungsstellen, Hausnotrufsysteme, Maßnahmen zur Wohnungsanpassung. Der Kombination von Wohnungs- und Dienstangeboten wird in Zukunft besondere Bedeutung zukommen. Verschiedene Formen des Gemeinschaftswohnens, wie Generationenwohnen, Betreutes Wohnen bzw. Service-Wohnen, sind derzeitig kaum verbreitet, werden jedoch an Nachfrage gewinnen. Das Service-Wohnen stellt eine zukunftsträchtige Variante bedarfsadäquater Kombination von Wohnungs- und Dienstangeboten dar. Die Datenlage ist hier ebenso wie bei der offenen Altenarbeit mangelhaft. Die Gesamtstatistik der Freien Wohlfahrtspflege verweist auf knapp 900 Einrichtungen des Service-Wohnens mit rund 80.000 Plätzen in ihrer Trägerschaft. Zu den gewerblichen Anbietern liegen keine Angaben vor. Insgesamt ist auch in diesem Sektor ein Mangel an Statistiken zu verzeichnen. Zum dritten Bereich zählen sowohl die ambulanten sozialpflegerischen Dienste (Sozialstationen, Gemeindekrankenpflegestationen), die teilstationären Dienste (Tages- und Kurzzeitpflegeeinrichtungen) sowie die stationären Alteneinrichtungen (Alten-, Altenwohn- und Pflegeheime). Seit der Einführung der Pflegeversicherung gibt es zu diesen Bereichen genaue statistische Angaben. Die Einrichtungen der ambulanten sozialpflegerischen Dienste befinden sich zu 59% in freigemeinnütziger, zu 46% in privat-gewerblicher und zu nur 5% in öffentlicher Trägerschaft. Insgesamt gibt es bundesweit 11.000 ambulante Einrichtungen (Stand: 1. Quartal 1997). Die rund 6.000 teilstationären Einrichtungen, deren Aufgabenbereich die Entlastung der „zweiten Zielgruppe", der pflegenden Angehörigen, betrifft, waren 1997 zu 56% in freigemeinnütziger, zu 35% in privat-gewerblicher und zu 9% in öffentlicher Trägerschaft. Von den knapp 83.000 stationären Alteneinrichtungen mit rund 660.000 Plätzen sind die öffentlichen Träger mit 14%, die freigemeinnützigen mit 55%, die privat-gewerblichen mit 31% vertreten (vgl. Naegele; in: Niederfranke, Naegele, Frahm 1999-b, S. 453ff.). Das Verhältnis der öffentlichen und freigemeinnützigen Träger wird durch das Subsidiaritätsprinzip geregelt, das den freigemeinnützigen Trägern Vorrang gewährt. Dennoch tragen die Kommunen die Letzt- und Gesamtverantwortung für die örtliche Sozialpolitik. Ergänzung finden die allgemeinen Vorschriften durch Sozialgesetze des Bundes und der Länder (vgl. Naegele; in: Niederfranke, Naegele, Frahm 1999-b, S. 458f.). Neben dem Pflegeversicherungsgesetz ist für alte Menschen das Bundessozialhilfegesetz von 1961, das in §75 die Altenhilfe in die Zuständigkeit der Kommunen verweist (siehe §75, Absatz 4 BSHG), entscheidend. Dennoch sind der Bereich der sozialen Dienste und die Lebenslagen alter Menschen in Deutschland wenig verrechtlicht, so daß Dienste und Einrichtungen für alte Menschen als freiwillige Leistungen definiert werden. Dies bedeutet eine Konjunkturabhängigkeit, die in finanziellen Engpässen zu Einschränkungen in der Altenhilfe führen kann (Naegele; in: Niederfranke, Naegele, Frahm 1999-b, S. 450).

Die Anzahl der Pflegebedürftigen wird in den kommenden Jahrzehnten aufgrund des steigenden Lebensalters zunehmen. Hochrechnungen besagen, daß bis 2040 die Zahl der zu Hause versorgten Pflegebedürftigen um knapp 45% und die der in Heimen lebenden Pflegebedürftigen um 80% ansteigen wird. In Heimen werden demnach noch vermehrter schwer pflegebedürftige Menschen leben, was die Heime vor neue Herausforderungen stellen und auch zu einer negativen Stigmatisierung von Alteneinrichtungen beitragen wird. Diese neuen Anforderungen betreffen hauptsächlich die kommunale Ebene, da dort Altenarbeit und -politik stattfindet. Während auf kommunaler Ebene die Absicherung von persönlichen Hilfebedarfen, sofern diese nicht von den primären Sozialnetzen - den Familien - getragen werden können, im Vordergrund steht, ist der Staat für die Sicherung der materiellen und gesundheitlichen Grundrisiken zuständig und gewährt Geld- und Sachleistungen (Naegele; in: Niederfranke, Naegele, Frahm 1999-b, S. 447f.).

Allerdings existiert kein "Altenhilfegesetz" wie es für Kinder und Jugendliche das Kinder- und Jugendhilfegesetz gibt. Lediglich das Heimgesetz (Brandt, Dennebaum, Rückert 1987, S. 217) dient als Diskussionsgrundlage. 1974 wurde das Heimgesetz (HeimG) verabschiedet. Es stellt das gesamte Heimwesen für alte und volljährige Pflegebedürftige und Behinderte unter einen umfassenden staatlichen Schutz. Das Gesetz wurde für alle Heime - gewerbliche, kommunale und gemeinnützige - verabschiedet, um dem Schutzbedürfnis der HeimbewohnerInnen, den Interessen und Bedürfnissen der BewohnerInnen zu dienen und insbesondere folgende Zwecke zu berücksichtigen:

- die Verhinderung eines Mißverhältnisses zwischen Entgeld und Leistung;
- die pflegerische gesundheitliche Betreuung;
- Gewährleistung eines baulichen und personellen Mindeststandards;
- Stärkung der Rechtstellung der HeimbewohnerInnen durch die Pflicht zum Abschluß eines Heimvertrages und Mitwirkung in Heimbeiräten;
- Sicherung von Finanzierungsbeiträgen der BewohnerInnen.

(Klie; in: Brandt, Dennebaum, Rückert 1987, S. 218).

Während das Bundessozialhilfegesetz hauptsächlich die Leistungsvoraussetzungen und finanziellen Rahmenbedingungen der Leistungserbringungen regelt, hat das Heimgesetz vornehmlich die Leistungserbringung im Heim zum Inhalt. Die Umsetzung des Heimgesetzes hängt letztlich stark von den zuständigen Behörden, meist „Heimaufsicht" genannt, ab. Die Zuordnung der Heimaufsicht zu Ämtern variiert in der Bundesrepublik und reicht vom Umweltamt über Sozialämter bis hin zu eigenständigen Heimaufsichtsreferaten (Klie; in: Brandt, Dennebaum, Rückert 1987, S. 222).

Alte Menschen müssen sich eine Meinung bilden, wie sie ihr Leben im Alter gestalten wollen. Der gesundheitliche Zustand und die finanziellen Möglichkeiten nehmen darauf Einfluß, welche Wohn-/Lebensform für alte Menschen angemessen ist. Die Angebote der Alteneinrichtungen differenzieren sich durch den Grad der selbständigen Lebensführung, der in den Einrichtungen angestrebt wird. Zu unterscheiden ist zwischen Altenheimen, Altenpflegeheimen, Altenwohnheimen/Altenwohnanlagen und Altenwohnstiften. Altenheime sind Einrichtungen zur Verpflegung und Betreuung alter Menschen, die nicht oder nur in geringem Maße pflegerische Hilfen benötigen, während in Altenpflegeheimen pflegebedürftige alte Menschen und auch chronisch Kranke eine umfassende Pflege, Betreuung und Versorgung in Anspruch nehmen. In Altenwohnheimen und Altenstiften wird alten Menschen in altersgerechten Wohnungen eine selbständige Lebensführung ermöglicht. Altenwohnstifte sind Altenwohnanlagen für alte Menschen mit gehobenen Ansprüchen und setzen dementsprechend höhere finanzielle Ressourcen voraus (Bundesministerium für Familie, Senioren, Frauen und Jugend 1997, S. 21). In zunehmendem Maße wird jedoch versucht, Heime zu schaffen, in denen die verschiedenen Phasen des Alterns Berücksichtigung finden, so daß alte Menschen, wenn sie umfassender pflegerischer Unterstützung bedürfen, nicht das Heim wechseln müssen, sondern innerhalb derselben Einrichtung umziehen können. Hierbei empfehlen sich übersichtliche Gebäudekomplexe mit architektonischen Möglichkeiten mehrere kleine Wohneinheiten, ähnlich einem kleinen Dorf, entstehen zu lassen. Von den in Deutschland insgesamt zur Verfügung stehenden 660.048 Plätzen befinden sich 108.695 in den neuen Bundesländern. (Bundesministerium für Familie, Senioren, Frauen und Jugend 1997, S. 21). Dem ersten Altenbericht (Bundesministerium für Familie, Senioren, Frauen und Jugend 1993) zufolge sind nur 10% der Heime in den neuen Bundesländern nach Mindeststandards ausgestattet. In den alten Bundesländern sind rund 97% und in den neuen rund 95% der Plätze belegt. Demnach scheint das verfügbare Platzangebot ökonomisch betrachtet zur Zeit auf die entsprechende Nachfrage zu stoßen (Bundesministerium für Familie, Senioren, Frauen und Jugend 1998, S. 36).

Angebot und Größe von Einrichtungen der Altenhilfe 1992 in der Bundesrepublik Deutschland

Art der Einrichtung	Anzahl der Heime		∅ Plätze
	absolut	in %	
Altenwohnheime	666	7,9	78
Altenheime	2.097	19,4	61
Altenpflegeheime	2.164	22,7	69
Mehrgliedrige Einrichtungen	3.254	50,0	101
Insgesamt	8.181	100,0	81

(Bundesministerium für Familie, Senioren, Frauen und Jugend 1998, S. 94)

Ende 1994 - vor Einführung der 2. Stufe der Pflegeversicherung - belegten 57% der BewohnerInnen von Alteneinrichtungen einen Pflegeplatz, 31% einen Heimplatz und 12% einen Altenwohnplatz. Hierbei handelt es sich zur Hälfte um mehrgliedrige Einrichtungen. Bei der Infratest-Heimerhebung 1994 wurde nach pflegeorientierten Einrichtungen (75% oder mehr Pflegeplätzen), mischorientierten Einrichtungen (ausgewogenes Verhältnis) und wohnorientierten Einrichtungen (75% oder mehr Wohnplätze) differenziert. 43% aller Häuser sind pflegeorientierte, 31% mischorientierte und 26% wohnorientierte Einrichtungen (Bundesministerium für Familie, Senioren, Frauen und Jugend 1998, S. 36).

Weitere Wohnformen für alte Menschen (z.B. betreutes Wohnen, Wohn- und Hausgemeinschaften, Mehrgenerationenwohnen) finden in jüngster Zeit zwar vermehrt Beachtung, stellen aber nach wie vor Ausnahmen dar (Bundesministerium für Familie, Senioren, Frauen und Jugend 1998; Brasse, Klingeisen, Schirmer 1993; Henckmann 1999). Zudem mangelt es an Untersuchungen, wie sich das Leben für alte Menschen in diesen Wohnformen gestaltet, wenn der Pflegebedarf wächst (Saup, Reichert; in: Niederfranke, Naegele, Frahm 1999-b, S. 271ff.).

Ähnlich wie in der Heimerziehung, aber nicht derartig vehement, wurde auch der Bereich der Altenhilfe seit den 70er Jahren kritischen Reflektionen unterzogen. Alte Menschen entwickelten ein wachsendes Selbstbewußtsein und ein Interesse an der Vertretung ihrer Lebensvorstellungen im Alter (Brasse, Klingeisen, Schirmer 1993; Henckmann 1999; Zander 1987; Meier, Seemann 1982). Es entwickelten sich verschiedene Wohnprojekte für alte Menschen, die aber häufig einen Modellcharakter behielten. Im Vordergrund der Interessen standen hierbei die Bedürfnisse alter Menschen nach individuell gestaltetem Wohnraum, die Möglichkeiten der Interaktion sowie gegenseitiger Hilfe und Konzepte des Miteinanderwohnens von Jung und Alt. Letzteres wurde eher selten in Form von Wohngemeinschaften, sondern in Hausgemeinschaften erprobt, in denen die alten und jungen Menschen/Familien über eigene Wohnungen in einem gemeinsamen Wohngebäude verfügten. Das impliziert jedoch zahlreiche architektonische Anforderungen. Insbesondere die Berücksichtigung der Interaktionsmöglichkeiten bei gleichzeitiger Wahrung der Privatsphäre, Rückzugmöglichkeiten und geringer Lärmbelästigung sind nicht immer zu bewältigen. Als sehr hilfreich für das Gelingen des gemeinsamen Zusammenlebens hat es sich jedoch erwiesen, wenn die späteren BewohnerInnen an der Planungsphase teilhaben können, sich im Vorfeld engagieren und kennenlernen. Allerdings wirken die oftmals langen Vorbereitungen und Auseinandersetzungen mit Behörden und Geldgebern leicht entmutigend und führen zum Ausschluß von InteressentInnen.

Das Leben im Alter und die Auseinandersetzung mit den Möglichkeiten der Gestaltung dieser Lebensphase hat in den letzten Jahren an Interesse gewonnen. Die verstärkte Auseinandersetzung mit dieser Altersphase auf politischer, juristischer und sozialwissenschaftlicher Ebene mag dazu beitragen, für diese Altersphase notwendige juristische Grundlagen und pädagogische Konzepte für das Zusammenleben in Alteneinrichtungen zu entwickeln bzw. weiterzuentwickeln. Auch bezüglich des Mangels an statistischen Angaben zum Leben alter Menschen sind in den kommenden Jahren Neuerungen und die Erstellung umfassenderen Datenmaterials zu erwarten.

2.2.2 Hintergründe für den Einzug in eine Einrichtung der Altenhilfe

Ähnlich wie bei Einrichtungen der Heimerziehung stellt sich auch bei Alteneinrichtungen die Frage nach dem familialen Netz der BewohnerInnen und den Gründen, weshalb alte Menschen eine stationäre Einrichtung der Altenhilfe in Anspruch nehmen. Welches sind ihre Beweggründe und was verraten diese über Menschen in Alteneinrichtungen? Es kann vermutet werden, daß diese Beweggründe Informationen darüber liefern, welche Bedeutung intergenerationelle Kontakte für diese BewohnerInnen haben können.

Eine in Niedersachsen durchgeführte Untersuchung zu den Wahlgründen einer stationären Pflege ergab folgende Ergebnisse: Verwitwete, Ledige, Geschiedene und Kinderlose sind in Einrichtungen der Altenhilfe überproportional vertreten, während verheiratete ältere Menschen weitaus seltener stationäre Einrichtungen nutzen. Keine Geschwister hatten 53% und keine sonstigen Verwandten in der Bundesrepublik Deutschland hatten 45% der an der Untersuchung beteiligten Personengruppen (Schubert 1987). Häufig mangelt es alten Menschen, die in eine Alteneinrichtung ziehen, an einem sicheren sozialen Netz (Bundesministerium für Familie, Senioren, Frauen und Jugend 1998, S.38f.). Die überproportionale Vertretung von verwitweten, ledigen, geschiedenen und kinderlosen alten Menschen in Alteneinrichtungen läßt bei HeimbewohnerInnen auf einen Mangel an familialen Kontakten schließen.

Als Heimeinweisungshintergründe konnte eine Untersuchung des Kuratoriums Deutsche Altershilfe (1996) zeigen, daß HeimbewohnerInnen ins Heim ziehen, weil sie Schwierigkeiten bei der Ausübung praktischer hygienischer Tätigkeiten haben und sie ihren Angaben zufolge z.B. nicht allein baden (62% der Befragten) und/oder nicht mehr allein die Toilette benutzen können (32% der Befragten). Die Befragten benannten zudem, daß sie nicht mehr allein einkaufen und ihre finanziellen Belange regeln können und in etwa die Hälfte der Befragten sagte aus, daß sie sich „draußen" nicht mehr alleine zurechtfinden (Kuratorium Deutsche Altershilfe 1996, S. 180). Auch nach Angaben von Saup und Reichert (in: Niederfranke, Naegele, Frahm 1999-b, S. 261) führen zumeist Beeinträchtigungen bei der Durchführung alltäglicher Aktivitäten wie Körperpflege, Anziehen, Essen, Einkaufen etc. zum Umzug in eine Institution. Es wird davon ausgegangen, daß heute ungefähr die Hälfte der HeimbewohnerInnen an dementiellen Erkrankungen oder anderen psychischen Beeinträchtigungen leidet (Entzian 1999, S. 27). Die meisten BewohnerInnen von Alteneinrichtungen haben eine Beweglichkeitseinschränkung, eine reduzierte geistige Leistungsfähigkeit und/oder psychische Auffälligkeiten. Verfügen alte Menschen zudem über kein stabiles soziales Netz und/oder gibt es im Wohnumfeld große Unzulänglichkeiten, ist der Einzug in ein Heim oftmals unumgänglich. Die notwendige Hilfe und Pflege stellt somit einen Hauptgrund für den Heimeinzug dar. Andere Beweggründe können Überlastungen oder Spannungen im häuslichen Bereich, Wünsche nach besserer sozialer Anbindung, Bestrebungen zur Entlastung der Angehörigen, altersunangemessener Wohnraum sein (Bundesministerium für Familie, Senioren, Frauen und Jugend 1998, S.38f.; Lehr; in: Thomae, Lehr 1968, S. 446). In diesen Angaben spiegelt sich das große Bedürfnis nach Sicherheit und Unterstützungsressourcen im Alter. Hierbei dennoch ein adäquates Maß an Selbständigkeit, Privatheit, Aktivität und auch persönlicher Kontrolle zu wahren, ist eine große Herausforderung an die Alltagsgestaltung in Alteneinrichtungen.

Nicht ausschließlich gesundheitliche Bedingungen geben demnach den Ausschlag für den Umzug in eine Alteneinrichtung. Denn auch ein sehr großer Pflegeaufwand kann unter bestimmten Voraussetzungen zu Hause bewältigt werden. Dies ist allerdings von sozialen Gegebenheiten abhängig (Bundesministerium für Familie, Senioren, Frauen und Jugend 1998, S.39). Demnach bedeutet der Einzug in eine stationäre Einrichtung der Altenhilfe für viele alte Menschen eine gewisse Loslösung von familialen Banden. Was das wiederum - unter Berücksichtigung der Tatsache, daß der Einzug in eine solche Einrichtungen zumeist die letzte "Station" vor dem Tod ist - bedeutet und wie damit in den Einrichtungen umzugehen ist, ruft vielfältige Fragen hervor.

2.2.3 Möglichkeiten und Bedeutung intergenerationeller Kontakte zwischen alten und jungen Menschen - Großeltern und Enkelkindern - in Alteneinrichtungen

Die Möglichkeiten intergenerationeller Kontakte zwischen alten Menschen in Alten-/Pflegeheimen und Kindern/jungen Menschen ist konzeptionell zumeist nicht vorgesehen. Insofern haben alte Menschen in Alten-/Pflegeheimen, wenn sie keine Ur-/Enkelkindern im Kindesalter oder keine Kontakte zu diesen haben, in ihrem häuslichen Umfeld in der Regel keine Erfahrungen mit Kindern/jungen Menschen. Anders mag es jedoch sein, wenn Ur-/Enkelkinder in der Nähe wohnen und ihre Großeltern besuchen. Es ist jedoch anzuzweifeln, daß die Mehrzahl alter Menschen in Heimen so nah bei ihren Familien lebt, daß die Ur-/Enkelkinder sie problemlos und selbständig besuchen können. Hierzu liegen allerdings keine Angaben vor. Kommen Ur-/Enkelkinder ihre Großeltern gemeinsam mit den Eltern besuchen, haben demnach keine oder nur wenig Zeit mit den Großeltern allein zu verbringen, hat die Großeltern-Ur-/Enkelkinder-Beziehung vermutlich eine andere Dynamik als wenn Großeltern und Ur-/Enkel gemeinsame Zeit zu zweit - ohne die Eltern der Ur-/Enkel - bleibt. Es liegen jedoch auch zu der Anzahl von Senioren in Alten-/Pflegeheimen oder Wohnstiften und deren Kontakten zu Ur-/Enkelkindern keine statistischen Angaben vor. Die Annahme liegt nahe, daß Besuche von Ur-/Enkelkindern vorrangig in Begleitung der Eltern und nur für wenige Stunden am Nachmittag an einigen Wochenenden im Jahr stattfinden. Demzufolge kann vermutet werden, daß im Alltag von diesen Institutionen junge BesucherInnen Ausnahmen darstellen. Die Vorteile intergenerationeller Kontakte zwischen Alt und Jung sind jedoch klar ersichtlich (vgl. Kapitel III) und ein Defizit an solchen Kontakten kann sich lähmend auf die Vitalität und Lebensfreude alter Menschen auswirken.

Ausgehend von diesen Ergebnissen stellt sich die Frage, inwiefern Bedürfnisse nach intergenerationellen Kontakten im Heimalltag erfüllt werden können. Sehr wesentlich zur Realisierung der Bedürfnisse alter Menschen in Heimen und Wohnanlagen ist ein lebensweltorientierter Ansatz. Lebensweltorientiertes Handeln fordert von den Experten, die Bedürfnisse der Betroffenen zu berücksichtigen, sei es in Altenpflegeheimen, Altenheimen oder auch in Altenwohnanlagen und -stiften. Die Einbeziehung der BewohnerInnen in Entscheidungsprozesse stellt hierbei einen grundlegenden Schritt dar. Das verlangt vom Fachpersonal, die gesamte psychische und soziale Lebenswirklichkeit der BewohnerInnen zu akzeptieren und zu unterstützen (Heinemann-Knoch, Schönberger; in: Jansen, Karl, Radebold, Schmitz-Scherzer 1999, S. 642ff.). Hierbei gilt es, dem Anstaltscharakter Heim und dem damit einhergehenden Zerfall von Identität und erworbenen Rollen, alltäglichen Selbstverständlichkeiten, Zeitbezügen etc. entgegenzuwirken (Heinemann-Knoch, Schönberger; in: Jansen, Karl, Radebold, Schmitz-Scherzer 1999, S. 639f.). Lebensweltorientiertes Arbeiten im Heim bedeutet überschaubare Heimgrößen zur erleichterten Eingewöhnung und Orientierung, Gestaltung des Tagesablaufes in Anlehnung an vertraute Handlungsmuster der BewohnerInnen, Kontaktförderung zu Freunden und Angehörigen, Erkundung nach BewohnerInnenwünschen, Verbesserung der gesundheits- und ressourcenorientierten Pflegestandards, Respektierung der Privatsphäre der BewohnerInnen; eine stärkere Durchdringung der Lebenswelten von Arbeitenden und Wohnenden (Heinemann-Knoch, Schönberger; in: Jansen, Karl, Radebold, Schmitz-Scherzer 1999, S. 644).

Wie oben erläutert, motivieren zumeist gesundheitliche Probleme alte Menschen zum Einzug in eine Alteneinrichtung. Der mit diesen gesundheitlichen Defiziten häufig verbundene Mangel an Mobilität birgt ein großes Risiko der Vereinsamung und der lebensweltlichen Einschränkung auf die Alteneinrichtung. Das verweist auf die große Bedeutung der Einrichtungsöffnung, so daß ein sozialer Austausch innerhalb der Einrichtungen stattfinden kann. Besuche von Freunden und Angehörigen und auch anderen Menschen von "außen" können für BewohnerInnen von Alteneinrichtungen Bereicherungen darstellen. Insbesondere die Interaktion zwischen alten und jungen Menschen birgt hier zahlreiche Potentiale. Da jedoch - wenn vorhanden - Ur-/Enkelkinder der alten Menschen nur in Ausnahmefällen im nahen Wohnumfeld der Alteneinrichtung leben, läßt sich eine Förderung der Großeltern-Ur-/Enkel-Kontakte nur selten realisieren. Hier stellt sich dagegen die Frage, inwiefern andere Kinder/junge Menschen wichtige Bezugspersonen für alte Menschen in Heimen werden könnten. Die durch solche Interaktionen zustandekommenden Vorteile für alte und junge Menschen sind für alte Menschen im Heim vermutlich noch bedeutsamer als für alte Menschen, die in ihrem familialen Umfeld leben. Individuelle Kontakte zu jungen Menschen vermögen nicht nur die Lebensnähe alter Menschen zu fördern, sondern sichern ihnen im Heimalltag die nötige Privatheit, Aktivität und auch persönliche Kontrolle.

2.3 Einrichtungen der Heimerziehung und Altenhilfe im Vergleich: Möglichkeiten und Bedeutung intergenerationeller Kontakte

Sicherlich gestaltet sich die Lebenssituation für alte und junge Menschen in Heimen in vielerlei Hinsicht sehr unterschiedlich. Bei Kindern in Einrichtungen der Heimerziehung haben vorrangig familiale Hintergründe und soziale Benachteiligungen den Heimaufenthalt herbeigeführt. Diese Kinder wuchsen unter erschwerten Bedingungen auf und benötigen besonderer Unterstützung und Zuwendung. Alte Menschen in Einrichtungen der Altenhilfe kommen nicht notwendigerweise aus sozialschwachen Milieus. Zumeist sind es gesundheitliche Gründe, die den Einzug in ein Altenheim notwendig werden ließen. Dennoch trifft es auch für alte Menschen in Altenpflegeheimen und Altenheimen zu, daß im sozialen Nahraum ihre Betreuung und Pflege nicht mehr gewährleistet werden konnte. Ein Mangel an potentiellen Pflegenden oder die Sorge, ihren Familien zur Last zu werden, bewegt alte Menschen zum Einzug in ein Heim. Auch bei ihnen ist demnach das soziale Netz nicht derartig „sicher" wie bei alten Menschen, die zu Hause betreut werden. Es kann somit davon ausgegangen werden, daß zwar die Hintergründe für den Heimaufenthalt bei jungen und alten Menschen unterschiedlich sind, es dennoch für beide Gruppen zutrifft, daß familiale Kontakte seltener zustande kommen als bei alten und jungen Menschen, die in ihren Familien leben. Während jedoch Alten-/Pflegeheime den Charakter einer Endstation im Leben der BewohnerInnen haben, sollen Kinderheime die Kinder für das Leben vorbereiten, ihnen Lebensperspektiven eröffnen, Chancen vermitteln und stellen im Leben der Kinder eine Übergangsphase dar. Die Aufgabenfelder dieser zwei institutionellen Bereiche sind demnach schon aufgrund der Altersgruppen der BewohnerInnen sehr unterschiedlich. Dennoch geht es in beiden Einrichtungsformen darum, den BewohnerInnen die Zeit in dem jeweiligen Heim bereichernd zu gestalten. Hierbei stellt sich für beide Einrichtungsformen die Frage, welche Bedeutung intergenerationellen Kontakten zwischen Jung und Alt zuteil werden könnte. Sowohl für junge als auch alte Menschen können solche Kontakte lebensbereichernd und von Vorteil sein, sofern sie bestimmten Qualitätskriterien - z.B. Freiwilligkeit der Interaktion, passende Räumlichkeiten, finanzielle Ressourcen für kleine Unternehmungen etc. - unterliegen. Die Möglichkeiten, Kontakte zwischen Großeltern und Ur-/Enkelkindern zu aktivieren sind jedoch in Alten- und Kinderheimen sehr unterschiedlich. In Kinderheimen ist es vermutlich eher möglich, daß MitarbeiterInnen Kontakte zu Großeltern herstellen und Treffen zwischen Großeltern und Enkelkindern organisieren. Bei Alten-/Pflegeheimen scheint es ungleich schwieriger, die Kontakte zwischen Ur-/Enkeln und Großeltern zu fördern. Hierbei spielen sicherlich Verantwortungsgefühle der älteren Generationen gegenüber der jüngeren eine wesentliche Rolle.

Möglicherweise führt jedoch die Unrealisierbarkeit solcher Ideen zu einer verstärkten Arbeit an der Förderung nicht-familialer intergenerationeller Kontakte im sozialen Umfeld. Vorstellbar wären hier Kontakte zwischen Einrichtungen der Heimerziehung und Altenhilfe sowie mit Tagesstätten für Kinder bzw. Senioren und/oder im Wohnumfeld lebenden Kindern bzw. alten Menschen.

2.4 Stand der Forschung zu intergenerationellen Beziehungen in Institutionen

Zu intergenerationellen Beziehungen zwischen jungen und alten Menschen in Einrichtungen der Heimerziehung und Altenhilfe, wie es den oben geschilderten Überlegungen entspräche, gibt es keine Literatur. Wenn auch in den 70er Jahren als Folge der Heimkampagne solche Überlegungen und kleinere Projekte aufkamen, fehlt es an Dokumentationen. Im Bereich der Altenhilfe gibt es einige wenige Texte zu Wohnmodellen für alte und junge Menschen. Hierbei steht jedoch weniger die Interaktion zwischen Alten und Kindern, sondern eher zwischen Erwachsenen mittleren und alten Lebensalters im Vordergrund des Interesses. Es überwiegen hierbei Projektbeschreibungen - Planung des Vorhabens, Auswahl der BewohnerInnen, Realisierungsschwierigkeiten, architektonische Herausforderungen etc. - gegenüber pädagogisch-konzeptionellen Überlegungen der Gestaltung des Zusammenlebens von Jung und Alt.

Eine Verstärkung der Interaktion zwischen Alt und Jung scheint es im Bereich der Tageseinrichtungen eher zu geben als in Einrichtungen, die sich als primäre Lebenswelten der BewohnerInnen verstehen. Dieses Ergebnis verwundert, insofern insbesondere in letzteren Einrichtungen die Förderung des Kontaktes zwischen Menschen verschiedener Generationen wichtiger erscheint als bei Menschen, die in Familien leben und von daher eher über intergenerationelle Kontakte verfügen. In Tageseinrichtungen basieren Projekte zur Zusammenführung von alten und jungen Menschen zumeist auf der Intention, dem Mangel an Erfahrungen mit jungen bzw. alten Menschen entgegenzuwirken. So erscheint es für Kindertagesstätten beispielsweise sinnvoll, die Lebenswelt alter Menschen auch Kindern zugänglich zu machen. Alte Menschen als Geschichtenerzählende, Vorlesende, Singende, Bastelnde und Kochende können Kindern in Tageseinrichtungen neue Erfahrungshorizonte eröffnen. Nicht nur das Vertrautwerden mit anderen Geschichten, Büchern, Liedern, Bastelideen und Gerichten, sondern auch die Interaktion mit alten Menschen, deren Lebensrhythmus anders ist, die beispielsweise über andere Zeitressourcen verfügen als die Elterngeneration, können für Kinder eindrucksvolle Erfahrungen sein. Im Umgang mit alten Menschen können Kinder Eigenschaften kennenlernen - Ruhe, Gebrechlichkeit, Nachdenklichkeit etc. - die ihnen im Umgang mit Erwachsenen der Elterngeneration nicht unbedingt vertraut sind (Krug 1999, S. 299ff.; Miedaner 1999, S. 47ff.). Auch alte Menschen, die Kindertageseinrichtungen besuchen und mit Kindern spielen, basteln und singen, gewinnen Erfahrungen, die neue Lebensenergien wecken können. Ähnliche Überlegungen gelten für den Besuch von Kindern in Altentagestätten oder Altenheimen. Wichtig ist hierbei jedoch, daß die Kinder nicht vorgeführt, sozusagen eingesetzt werden, um den alten Menschen durch ein Lied oder eine Aufführung eine Freude zu machen. Kinder müssen den Kontakt zu alten Menschen genießen können. Eine Vorführung scheint hierfür wenig geeignet, da sie keinen individuellen Kontakt zwischen den Kindern und den alten Menschen ermöglicht. Einzelne Kontakte zwischen jungen und alten Menschen bzw. Kleingruppenkontakte, die eine Interaktion ermöglichen und nicht ausschließlich auf einer Präsentation basieren, sind die Voraussetzung für bereichernde Kontakte zwischen Jung und Alt.

IV Intergenerationelle Kontakte in familialen und institutionellen Lebenskontexten: Eine empirische Untersuchung über Großeltern-Enkel-Beziehungen

1 Einführung in die empirische Untersuchung

1.1 Erkenntnisinteresse

In der empirischen Untersuchung soll die Gestaltung und Bedeutung von Großeltern-Enkel-Kontakten aus Sicht der Kinder und alten Menschen erkundet werden. Obwohl die Generationsthematik in jüngster Zeit an Interesse gewonnen hat, mangelt es hierzu gänzlich an aktuellen Untersuchungen in deutschsprachigen Regionen. Unberücksichtigt blieb bisher, inwiefern der von den Medien häufig angekündigte „Krieg der Generationen" im gesellschaftlichen Kontext auch auf der Mikroebene - im familialen Rahmen - bevorsteht oder schon stattfindet. Werden hierzu von Kindern und Alten möglicherweise unterschiedliche Einstellungen vertreten?

Neben der Gestaltung und Bedeutung im ausschließlich privat-familialen Rahmen stellt sich jedoch auch die Frage, wie Generationenbeziehungen zwischen Kindern und alten Menschen in institutionellen Kontexten gelebt werden. Trotz der wachsenden Bedeutung von Institutionen im Leben heutiger Menschen wurde bisher weitgehend ignoriert, daß diese Institutionen - von Kindergarten über Schule bis hin zu Altentreffs - weitgehend keine Kontakte zwischen Kindern und Alten ermöglichen. Neben diesen Tagesinstitutionen existieren zudem Institutionen, die das primäre Lebensumfeld der BewohnerInnen darstellen. Inwiefern ist in solchen Institutionen Platz für generationenübergreifende Kontakte zwischen Kindern und alten Menschen? Erleben diese Menschen überhaupt Kontakte zu Kindern bzw. Alten? Ebenfalls am Beispiel von Großeltern-Enkel-Kontakten soll von daher erkundet werden, inwiefern Kinder und Alte in Institutionen wie Kinderheimen und Altenheimen solche generationenübergreifenden Kontakte erfahren und wie sie diese gegebenenfalls wahrnehmen, was sie ihnen bedeuten. Am Beispiel von Großeltern-Enkel-Beziehungen wird demnach erkundet, wie familiale generationenübergreifende Kontakte zwischen Kindern und

Alten a) aus Sicht der Kinder und der Alten sowie b) im Kontext des primären Lebensfeldes Privathaushalt oder Institution erlebt werden.

In Anbetracht der Diskurse zur Generationsthematik im gesellschaftlichen Kontext soll mit Hilfe der Ergebnisse dieser Studie reflektiert werden, inwiefern es Zusammenhänge zwischen dem prognostizierten „Krieg der Generationen" im gesamtgesellschaftlichen Kontext und dem Erleben der jungen sowie alten Generation im familialen Rahmen gibt. Schließlich kann davon ausgegangen werden, daß das Erleben intergenerationeller Kontakte zwischen Alt und Jung im Familienkreis Einfluß auf die Wahrnehmung und Akzeptanz alter bzw. junger Mensch im gesamtgesellschaftlichen Kontext nimmt. Als „Vermittlungsinstanzen" zwischen privat-familialer und gesamtgesellschaftlicher Ebene verdienen hierbei Institutionen und deren Umgang mit der Generationsthematik besondere Beachtung. Wie können die heutigen „generationslosen Institutionen" in ihren pädagogisch-konzeptionellen Zugängen dieser Thematik Beachtung schenken? Inwiefern wäre eine Aufhebung der Generationsschranken in institutionellen Kontexten anstrebenswert?

Ein weiteres Forschungsinteresse dieser Studie leitet sich aus den Defiziten des derzeitigen theoretischen Diskurses zur Generationsthematik ab. Nach wie vor wird die Definition des Generationenbegriffs kontrovers diskutiert. Hierbei mangelt es bisher gänzlich an empirischen Untersuchungen zum Generationenbegriff. Daher wurden bei den befragten Alten deren Vorstellungen von Generation/en bzw. Generationszugehörigkeit erhoben. Besondere Aufmerksamkeit wurde hierbei der Bedeutung von Mikro- und Makroereignissen geschenkt. Inwiefern können solche empirischen Zugänge den theoretischen Diskurs zur Generationsthematik bereichern?

1.2 InterviewteilnehmerInnen

An der empirischen Untersuchung beteiligten sich vier verschiedene Befragtengruppen: zwei dieser Befragtengruppen leben in Privathaushalten, während die anderen beiden in Institutionen leben. Bei den Befragten aus Privathaushalten handelt es sich um Großeltern von Enkelkindern im Alter von 6-12 Jahren und um Enkelkinder im Alter von 6-12 Jahren. Auch bei der Befragung von Menschen, die in Institutionen leben, fanden Kinder und alte Menschen Berücksichtigung. Die Interviews wurden mit 6-12jährigen Kindern aus Kinderheimen und mit alten Menschen in Alten-/Pflegeheimen und einem Wohnstift durchgeführt (vgl. Kapitel IV.2-5).

1.3 Fragebögen

Die standardisierten Fragebögen, welche die Grundlage aller Interviews bildeten, bestehen aus geschlossenen und offenen Fragestellungen. Bei der Entwicklung der Fragebögen wurde darauf geachtet, daß sich die Interviewbögen für Kinder aus Privathaushalten und Kinderheimen soweit wie möglich ähneln. Gleiches gilt für die Fragebögen der alten Menschen in Privathaushalten und Institutionen. Zudem stimmen die Fragen für Alte und Kinder inhaltlich soweit wie möglich überein. Es sollte gewährleistet werden, daß die Ansichten der Kinder und Alten zu den verschiedenen Fragestellungen miteinander verglichen werden können. Die konkrete Fragestellung ist selbstverständlich bei Kindern kindgerecht formuliert. Doch auch bei den Großeltern-Fragebögen mußte bedacht werden, daß sie für Menschen mit zum Teil nachlassender geistiger Tätigkeit geeignet sein sollten. Bei der Entwicklung der Fragebögen wurde demnach nicht nur auf die Vergleichbarkeit der vier Befragtengruppen geachtet, sondern es wurden zudem die Lebenslagen der vier Befragungsgruppen - Altersstufen und Lebenskontext Privathaushalt oder Institution - berücksichtigt.

Die Fragebögen der Alten haben neben den mit der Kinderbefragung übereinstimmenden Themenkomplexen zur Gestaltung und Bedeutung von Großeltern-Enkel-Beziehungen als zusätzlichen Schwerpunkt das Thema Generation und Generationszugehörigkeit. Wie schon oben erwähnt, ist es ein Anliegen dieser Studie, den Generationenbegriff von den Befragten selbst definieren zu lassen. Die Ergebnisse dieses Fragebogenteils finden sich im Exkurs.

1.4 Kontaktaufnahme bei den vier Befragtengruppen

Wie kann man die Kontaktaufnahme zu dreißig Großmüttern bzw. Großvätern in Privathaushalten, dreißig Enkelkindern im Alter von 6-12 Jahren in Privathaushalten, dreißig 6-12jährigen Kindern in Kinderheimen und dreißig alten Menschen in Alten-/Pflegeheimen realisieren? Mit welchen Schwierigkeiten war zu rechnen? Ich ging davon aus, daß die Interviews mit den Befragten aus Institutionen eher zustande kommen würden als die in den Privathaushalten. Erfahrungsgemäß läßt sich über Kontakte mit der Leitung und MitarbeiterInnen in Institutionen wesentlich unproblematischer eine größere Anzahl an interviewbereiten Menschen finden als bei Befragtengruppen in Privathaushalten und einem zudem sehr privat-familialen Befragungsthema. Zudem befürchtete ich, daß insbesondere die Kontaktherstellung zu Kindern aus Privathaushalten, für die ja die Zustimmung der Eltern nötig war, kompliziert werden würde.

Auf welchem Weg könnte ich also das Vertrauen der Eltern gewinnen, so daß sie die Erlaubnis zur Befragung ihrer *Kinder* erteilen? Fest stand, daß Informationsaushänge in Apotheken, Arztpraxen oder Buchläden wenig hilfreich sein würden, um Kontakte zu Kindern in Privathaushalten zu realisieren. Der sicherste Weg erschien hierbei die Kontaktaufnahme über Vertrauenspersonen der Familien. Daher stellte ich in verschiedenen Wohngegenden von Frankfurt am Main zu zwei Grundschulen und einem Schülerladen Kontakt her. In den Schulklassen und dem Schülerladen wurde das Anliegen der Studie den Kindern und MitarbeiterInnen vorgestellt. Informationsbriefe für Kinder, Eltern und MitarbeiterInnen wurden verteilt. Die Resultate waren sehr erfreulich: ca. 50% der Schülerladengruppe, etwa 50% einer 4. Schulklasse und gut 90% der Kinder aus der anderen 4. Schulklasse beteiligten sich an den Interviews.

Ganz anders gestaltete sich die Situation der Kontaktaufnahme bei den *Großeltern in Privathaushalten*. Auf kommunaler Ebene informierte ich mich über Treffpunkte für alte Menschen. Zudem stellte ich Kontakte mit verschiedenen Institutionen in freier Trägerschaft her, um mich über deren Angebot für alte Menschen zu informieren. Auch für die Großeltern hatte ich Informationsbriefe verfaßt, die ich aushängte und an MitarbeiterInnen der verschiedenen Informations- und Kontaktstellen für alte Menschen verteilte. Meine erste Anlaufstelle war das noch recht neue, aber sehr beliebte Internet-Cafe in der Frankfurter Innenstadt, das speziell für alte bzw. ältere Menschen eingerichtet worden war. Mehrere Nachmittage verbrachte ich dort wartend auf alte Menschen mit Enkelkindern im Alter von 6-12 Jahren. Es kam auf diesem Weg auch zu einigen Interviewkontakten. Doch schien die Mehrheit der Internet-Cafe-BesucherInnen keine Enkelkinder zu haben. Bei einigen BesucherInnen waren die Enkelkinder noch zu jung. Ähnliche Eindrücke wie im Internet-Cafe konnte ich auch im Institut für Sozialarbeit sammeln. Dieses Institut bietet ein breit gefächertes Kursangebot für ältere Menschen. Auch hier überwiegen jedoch ebenfalls KursteilnehmerInnen ohne Enkelkinder. Es scheint, daß insbesondere enkellose ältere Menschen solche Angebote nutzen. Sind diese zur Knüpfung mitmenschlicher Kontakte eher auf Institutionen angewiesen als Alte mit Enkelkindern? Der Weg zur Kontaktherstellung mit den Großeltern schien zu diesem Zeitpunkt noch recht beschwerlich. Doch dann kam eine "Mund-zu-Mund-Propaganda" in Gang. Meine Telefonnummer wurde in verschiedenen Vereinen, Nachbarschaften, Freundeskreisen rumgereicht. So entstand ein Schneeballeffekt und ich konnte schließlich zahlreiche Interviews mit Großeltern in Privathaushalten führen.

Bei der Kontaktaufnahme mit *Kinderheimen* wandte ich mich zuerst an ein großes Kinderheim, das ich schon aus einem anderen Kontext kannte. Das Thema meiner Befragung weckte sogleich das Interesse der MitarbeiterInnen. In Gruppengesprächen mit dem pädagogischen Fachpersonal gewann ich vielfältige

Eindrücke in die Strukturen der Einrichtung und die familialen Gegebenheiten der Kinder. Die Informationsbriefe für MitarbeiterInnen, Kinder und Eltern wurden im Heim rumgereicht. In den sechs Heimgruppen nahmen insgesamt 26 Kinder an den Interviews teil. Aus jeder Heimgruppe beteiligten sich etwa 4 Kinder im Alter von 6-12 Jahren. Zudem wandte ich mich an ein Kinderheim in Frankfurt am Main, das ich bisher nicht kannte. In diesem Heim gibt es drei Heimgruppen, davon zwei für Kinder und eine für Jugendliche. Auch hier verlief die Kooperation erfreulich gut und es nahmen insgesamt 11 Kinder an den Interviews teil. Im Vorfeld war vereinbart worden, daß ich alle Kinder interviewen werde, die mitmachen wollen. Uns war jedoch unklar, wie groß die Resonanz sein würde. In allen Gruppen machte ich die Erfahrung: Sobald ein Kind Interesse zeigte, verlief der Zugang zu den anderen Kindern wesentlich leichter. Positive Berichte des zuerst befragten Kindes sprachen den übrigen Kindern Mut zu, auch teilzunehmen.

Am schwierigsten gestaltete sich die Kontaktherstellung bei den *Alten-/ Pflegeheimen*. Bei den Alten-/Pflegeheimen, bei denen ich mich meldete, wurde mir zu ca. 50% von der Leitung oder zuständigen SozialarbeiterInnen mitgeteilt, daß ihre BewohnerInnen zu solchen Interviews nicht mehr imstande wären. Diese Antworten kamen stets ohne Rücksprachen mit anderen MitarbeiterInnen oder den BewohnerInnen. Entweder die zeitliche Überbelastung, die "Angst" vor möglichen Ergebnissen einer solchen Untersuchung oder aber tatsächlich das Absprechen dieser Interviewkompetenzen bei den BewohnerInnen führten wohl zu diesen schnellen Absagen. Sehr mühevoll gelang es mir dann doch, erste Kontakte zu Altenheimen herzustellen, denen ich mein Vorhaben in einem Gespräch schildern konnte. Es wurde allerdings bald deutlich, daß die Kontaktherstellung bei dieser Befragtengruppe sehr mühseelig werden würde. Wenn sich ein Altenheim mit beispielsweise 150 BewohnerInnen für das Projekt interessierte und BewohnerInnen zur Teilnahme auffordern wollte, war davon auszugehen, daß ca. 3-4 BewohnerInnen in die nähere Auswahl kamen. Die potentiellen InterviewpartnerInnen wurden von der Leitung im Vorfeld ausgewählt. Als Kriterium diente hierbei vor allem, daß die Befragten „keine altersbedingten Einbußen im kommunikativen Bereich haben" wie sich eine Leiterin ausdrückte. Dennoch waren auch diese Befragten in ganz unterschiedlichem Ausmaß kommunikationsfähig, desorientiert bzw. orientiert und interviewbereit. Einige Male erlebte ich auch, daß mir BewohnerInnen zuerst zusagten, aber nach Rücksprache mit ihren Kindern ein Interview schließlich doch ablehnten. Möglicherweise befürchteten die Kinder dieser AltenheimbewohnerInnen, daß ihre Eltern sich zu sehr anstrengen oder unerwünschte Informationen preisgeben würden. Trotz dieser erschwerten Bedingungen bei der Kontaktaufnahme gelang es mir schließlich, 22 Interviews mit alten Menschen in Alten-/Pflegeheimen zu führen. Da ich zu den oben erwähnten Themen auch eine größere Anzahl von Gesprächen mit voll orientierten älteren Menschen in Institutionen führen wollte, wandte ich mich recht bald an einen *Wohnstift*. Anders als im Alten-/Pflegeheim werden Wohnstifte von den BewohnerInnen bezogen, solange diese noch relativ selbständig leben können. Unterkünfte in Wohnstiften werden privat finanziert und sind recht kostspielig. Hiermit hatte ich demnach ein völlig anderes Klientel zu erwarten als in den meisten Alten-/Pflegeheimen. Würden sich diese BewohnerInnen an einem solchen Projekt beteiligen? Die Leiterin zeigte gleich Interesse an dem Vorhaben und stellte Kontakte zu Wohnstift-BewohnerInnen her. Ungefähr 350 Menschen leben in diesem Wohnstift. Insgesamt konnte ich schließlich 17 BewohnerInnen befragen. Sobald sich demnach die LeiterInnen der Institutionen für das Projekt interessierten und interviewbereite BewohnerInnen in den von mir ausgewählten Institutionen lebten, erwies sich die Kontaktaufnahme über die Leitung als sehr hilfreich. Durch die Leitung bzw. den/die jeweilige/n AnsprechpartnerIn in der Institution kann jedoch auch jeglicher Kontakt verhindert werden. Dies erfuhr ich aber ausschließlich im Bereich der Altenhilfe.

1.5 Besonderheiten des Samples

Durch die Kontaktherstellung über die Schulen konnte ich bei den Enkelkindern aus Privathaushalten eine gute Mischung sozialer Schichten und auch Nationalitäten erzielen. Hinsichtlich des sozialen Status kam bei den Großeltern durch die an den verschiedenen Kontaktstellen ausgelöste Mund-zu-Mund-Propaganda ebenfalls eine große Spannbreite zustande. Anders verhält es sich bei den Institutionen. Kinder in Kinderheimen kommen überwiegend aus sozial benachteiligten Milieus. Dies trifft zu einem gewissen Grad auch für die BewohnerInnen von Alten-/Pflegeheimen zu. Zwar leben hier auch Menschen verschiedenster sozialer Milieus, doch sind sozial benachteiligte häufiger vertreten als wohlsituierte. Ganz anders ist dafür die Situation im Wohnstift, wo ausschließlich sehr wohlsituierte Menschen leben.

Neben diesen milieuspezifischen Ausleseeffekten entsteht zudem die Frage, inwiefern sich vor allem Kinder und alte Menschen mit positiven Großeltern-Enkel-Beziehungen zu einem Interview bereit erklären. Oder nutzen auch unzufriedene Großeltern bzw. Enkelkinder das Interview, um ihre Beschwerden, Sorgen und/oder ihren Mißmut bezüglich der Großeltern bzw. Enkelkindern zu thematisieren? Diese Ausleseeffekte wurden bei den Enkelkindern in Privathaushalten durch die Gruppendynamik in den Schulklassen und in dem Schülerladen weitgehend relativiert. Bei den Großeltern in Privathaushalten entstand durch die andere Form der Kontaktaufnahme ein solcher Gruppeneffekt nicht.

Allerdings haben meine Anfragen bei Großeltern - sofern diese ein Enkelkind im vorgegebenen Altersrahmen hatten - nur sehr vereinzelt zu Absagen geführt.

In den Kinderheimen hat sich jeweils die überwiegende Mehrheit der Kinder, die sich in der angegebenen Altersspanne befand, an der Befragung beteiligt. Wenn Kinder nicht interviewt wurden, dann war der Grund hierfür nicht unbedingt das Thema der Befragung, sondern es lagen andere gravierende Probleme vor.

In den Altenheimen wurden von der Leitung im Vorfeld Alte ausgeschlossen, die - wie schon im vorherigen Kapitel erläutert - Kommunikationsprobleme hatten, stark desorientiert oder krank waren. Andere Auslesegründe wurden mir nicht mitgeteilt.

Die genannten Ausleseeffekte bewegen sich von daher im Rahmen der gegebenen Möglichkeiten, solche Interviews führen zu können. Hierbei hat sich das vorliegende Sample für den angestrebten Untersuchungszweck - die Analyse der Gestaltung und Bedeutung von Großeltern-Enkelkinder-Beziehungen aus Sicht von Kindern und alten Menschen in familialen und institutionellen Kontexten - als geeignet erwiesen.

1.6   Interviews mit Kindern und alten Menschen: Methodische Anregungen

Kinder: Unter Einbeziehung der bestehenden erziehungswissenschaftlichen Kenntnisse (Heinzel 2000) zu Befragungen von Kindern wurde ein standardisierter Fragebogen mit geschlossenen und offenen Fragestellungen entwickelt. Die Fragen wurden den Kindern deutlich und in Ruhe vorgetragen und bei Verständnisschwierigkeiten hilfreich umformuliert. Die Kinderbefragung enthielt verschiedene methodische Besonderheiten, die das Interesse und Vergnügen der Kinder an der Befragung positiv beeinflußten. Anhand von Biegepuppen, die sie sich aus einem Korb aussuchen konnten, stellten die Kinder ihre Familien vor, malten Bilder, wie sie gemeinsam mit ihrer Großmutter und/oder ihrem Großvater einer Lieblingsbeschäftigung nachgingen, durften sich die Kinder Wunsch- und Phantasiespielen hingeben. Die Interviews dauerten im Durchschnitt etwa 30 Minuten. Eine solche Interviewlänge hat sich für Kinder dieser Altersgruppe als angemessen bewährt. Die Angaben der Kinder dienen als Auswertungsgrundlage, zusätzliche Informationen über Erwachsene wurden bewußt nicht eingeholt. Alle Fragen, die von Kindern erwartungsgemäß schwierig zu beantworten sind, wie Altersangaben, zeitliche Angaben, Wohnortentfernungen etc. wurden so in das Gespräch integriert, daß kein Gefühl des Abfragens entstand. Hatten Kinder Schwierigkeiten, bestimmte Informationen zu geben - wie z.B. bei der Frage, wie lange sie schon in der Heimgruppe leben - wurde anhand von Hilfestellungen -

wie oft sie beispielsweise im Heim schon ihren Geburtstag oder Weihnachten verbracht haben - gemeinsam versucht, die Antwort zu finden.

Alte: Der Fragebogen für die alten Menschen konzentriert sich auf die gleichen Fragestellungen wie der Kinder-Fragebogen. Die Fragestellungen sind allerdings erwachsenengerecht formuliert. Es wurde jedoch auch hier auf möglichst einfache Formulierungen Wert gelegt. Denn auch bei älteren Menschen muß damit gerechnet werden, daß komplizierte Satzgefüge ihre Konzentrationsfähigkeit strapazieren. Während die meisten Befragten aus Privathaushalten gerne die von mir vorgetragenen Fragestellungen auf einem eigenen Fragebogen mitverfolgten, war das bei den Befragten aus Alten-/Pflegeheimen nicht möglich. Dies hätte für die Befragten eher eine zusätzliche Herausforderung dargestellt, zumal einige nicht mehr gut sehen konnten oder so lange einen Fragebogen hätten halten können. Ich bemühte mich um eine besonders deutliche und ruhige - zum Teil sehr laute - Formulierung der Fragestellungen. Auch der Betonung kommt ein besonderer Stellenwert zu. Es muß klar sein, daß Nachfragen möglich und willkommen sind. Wie bei der Kinderbefragung wurde ebenso bei den Hochbetagten darauf geachtet, bei für diese sehr alten Menschen schwierigen Fragestellungen - z.B. nach Altersangaben und Zeitspannen - entsprechende Hilfestellungen anzubieten. So wurden beispielsweise bei komplexen Antwortvorgaben wie der Häufigkeit der Großeltern-Enkel-Kontakte nicht diese Antwortvorgaben zur Auswahl gestellt, sondern die Antworten der Befragten den Antwortvorgaben, die sich bereits in den anderen Interviews als sinnvoll erwiesen hatten, zugeordnet. Zum Teil verlangt ein solches Vorgehen vom Interviewer/der Interviewerin das Kategorisieren während des Interviews. Hierbei ist es von Vorteil, wenn alle Interviews von einer Person geführt werden oder die InterviewerInnen in einer detaillierten Schulung mit diesem Kategorisierungssystemen vertraut gemacht werden.

Verallgemeinernd kann davon ausgegangen werden, daß insbesondere bei der Befragung von Hochbetagten standardisierte Fragebögen sehr sinnvoll sind. Narrative Interviews stelle ich mir dagegen sehr schwierig vor, da die Befragten in einen Erzählstrom geraten können, der von einem bestimmten Thema vollkommen abgleiten kann. Solche Gedankenströme können zu sehr bizarren, kaum nachvollziehbaren Selbstgesprächen führen. Komplett geschlossene Fragestellungen erscheinen mir ebenso unangebracht, da es sehr alten Menschen schwer zu fallen scheint, ihre Gedanken in eine Antwortenvorgabe zu pressen. Von daher ist eine Mischung aus geschlossenen und offenen Fragestellungen sinnvoll. So wird das zu bearbeitende Thema in eine Richtung strukturiert und zugleich bleiben Freiräume für Erzählströme der Befragten. Zudem kann auf diese Weise die thematische Vergleichsmöglichkeit mit einer anderen Befragtengruppe gewährleistet werden.

Kinder und Alte: Sowohl bei den Kinder-Interviews als auch bei den Interviews mit Großeltern aus Privathaushalten entstand der Eindruck, daß eine ruhige Einstimmung auf das Thema und ein guter Interviewstart sehr entscheidend sind. Bei den Interviews in Alten-/Pflegeheimen und auch im Wohnstift zog sich dagegen diese Spannung und besondere Aufmerksamkeit durch das gesamte Interview. Zumindest mußte bei den Interviews mit Alten in Institutionen, ebenso wie bei den Interviews mit Kindern aus Heimen, ständig damit gerechnet werden, daß die Interviewbereitschaft nachläßt, sich Erschöpfung oder Lustlosigkeit einstellt und das Interview abgebrochen wird. Das Abbruchrisiko war bei diesen beiden Befragtengruppen aus Institutionen weitaus größer als bei den anderen zwei Befragtengruppen. Die besonderen und schwierigen Lebensumstände bei den Befragten aus Institutionen (Kinder-, Alten-/Pflegeheimen) erfordern von dem Interviewer/der Interviewerin andere Interviewkompetenzen, die sicherlich noch weiterer Untersuchungen bedürfen.

Sowohl bei der Befragung von sehr alten Menschen als auch von Kindern ist es entscheidend, den Fragebogen flexibel zu handhaben. Werden Fragestellungen nicht verstanden, sind andere Formulierungen anzubieten. Oftmals ist es sinnvoll, gleich zwei Varianten zu benutzen, damit den Befragten eher verständlich wird, was gemeint ist. So können für die Befragten unangenehme Verständnisfragen umgangen werden. Die Fragen müssen langsam und sehr deutlich artikuliert werden. Der Blickkontakt zwischen InterviewerIn und Befragten hat sich als sehr hilfreich erwiesen. Insbesondere bei den Hochbetagten, die oftmals schwerhörig sind, ist es sinnvoll, den Befragten das Lippenlesen zu ermöglichen.

Bei geschlossenen Fragen mit differenzierten Antwortmöglichkeiten ist es bei Kindern und Hochbetagten - die zumeist den Fragebogen nicht durch eigenes Lesen mitverfolgen - nicht immer sinnvoll, alle Antwortvorgaben vorzulesen. Eher bietet es sich an, die Antworten der Befragten den Antwortvorgaben zuzuordnen. Gegebenenfalls müssen die Interviews auch gekürzt werden, falls die Aufmerksamkeit der Befragten stark nachläßt. Von daher ist es empfehlenswert, eine verkürzte Variante bereit zu haben.

Weitere Untersuchungen zu den Spezifika von Interviews mit Kindern und Hochbetagten sowie Menschen in schwierigen Lebenskontexten - wie der Kinder- oder Altenheimaufenthalt von einigen Kindern bzw. Alten wahrgenommen wird -, in denen möglicherweise die Interviewerfahrungen von den Betroffenen selbst thematisiert werden, stehen an.

1.7 Auswertung

Wie schon oben dargelegt, wurde bei der Konzipierung der Fragebögen darauf geachtet, daß bei allen vier Befragtengruppen die Fragestellungen bzw. Themenkomplexe weitgehend übereinstimmen. Gleiches gilt auch für die vorgegebenen Items. Dementsprechend war bei der SPSS-gestützten Auswertung (Anmerkung: Durch die von SPSS vorgenommenen Rundungen ergeben sich bei den Gesamtsummen zum Teil Prozentangaben von knapp über bzw. unter 100%.) der Interviews ein Vergleich der geschlossenen Fragestellungen leicht möglich. Aber auch bei der Auswertung der offenen Fragen sollte Vergleichbarkeit gewährleistet werden. Daher wurde bei der - ebenfalls SPSS-gestützten - Auswertung der offenen Fragestellungen in einem ersten Auswertungsschritt versucht, für alle vier Befragtengruppen gleiche Kategorien zu verwenden. Dies gewährleistete zudem, daß Stigmatisierungen und Vorurteile - die beispielsweise aus der Betrachtung des Lebens in Privathaushalten als Norm hätten resultieren können - ausgeschlossen werden konnten. Erst in einem zweiten Schritt wurden, falls die erarbeiteten Kategorien nicht anwendbar waren, neue gebildet oder aber die vorhandenen um weitere Kategorien ergänzt.

Eine erste Analyse der Auswertungsergebnisse erfolgt differenziert nach den vier Befragtengruppen. Im Anschluß hieran geben Vergleiche zwischen Enkelkindern und Großeltern in familialen und institutionellen Kontexten Aufschlüsse, inwiefern die thematisierten Fragestellungen von Kindern und Alten sowie den Befragten in Familien und Institutionen unterschiedlich aufgegriffen werden.

Anhand von Fallbeispielen wird bei allen vier Befragtengruppen versucht, die SPSS-gestützten Auswertungen durch lebendige Schilderungen zu bereichern und detailliertere Einblicke in die Darstellungen einzelner Befragter zu erlangen. Bei den Kindern wird gestützt auf der Bedeutung von Großeltern-Enkel-Kontakten eine Sortierung der Fallbeispiele versucht. Ein solches Vorgehen erweist sich bei den Großeltern als ungleich schwieriger. Aufgrund der ausgeprägteren Persönlichkeiten der befragten Alten im Vergleich zu den Kindern werden bei den Fallbeispielen für die Großeltern personifizierende Bezeichnungen (z.B. „leidenschaftlicher Großvater", „ambivalente Großmutter") gewählt und so Einblicke in einzelne Interviews ermöglicht (vgl. Kapitel IV.3 und 5). Bei allen Fallbeispielen sind die Namen frei erfunden.

2 Enkelkinder in Privathaushalten: Gestaltung und Bedeutung der Großeltern-Enkel-Beziehung

2.1 Forschungsinteresse

Bei der Befragung von Enkelkindern, die in ihren Familien leben, interessieren - neben Wohnortentfernung und Kontakthäufigkeit - insbesondere die Rahmenbedingungen bei den gemeinsamen Treffen und die Wahrnehmung und Bewertung der gemeinsamen Zeit mit den Großeltern von Seiten der Enkelkinder. Die Erforschung der Enkelperspektive auf die Beziehung zu den Großeltern, was die Kinder befürworten und was sie stört und welche Bedeutung sie den Kontakten zu den Großeltern beimessen, soll Informationen über den Stellenwert von Großeltern für ihre Enkelkinder und die damit verbundenen Erfahrungen zur Enkelkindrolle liefern.

2.2 Beurteilung der Interviewsituationen

Die Mehrzahl der interviewten Kinder genoß die Interviewsituation. Das zeigte sich an ihrer Neugier auf das Interview, Ihrer Freude während des Interviews und dem oftmals geäußerten Bedauern über das Ende des Interviews. Die Kinder fühlten sich ernst genommen und merkten, daß ihre Aussagen wichtig sind. Besonders das „Spielen" mit den Figuren und auch das Malen stieß auf große Befürwortung. Den Kindern wurden die Interviews, die etwa eine halbe Stunde dauerten, nicht zu lang. Auch am Ende der Interviews waren sie noch konzentriert und die abschließenden Wunschfragen haben ihre Phantasie auch nach schon etwa halbstündigem Interview angeregt. Die Kinder, die nicht von Beginn des Interviews an offen und entgegenkommend reagierten und möglicherweise die deutsche Sprache noch nicht so gut beherrschten, tauten spätestens bei der dritten Frage, dem Figurenstellen, auf.

2.3 Sample

Die 30 befragten Enkelkinder sind im Alter von 6 bis 11 Jahren, wovon 22 Kinder 10 oder 11 Jahre alt sind. Durchschnittlich sind die Kinder knapp 10 Jahre alt. 53% der befragten Kinder sind Mädchen, 46,7% Jungen. Diese Kinder leben alle in einem großstädtischen Umfeld, in der Stadt Frankfurt am Main. Einige wohnen zentrumsnah, die Mehrheit jedoch am Stadtrand. Den großstädtischen Bedingungen gemäß sind 56,7% der Kinder deutsch, 33,4% ausländischer (zumeist türkischer, aber auch polnischer, tschechischer und italienischer) und 10% deutsch-ausländischer (zumeist deutsch-polnischer oder deutsch-tschechischer) Herkunft.

2.4 Familienverständnis

Um das Familienverständnis der Kinder zu thematisieren wurde bei den Interviews mit kleinen Biegefiguren gearbeitet. Es standen 14 Figuren zur Auswahl, deren Geschlecht und Alter teils eindeutig und teils uneindeutig waren. Den Kindern hat es meist große Freude bereitet, die Figuren erst mal zu studieren und dann eine sorgfältige Auswahl zu treffen, welche Figur sie selbst darstellen soll. Sie wurden dann gebeten, weitere Figuren auszuwählen, die noch zu ihrer Familie gehören. Mit von Kind zu Kind unterschiedlicher Sorgfalt wurden die Figuren ausgewählt und teilweise auch aufgestellt, bis die Kinder mit dem Szenario zufrieden waren. Zum Teil zeigten sich die Kinder hier sehr kreativ, lösten sich beispielsweise auch bei den Figuren mit eindeutiger Alterszuschreibung von den Vorgaben, so daß der grauhaarige „Großvater" wegen seiner Brille und den struwelligen Haaren zum "Bruder" wurde. Die Geschlechtszuschreibungen wurden selten überwunden. Keinmal wurden sie dahingehend durchbrochen, daß eine Figur mit Rock einen Mann oder Jungen darstellen sollte.

Im Vordergrund des Untersuchungsinteresses stand bei dieser Fragestellung, wie die Kinder ihre Familien definieren. Wie groß ist die Anzahl der Familienmitglieder, wie viele Generationen werden bedacht, werden Großeltern zur Familie gezählt, werden auch Nicht-Verwandte als Familienmitglieder verstanden? Da die Kinder durch die Nachfrage, ob sie an einem Interview zum Thema Enkelkinder und Großeltern teilnehmen möchten, auf die Großeltern-Thematik eingestimmt waren, kann bei dieser Fragestellung eine gewisse Beeinflussung nicht ausgeschlossen werden. Um dem entgegenzuwirken, konzentrieren sich die Einstiegsfragen des Interviews auf kindliche Lebenskontexte, in denen die Thematisierung der Großeltern ausgeschlossen werden konnte. Bei der Frage nach der Familienkonstellation war die Großelternthematik demnach nicht unbedingt präsent.

Die Kinder geben durchschnittlich 6,2 Familienmitglieder an. Zu 53,3% werden 3-5 Familienmitglieder und zu 33,3% 6-8 Familienmitglieder benannt. Die übrigen Kinder zählen sogar 10-13 Familienangehörige auf. 80% der befragten Kinder beziehen sich hierbei auf drei Generationen, 20% auf nur zwei Generationen. Dementsprechend werden auch von 80% der Kinder die Großeltern bedacht. Geschwister haben nach Angaben dieser Kinder 60%. Tanten, Onkel, Cousinen etc. werden von nur 20% der Kinder berücksichtigt. Sie definieren den

Familienbegriff überwiegend begrenzt auf Eltern, Geschwister und Großeltern. Großeltern - oder teilweise auch nur eine bestimmte Großmutter oder ein bestimmter Großvater - werden demnach wesentlich häufiger als Tanten oder Cousinen zur Familie gezählt. Freunde werden von keinem Kind benannt und auch Haustiere von nur einem Kind, das zudem 12 Familienmitglieder aufzählt, berücksichtigt. Das Familienverständnis der Kinder ist demnach recht eingeschränkt. Um so erstaunlicher ist die häufige Benennung der Großeltern bzw. eines Großelternteils. Werden die Großeltern in Anbetracht des Interviewthemas genannt oder deutet sich eine besondere Bedeutung von Großeltern für Kinder an?

2.5 Bedingungen und Kontexte bei Großeltern-Enkel-Kontakten

Wohnortentfernung und Kontakthäufigkeit

Alle befragten Kinder haben Großeltern oder zumindest eine Großmutter oder einen Großvater. Bei 13,3% der Kinder leben noch zwei Großelternpaare und bei ebenfalls 13,3% lebt noch ein Großelternpaar. Mit 33,3% hat die größte Anzahl der Kinder noch zwei Großmütter und einen Großvater. 16,7% der Kinder haben noch zwei Großmütter und 13,3% eine Großmutter, aber keine Großväter. Dem zumeist jüngeren Alter der Großmütter entsprechend und aufgrund der höheren Lebenserwartungen von Frauen (dieser Generation) haben mehr Kinder Großmütter als Großväter. Nur 6,7% der Kinder haben zwei Großväter und eine Großmutter. Keine Großmutter, aber einen oder zwei Großväter hat keines der befragten Kinder. Stiefgroßelternkonstellationen oder andere Varianten der Großelternschaft, die sich durch die gewandelten familialen Lebensformen ergeben können, werden nur einmal erwähnt.

Bei den Interviews sollten sich die Kinder auf eine Großmutter oder einen Großvater konzentrieren, da die Beantwortung der verschiedenen Fragestellungen für jeweils alle bzw. mehrere Großelternteile zu kompliziert geworden wäre. 46,7% der Kinder beziehen die Angaben auf eine Großmutter, 6,7% auf einen Großvater und 46,7% der Kinder wollten sich nicht festlegen und äußern sich bei ihren Angaben zu einem Großelternpaar. Hierbei haben sich die Kinder, die zwischen einem näher und entfernter lebenden Großelternteil wählen konnten, erwartungsgemäß zu gut 80% für den näher bei ihnen lebenden Großelternteil entschieden. Dies läßt die Vermutung zu, daß die Wohnortentfernung auf die Kontaktintensität der Großeltern-Enkel-Beziehung Einfluß nimmt. 33,3% der Großeltern wohnen im selben Haus (3,3%), in der Nachbarschaft (3,3%) oder im selben Stadtteil (26,7%) wie die befragten Kinder und 23,3% wohnen in etwa halbstündiger Autoentfernung. In über halb- bis zu über dreistündiger Autoentfernung innerhalb Deutschlands leben nur 16,7% dieser Großeltern (über halb- bis zu einstündiger Autoentfernung 6,7%, in über zwei- bis zu dreistündiger Autoentfernung 3,3%, in über dreistündiger Autoentfernung in Deutschland 6,7%). Entsprechend dem relativ hohen Anteil an befragten Kindern mit ausländischer Herkunft, haben 26,7% der Großeltern ihren Wohnsitz im Ausland. Am häufigsten sind Kontakte zwischen Großeltern und Enkelkindern, wenn die Großeltern im selben Haus oder in der Nachbarschaft wohnen. Dann sehen sich Großeltern und Enkel täglich. Kinder und Großeltern, die im selben Stadtteil wohnen, sehen sich zu immerhin auch 37,5% täglich, zu 50% ein- bis zweimal wöchentlich und zu 12,5% ein- bis zweimal im Monat und auch bei über halb- bis zu einstündiger Autoentfernung sehen je 50% der Enkel ihre Großeltern ein- bis zweimal in der Woche oder ein- bis zweimal im Monat. Sobald diese Entfernungsgrenze überschritten wird, finden Kontakte zwischen Großeltern und Enkelkindern mit zunehmender Entfernung immer seltener statt. Allerdings sehen 50% der Kinder, deren Großeltern in über dreistündiger Autoentfernung in Deutschland leben, ihre Großeltern in den Ferien für mehrere Tage oder auch Wochen. Leben Großeltern im Ausland, trifft dies für sogar 87,5% der Enkelkinder zu. Sicherlich können auch bei dieser Kontaktvariante intensive Großeltern-Enkel-Beziehungen entstehen. Von besonderer Bedeutung mag hierbei sein, daß die Eltern der Enkelkinder bei diesen Ferienbesuchen zumeist nicht anwesend sind. Erstaunlich ist, daß mehrtägige oder mehrwöchige Ferienbesuche bei Kindern, deren Großeltern in dreistündiger Autoentfernung und näher leben, nicht erwähnt werden. Insgesamt gestaltet sich die Großeltern-Enkelkinder-Kontakthäufigkeit nach Angaben der befragten Enkelkinder folgendermaßen:

täglich	1-2x in der Woche	1-2x im Monat	alle paar Monate	nur an Festtagen wie Weihnachten, Ostern	eher selten, dann aber für mehrere Tage (Ferien)	nie
16,7%	30,0%	20,0 %	-	6,7 %	26,7 %	-

Das Alter der Kinder nimmt hierauf keinen Einfluß. Es haben allerdings bei diesem Sample die Mädchen häufigere Kontakte zu ihren Großeltern als die Jungen. Dies erklärt sich zum Teil durch die unterschiedliche Großeltern-Enkel-Wohnortnähe beim Vergleich der befragten Mädchen und Jungen. Zwar wohnen 42,8% der Jungen und nur 25,1% der Mädchen im selben Haus, in der Nachbarschaft oder im selben Stadtteil wie ihre Großeltern, doch lebt kein Junge, aber 43,8% der Mädchen in etwa halbstündiger Entfernung von den Großeltern. Bei

35,7% der Jungen haben die Großeltern im Ausland ihren Wohnsitz. Dementsprechend sehen mehr Jungen als Mädchen ihre Großeltern in den Ferien für mehrere Tage oder Wochen.

Trotz der relativ hohen Kontakthäufigkeit zwischen Großeltern und Enkelkindern wünschen sich 53,3% der befragten Kinder häufigeren Kontakt zu ihren Großeltern. 43,3% sind mit der Kontakthäufigkeit zufrieden und 3,3% würden ihre Großeltern gerne seltener sehen. Zufrieden mit der Kontakthäufigkeit sind vorrangig die Enkelkinder mit täglichem Kontakt zu ihren Großeltern (80%) und diejenigen mit ein- bis zweimaligem wöchentlichen Kontakt (66,7%). Doch sogar von letzteren würden 33,3% ihre Großeltern gerne häufiger sehen. Mit 83,3% Wunschangaben zu häufigerem Kontakt ist das Bedürfnis nach verstärktem Großelternkontakt bei denjenigen am deutlichsten ausgeprägt, die ihre Großeltern ein- bis zweimal im Monat sehen.

Die Wohnortentfernung und die Unterstützung des Großeltern-Enkel-Kontaktes durch die Eltern der Enkelkinder nehmen demnach nachhaltigen Einfluß auf die Kontakthäufigkeit. Auch wenn Kinder über regen Kontakt zu ihren Großeltern verfügen wünschen sich einige dieser Kinder noch häufigeren Kontakt zu ihren Großeltern. Das läßt auf ein positives Verhältnis zu den Großeltern schließen.

Großeltern-Enkel-Kontakte mit/ohne Eltern
Es zeigt sich demnach ein reger Kontakt zwischen Enkelkindern und Großeltern, der von den Enkelkindern befürwortet bzw. noch intensiver gewünscht wird. Wie gestaltet sich der Rahmen, in dem diese Kontakte stattfinden? Sind bei den Großeltern-Enkel-Kontakten die Eltern der Enkelkinder anwesend? Wo treffen sich Großeltern und Enkelkinder? Entsprechen die Treffpunkte den Wünschen der Enkel? 40% der Enkelkinder treffen ihre Großeltern fast immer gemeinsam mit ihren Eltern, zu 30% treffen sie die Großeltern häufiger mit Eltern und zu 16,7% gleichhäufig mit/ohne Eltern. Nur 13,3% der befragten Kinder sehen ihre Großeltern häufiger ohne Eltern und kein Kind hat fast ausschließlich ohne Anwesenheit der Eltern Kontakt zu den Großeltern. Erwartungsgemäß sehen Enkel, deren Großeltern entfernter wohnen, ihre Großeltern eher in Begleitung ihrer Eltern als Kinder, deren Großeltern mit im selben Haus oder in der Nachbarschaft wohnen. Doch überraschenderweise ist auch bei Kindern, deren Großeltern in der Nähe wohnen und von den Enkeln täglich, ein- bis zweimal in der Woche oder ein- bis zweimal im Monat gesehen werden, die Anzahl der Kinder, die ihre Großeltern häufiger ohne Eltern sieht, eher gering. Es kann davon ausgegangen werden, daß auch bei nah beieinander lebenden Großeltern und Enkelkindern die Eltern starken Einfluß darauf nehmen, wann und wo sich Großeltern und Enkelkinder treffen. Dementsprechend hängt es von dem Verhältnis der

Großeltern zu ihren erwachsenen Kindern ab, inwiefern Großeltern häufigen oder seltenen Kontakt zu ihren Enkelkindern haben. Auf die Frage, ob Enkelkinder es vorziehen, die Großeltern mit oder ohne Eltern zu sehen, votieren 30% für „mit Eltern" und 43,3% für „ohne Eltern". 26,7% können sich bei dieser Fragestellung nicht für das eine oder andere entscheiden. Mehrheitlich geben diese Kinder an, ihnen sei es egal, ob sie ihre Großeltern mit oder ohne Eltern sehen. Die Ergebnisse belegen jedoch, daß die Wunschäußerungen der Kinder zum Teil durch die realen Begebenheiten gelenkt werden. Kinder, die ihre Großeltern (fast) ausschließlich gemeinsam mit den Eltern treffen, äußern häufiger als Kinder, die „häufiger mit Eltern" ihre Großeltern sehen, den Wunsch, gemeinsam mit ihren Eltern die Großeltern zu treffen. Zudem wünschen sich alle Kinder, die ihre Großeltern nur alle paar Monate oder nur an Festtagen sehen, für die Treffen mit den Großeltern die Anwesenheit der Eltern. Bei den Kindern jedoch, die ihre Großeltern sowohl mit als auch ohne Eltern erleben, befürwortet eine Mehrheit von 60% Großeltern-Treffen ohne die Anwesenheit der Eltern.

Bei den Wunschangaben zu den Großeltern-Enkel-Kontakten mit oder ohne die Eltern verwundert, daß 30% der Kinder ihre Großeltern bevorzugt gemeinsam mit den Eltern treffen. Wäre nicht ohne Anwesenheit der Eltern die Beziehung zu den Großeltern wesentlich intensiver zu erleben (vgl. Sticker 1987)? Allerdings wünschen sich immerhin gut 40% der Kinder eben dieses und 26,7% können sich nicht für das eine oder andere entscheiden. Tendenziell favorisieren Kinder, die ihre Großeltern täglich oder ein- bis zweimal in der Woche sehen, zu nur knapp 15% die Anwesenheit der Eltern, während dies für Kinder mit seltenen Großelternkontakten (nur an Festtagen) zu 100% zutrifft.

Treffpunkte bei Großeltern-Enkel-Kontakten
Die Treffen von Großeltern und Enkelkindern finden zu gut 70% vorrangig bei den Großeltern, zu knapp 20% vorrangig bei den Enkelkindern und zu gut 10% gleichermaßen häufig bei Großeltern und Enkelkindern statt. Nur bei denjenigen Großeltern-Enkel-Paaren mit ein- bis zweimaligem Kontakt in der Woche sehen sich Großeltern und Enkelkind zu 33,3% vorrangig bei den Enkeln. Bei Großeltern und Enkeln, die sich nur an Festtagen treffen, gibt es zu „eher bei Enkelkind" gar keine Nennungen. Erstaunlich ist zudem, daß nicht häufiger „sowohl bei Enkelkindern als auch bei Großeltern" genannt wird. Auch bei regen Kontakten scheint sich zumeist eine Besuchsvariante durchzusetzen. Vermutlich trägt es zur Entlastung der Eltern bei, wenn Kinder sich mit ihren Großeltern bei den Großeltern und nicht im Elternhaus der Kinder treffen. Dementsprechend kann angenommen werden, daß bei häufigerem Großeltern-Enkel-Kontakt im Hause der Großeltern die Eltern der Kinder eher abwesend sind. Die Angaben der Kinder zu den bevorzugten Treffpunkten mit den Großeltern veranschaulichen die

Präferenz der Enkelkinder für das Wohnumfeld der Großeltern. Für die Mehrheit der Kinder stellt demnach das Wohnumfeld der Großeltern ein verlockendes Besuchsumfeld dar. Insbesondere Enkelkinder, die ihre Großeltern eher selten, dann aber für mehrere Tage (in den Ferien) sehen, favorisieren Treffen bei den Großeltern. Hierbei handelt es sich mehrheitlich um Auslandsaufenthalte. Dennoch wünschen sich mit 26,7% etwas mehr Kinder als bei den Realitätsangaben, daß die Großeltern-Enkel-Kontakte bei den Enkelkindern zu Hause stattfinden.

Im folgenden wird erörtert, welche Bedeutung Großeltern für ihre Enkelkinder haben, sind Enkelkinder gerne Enkelkinder, was schätzen sie an ihren Großeltern und was mögen sie weniger gern? Hiermit wird zudem der Frage nachgegangen, welche Bedeutung alte Menschen im Leben von Kindern haben können? Was kann der intergenerationelle Austausch Kindern bieten oder was mutet er ihnen zu?

2.6 Gestaltung der Großeltern-Enkel-Beziehung

Wie verbringen Großeltern und Enkelkinder aus Sicht der Enkelkinder die gemeinsame Zeit? Von besonderem Interesse ist hierbei, ob eher alltägliche oder besondere Aktivitäten dominieren, Enkel mit ihren Großeltern neue Lebenskontexte erfahren und wie Enkel die gemeinsame Zeit mit den Großeltern bewerten. Was machen Enkelkinder mit ihren Großeltern besonders gern und was weniger gern?

Auf die Frage, was Kinder gemeinsam mit ihren Großeltern machen, wurde häufiger als erwartet keine bestimmte Interaktion mit den Großeltern genannt, sondern dient das Wohn-/Lebensumfeld der Großeltern als Anregung oder Voraussetzung für Erlebnisse: „ich spiele am liebsten mit den drei Nachbarshunden, da darf ich mit dem großen Bruder meines Freundes im Auto mitfahren, mit Kindern der Nachbarn spielen, mit Bruder im Garten Federball spielen, im Park beim Haus Fahrrad fahren". Solche Anregungen und Umwelteindrücke, die Kinder über den Kontakt mit Ihren Großeltern erleben, werden von knapp einem Drittel der befragten Kinder erwähnt. Aber nur eine Enkelin benennt ausschließlich Aktivitäten, die sie ohne ihre Großeltern aber im Rahmen von Besuchen bei ihren Großeltern erlebt. Ansonsten werden von den Kindern sowohl solche Aktivitäten als auch Unternehmungen in direkter Interaktion mit den Großeltern erwähnt. Knapp 70% beziehen sich bei dieser Fragestellung jedoch ausschließlich auf den direkten Kontakt mit ihren Großeltern. Hierzu gehören beispielsweise Nennungen wie: „mit Oma unterhalten, mit ihr spazieren gehen, zusammen kochen, in Gärtnerei gehen und da helfen, Gesellschaftsspiele spielen, einkaufen gehen, Eis essen gehen, auf Spielplatz gehen, bummeln, Puzzle zusammensetzen, mit Opa Fahrrad fahren, aufs Feld fahren und da helfen, zusammen Gemüsebeet machen, Rasen mähen; an Fluß fahren und Füße ins Wasser hängen, Geschichten erzählen". Bei den Angaben der Enkelkinder zu deren Aktivitäten bei/mit ihren Großeltern ist zudem die Bedeutung von Außenaktivitäten auffällig. 33,3% der befragten Kinder beziehen sich bei ihren Angaben, was sie gemeinsam mit ihren Großeltern machen, vorrangig auf Unternehmungen draußen, während sich 26,7% vorrangig auf Aktivitäten drinnen beschränken. 36,7% der Kinder bedenken bei ihren Angaben beides. Wie schon die oben genannten Beispiele illustrieren, nennen die Kinder hauptsächlich alltägliche Aktivitäten (wie kochen, Gartenarbeit, vorlesen, puzzeln), die sie gemeinsam mit ihren Großeltern erleben. Besondere Ereignisse wie Ausflüge in Freizeitparks, Museen, Urlaube etc. werden seltener bedacht. 76,6% der Kinder beschränken sich bei ihren Äußerungen auf alltägliche Erlebnisse mit ihren Großeltern, 6,7% auf besondere Ereignisse und 16,7% der Kinder berücksichtigen bei ihren Angaben sowohl alltägliche als auch besondere Aktivitäten. Trotz der Dominanz alltäglicher Erlebnisse zeigen die Äußerungen der Kinder deutlich, daß sie durch den Kontakt zu ihren Großeltern Einblicke in neue Lebenswelten gewinnen. Diese neuen Eindrücke und Erfahrungen können sich auf ganz unterschiedliche Bereiche beziehen, wie die folgenden Aussagen beispielhaft verdeutlichen: „bei meiner Oma bin ich immer willkommen, auch wenn sie schon Besuch hat, sie hat immer Zeit für mich; meine Oma hat eine Gärtnerei, da helfe ich gerne, besonders wenn grüne Soße-Zeit ist; mit Opa sammele ich Schnecken, die wir dann verkaufen; mit Oma und Opa fahre ich in den Garten, da grillen wir dann und ich spiele mit den Nachbarskindern; mit Oma zusammen fahre ich jedes Jahr in den Robinson-Club, wir waren auch schon auf dem Clubschiff Aida; Opa nimmt mich mit zu Oma auf den Friedhof; mit Oma kann ich nicht rausgehen, die hat Probleme mit ihren Beinen, aber wir reden und essen Kuchen". Das Thema „essen" wird von knapp 30% der Kinder benannt. Essen, Wohlbefinden, sich verwöhnen lassen spielen für relativ viele Kinder im Kontakt mit ihren Großeltern eine nicht unwesentliche Rolle. Dennoch gibt es auch Kinder, die recht einsilbig antworten, mit der Frage nicht viel anfangen können, da Besuche bei den Großeltern sie eher langweilen. Den wenig facettenreichen Schilderungen der Kinder ist leicht anzumerken, daß Großelternbesuche für sie eher ein Muß sind. Eines der befragten Kinder sagt explizit, daß es mit ihrer Oma nichts macht, ein weiteres gibt an, mit den Großeltern nur sehr wenig zu unternehmen. Bei dem einen Kind sind die Großeltern kränklich, während die andere Großmutter keine Zeit für ihre Enkelin hat, da sie dauernd putzt „meine Oma ist wie eine Putzfrau, die putzt immer nur".

Kinder bekommen somit verschiedenerlei Eindrücke in Lebenswelten, die ihnen ohne den Kontakt zu ihren Großeltern nicht zugänglich wären. Hierbei muß es sich nicht um im räumlichen Sinn neue Zugänge handeln, sondern auch Erfahrungen wie die Geduldigkeit der Großmutter, deren Vorliebe für Bücher und Vorlesen, die Liebe zur Gärtnerei der Großeltern können für Enkel bereichernd sein und neue Interessen wecken. Das Kennenlernen anderer Lebenswelten im räumlichen Sinne ist für gut ein Viertel der Kinder von großer Bedeutung. Hierbei spielen jedoch die Angaben der Kinder, deren Großeltern im Ausland leben und die bei ihren Großeltern andere Kulturen, Landschaften, Klimata kennenlernen, eine entscheidende Rolle. Für knapp ein Drittel der Kinder ist die Bedeutung neuer räumlicher Lebenswelten im Kontakt mit ihren Großeltern als gering zu bezeichnen. Das Zusammensein konzentriert sich hier auf Innenräume. Die Kinder erleben jedoch auch dies als anregungsreich und interessant.

Was machen Enkelkinder mit ihren Großeltern besonders gern? Bei den Lieblingsbeschäftigungen mit den Großeltern wird von einer noch größeren Kinderzahl (86,7%) als bei den allgemeinen Beschäftigungen der Enkel mit ihren Großeltern auf Aktivitäten verwiesen, die auf einer direkten Interaktion zwischen Großeltern und Enkelkind beruhen. Im Gegensatz zu den Angaben bei den allgemeinen Beschäftigungen mit den Großeltern favorisieren weitaus mehr Enkelkinder alltägliche Aktivitäten mit ihren Großeltern (93,3%). Die Kinder beschäftigen sich hierbei bevorzugt drinnen (43,3%). Seltener werden ausschließlich Außenaktivitäten (30%) genannt und etwa ein Fünftel der Kinder nennt beides. Im Einklang mit diesen Ergebnissen steht auch die nach Ansicht der Enkelkinder eher geringe Bedeutung neuer räumlicher Lebenswelten bei ihren Lieblingsbeschäftigungen mit den Großeltern. Bei gut zwei Drittel der von den Kindern als Lieblingsbeschäftigungen bezeichneten Aktivitäten ist die Bedeutung neuer Lebenswelten als gering und bei knapp einem Drittel als mittel zu bezeichnen. Die Kinder favorisieren es, gemeinsam mit ihren Großeltern zu kochen, Karten zu spielen, Spiele zu spielen, Kuchen zu essen, Fahrrad zu fahren, Geschichten erzählt zu bekommen oder beispielsweise zusammen Quatsch zu machen. Große Ausflüge, Reisen oder andere besondere Aktivitäten werden hier gar nicht erwähnt. Demnach bevorzugen Kinder im Umgang mit ihren Großeltern alltägliche Aktivitäten, nicht das Besondere und Außergewöhnliche. Auch bei diesen Präferenzen wird das Thema „essen und kochen" mit 20% wieder von relativ vielen Enkelkindern bedacht.

43,3% der Enkelkinder sind ihren Angaben gemäß mit der Großelterninteraktion „wunschlos zufrieden". Sie können auf die Frage, was sie gern einmal mit ihren Großeltern machen würden, was aber bisher nicht möglich war, nichts nennen. Diejenigen Kinder, die hier Vorstellungen äußern, möchten ihre Großeltern zumeist verstärkt in ihre Welt integrieren (z.B. „Opa soll mit zum Reiten kommen, soll auf Turnier mitkommen; Oma soll mit ins Schwimmbad kommen; Oma mit auf den Spielplatz nehmen"). 16,7% der Kinder würden gern mit den

Großeltern neue Welten entdecken, wie beispielsweise Ausflüge unternehmen, Freizeitparks besuchen, gemeinsam verreisen.

Trotz dieser recht leidenschaftlichen Schilderungen der Lieblingsbeschäftigungen stellt sich die Frage, was Enkelkinder mit ihren Großeltern weniger gern machen. 40% der befragten Kinder können diesbezüglich Kritik an ihren Großeltern äußern. Zu einem Drittel bezieht sich diese auf Eigenheiten der Großeltern - wie schimpfen, Großmutter erzählt viel und läßt Enkelin nicht zu Worte kommen, motzen, Baby-Sprüche wie „wer kommt denn da ..." - und zu zwei Drittel auf bestimmte Tätigkeiten bzw. Beschäftigungen mit den Großeltern, beispielsweise spazieren gehen, im Garten helfen, staubsaugen, langweilig rumsitzen etc. Interessanterweise haben hauptsächlich die Enkelkinder mit den häufigsten (täglich) und seltensten (nur an Festtagen wie Weihnachten, Ostern) Großeltern-Kontakten etwas an ihren Großeltern zu kritisieren. Vermutlich haben erstere von ihren Großeltern ein sehr komplexes Bild, da sie die Großeltern in verschiedenerlei Alltagszusammenhängen erfahren, während letztere die Großeltern eher einseitig in vorgegebenen und möglicherweise weniger geliebten Kontexten erleben. Bei den Kindern mit täglichem Kontakt zu ihren Großeltern bezieht sich die Kritik zumeist auf bestimmte Tätigkeiten. Die Kinder mit den „Festtags-Großeltern" hingegen kritisieren vorrangig Eigenheiten der Großeltern.

2.7 Vergleich zwischen dem Leben im Elternhaus und bei den Großeltern

Die Mehrheit der Kinder (86,6%) ist sich darüber im klaren, daß sich das Leben bei ihren Großeltern anders gestaltet als zu Hause. 33,3% der Kinder meinen, daß es bei ihren Großeltern völlig anders sei als zu Hause, für 53,3% der Kinder trifft dies teilweise und für nur 13,3% gar nicht zu. Diese von den Kindern wahrgenommenen Unterschiede ergeben sich zu 53,8% aus dem anderen Wohn- bzw. Lebensumfeld der Großeltern; Eigenheiten oder Erziehungsstile werden von 26,9% der Kinder benannt und 19,2% geben beides - Umfeld und Eigenheiten/Erziehungsstile - an. Es ist erstaunlich, wie anregungsreich Kinder das Kennenlernen eines anderen Lebensumfeldes - im vertraut familialen Kontext - bewerten. Während manche Kinder insbesondere die Kontakte zu Cousinen, Tanten, Onkeln, Nachbarn („Da ist mehr „action" im Haus") hervorheben, konzentrieren sich andere Äußerungen auf das Haus, den tiefen Keller mit Apfelwein, den großen Garten („Da kann man gut Fußball spielen"), die Schaukel, die andersartigen Spielsachen, die kleinere oder stillere Wohnung, das Vorhandensein von Haustieren etc. Ein Mädchen sagt: „Das ist ein anderes Haus, da fühlt man sich auch anders". Sicherlich ist zu bedenken, daß Kinder eher einen großen Garten oder ungewöhnlich tiefen Keller zu benennen wissen als bestimmte Erziehungsstile oder Lebensweisen im Hause der Großeltern. Die Mehrheit der Kinder reagiert jedoch auf diese Umfeld-Aspekte besonders aufmerksam und feinfühlig.

Anders als vermutet wird bei diesem Vergleich der Beziehungen zu Eltern und Großeltern von nur sehr wenigen Kindern die größere Freizügigkeit/ Großzügigkeit der Großeltern erwähnt. Auf explizite Nachfrage jedoch, erlauben nach Ansicht von 60% der befragten Kinder die Großeltern eher mehr als die Eltern, bei 10% der Kinder erlauben die Großeltern eher weniger und bei 30% ist diesbezüglich kein Unterschied zwischen Eltern und Großeltern erkennbar.

Kinder sind sich der Unterschiede in ihrer Elternfamilie und bei den Großeltern bewußt. Wie auch bei der Gestaltung der Großeltern-Enkel-Beziehung ersichtlich, scheinen Kinder die Bereicherung ihres Erfahrungsspektrums durch die Großelternkontakte zu realisieren. Wie aber bewerten Enkelkinder die Großelternbeziehung. Sind die Kinder gerne Enkelkinder? Dominieren hier eher positive oder negative Emotionen?

2.8 Bedeutung und Intensität der Großeltern-Enkel-Beziehung

Zur Erkundung der Bedeutung und Intensität von Großeltern-Enkel-Beziehungen aus Sicht der Enkelkinder wurde neben expliziten Fragen nach der Wertschätzung der Enkelrolle und der Zufriedenheit mit den Großeltern über weniger direkte Fragestellungen der Zugang zu dieser Thematik gesucht.

Die überwiegende Mehrheit der befragten Kinder ist sehr gern ein Enkelkind. Auf einer ein- bis fünfstufigen Skala von sehr gern (1) bis weniger gern (5) liegt der Mittelwert der Nennungen bei 1,20. Sicherlich ist hierbei zu bedenken, daß negative Bewertungen von Familienmitgliedern den Kindern widerstreben. Doch 83,3% der Kinder entscheiden sich für die eindeutige Angabe „sehr gern" (1), 13,3% für den zweiten und nur ein Kind für den dritten Balken. Die Balken 4 und 5 werden gar nicht gewählt. Diese sehr positiven Angaben werfen die Frage auf, inwiefern eine kritische Hinterfragung bzw. negative Bewertung der Großeltern tabuisiert wird. Jedoch geben die meisten Kinder interessante und einleuchtende Begründungen für ihre positiven Bewertungen an. Diese reichen von den Aufgaben der Großeltern als wichtige Bezugspersonen neben den Eltern („zu Oma kann ich immer gehen, die ist für mich da; die sind fast wie meine Mutter und mein Vater; da fühlt man sich wie bei Mama"), über Liebe und Zuneigung empfangen („die sind immer nett zu mir, mit denen kann ich kuscheln"), Spaß und Unterhaltung genießen („macht Spaß mit Mutter dahinzugehen"), eine große Familie erleben („weil man außer Mutter, Vater und Tante noch jemanden hat; weil man eine große Familie hat") bis zu Geschenken bekommen und verwöhnt werden (weil die Oma mich immer verwöhnt; die gibt mir Süßigkeiten; Oma kauft mir manchmal ein paar Sachen"). Mit jeweils 20% wird „Liebe/Zuneigung der Großeltern spüren" und „Großeltern als wichtige Bezugspersonen" von der größten Anzahl an Kindern genannt. Die „große Familie" wird mit 10% am seltensten bedacht. Zu je 13,3% werden „Spaß und Unterhaltung" sowie „Geschenke/verwöhnt werden" gleichhäufig berücksichtigt. 23,3% der befragten Kinder können ihre Einschätzungen auf der Skala jedoch nicht begründen. Sie geben ihre Bewertung aus einem Gefühl heraus ab. Insbesondere von den Kindern, die sich auf der fünfstufigen Skala für die Bewertung 2 oder 3 entscheiden, werden keine Begründungen für ihre Entscheidung angeben. Das Kriterium „wichtige Bezugsperson neben Eltern" wird dagegen nur von Kindern genannt, die „sehr gern" (1) ankreuzen.

In Anlehnung an diese Ergebnisse können 93,3% der befragten Enkelkinder angeben, was sie gut daran finden, Großeltern zu haben. Mehrheitlich wird hier positiv hervorgehoben, daß die Großeltern ihnen Freude und Liebe schenken, Bezugspersonen neben den Eltern darstellen und die Enkel durch die Großeltern neue Erfahrungen/Einblicke sammeln können. Nachteile von Großeltern werden dagegen von nur einem Kind erwähnt. Auf die Frage „Was findest Du weniger gut daran, Großeltern zu haben?" antwortet eine Mehrheit von 90% mit „gar nichts" bzw. „alles schön/gut". 6,7% geben zwar Aspekte an, die sie weniger gut finden, die aber eigentlich ihre Sympathien für die Großeltern enthüllen, wie: „daß sie nicht so oft da sein kann; blöd, daß ich keinen Opa habe, ohne Oma wäre schrecklich." Nur ein Kind benennt einen Nachteil. Dieses Kind nimmt es als störend wahr, daß die Großeltern „immer streng sind". Es dominiert von daher den dargestellten Ergebnissen zufolge die Zufriedenheit der Enkelkinder mit ihren Großeltern.

Die überwiegend positive Bedeutung der Großeltern für ihre Enkelkinder zeigt sich auch in den Beschreibungen der Enkelkinder von ihren Großeltern. Bei diesem eher emotionalen Zugang zur Bedeutung und Intensität der Großeltern-Enkel-Beziehung aus Sicht der Enkelkinder wurden diese gebeten, ihre Großeltern mit drei Wörtern/Adjektiven zu umschreiben. 63,3% der Kinder äußerten ausschließlich positive Beschreibungen ihrer Großeltern wie „nett, lieb, lustig, schön, interessant, hat sehr viel Geduld, großzügig, kuschelig, schön mollig, machen alles mit mir, gutmütig, nicht egoistisch". Negative Umschreibungen kamen weitaus seltener. Kein Kind gab ausschließlich negative Umschreibungen von den Großeltern. Als negative Umschreibungen wurden beispielsweise gewählt: „böse (wenn ich nicht auf sie höre), manchmal böse (wenn ich frech bin), manchmal wird sie sauer, streng, faul, nervig, manchmal etwas seltsam, frech, langweilig". Schwer zuzuordnen sind Äußerungen wie z.B.: „alt; erzählt viel;

ruhig; machen nicht so viel, nutzen nicht so ab; fährt gern an den Main". Die Beschreibungen der Großeltern beziehen sich zu 90% vorrangig auf Eigenheiten, zu 6,7% vorrangig auf die Lebenskontexte und zu 3,3% vorrangig auf Äußerlichkeiten der Großeltern.

Mit Hilfe zweier Wunschfragen sollte am Ende der Interviews auf eher indirektem Weg ermittelt werden, wie intensiv und vertraut die Großeltern-Enkel-Beziehungen sind. Können die Kinder a) an ihre und b) für ihre Großeltern individuelle Wünsche nennen, die ihr Einfühlungsvermögen in die Lebenskontexte der Großeltern widerspiegeln oder dominieren eher oberflächliche Aussagen wie „viel Glück, alles Gute"? Bei den Wünschen der Enkelkinder an ihre Großeltern äußert immerhin gut ein Drittel der Kinder materielle Wünsche. Diese Kinder wünschen sich häufig von den Großeltern ein Pferd, ein Haustier oder einen Computer, Computerzubehör, TV und TV-Zubehör. Aber eine Mehrheit von knapp 65,5% der Kinder äußert keine materiellen Wünsche, sondern wünscht sich beispielsweise, daß die Großeltern gesund bleiben, die Wiederbelebung eines verstorbenen Großelternteils, den Umzug der Großeltern nach Deutschland (von Kindern ausländischer Herkunft genannt). Knapp ein Drittel der Wünsche sind sehr persönlich und beziehen sich auf die individuelle Lebenssituation der Kinder, wie z.B. „mit Oma segeln gehen, noch einen Opa (Opa ist vor zwei Jahren gestorben, Oma trägt seitdem schwarz), daß Großeltern manchmal nicht so ängstlich sind, daß Oma ganz nah neben uns zieht, daß sie sich eher auf mich einstellt, meine Wünsche berücksichtigt, sie sollen nicht so weit weg wohnen". Bei den Wünschen für die Großeltern nennt nur ein Kind „viel Geld". Ansonsten gibt es ausschließlich Wünsche wie „Gesundheit und langes Leben (66,7%), Glück, in Deutschland leben, so bleiben wie sie sind". Insbesondere hinsichtlich des gesundheitlichen Wohlbefindens ihrer Großeltern zeigen sich die befragten Kinder sehr einfühlsam, wissen häufig über Beschwerden und Krankheiten der Großeltern Bescheid und wünschen ihnen Besserung, ein langes Leben oder noch besser „daß sie nie tot werden".

Es entsteht der Eindruck, daß die Mehrheit der Kinder die Bedeutung ihrer Großeltern für ihr Leben erkennt. Diese Kinder genießen es, Großeltern zu haben.

2.9 Fallbeispiele

Die befragten Enkelkinder äußern sich vorrangig positiv zu ihren Großelternkontakten. Im folgenden wird anhand von Fallbeispielen versucht, die Nuancen innerhalb dieser überwiegend positiven Großeltern-Enkel-Beziehungen zu illustrieren.

1) Sehr intensive Großeltern-Enkel-Beziehung
Hier ist die Großeltern-Enkel-Beziehung als sehr intensiv und vertraut zu bezeichnen. Die Beziehungsintensität ähnelt beinahe der einer Eltern-Kind-Beziehung. Sie verfügt aber doch auch über ganz andere Qualitäten, welche sich u.a. durch die nicht vorhandene Erziehungsverantwortung der Großeltern ergeben. Diese Enkelkinder lieben ihre Großeltern sehr und die Großeltern spielen im Leben der Kinder eine sehr wichtige Rolle. (13,3%)

Fallbeispiel A: Anna ist ein nachdenkliches und zugleich aufgeschlossenes Mädchen. Sie antwortet sehr überlegt und interessiert. Anna ist 9 Jahre alt und hat ihren Angaben zufolge noch zwei Großmütter. Beide wohnen in etwa halbstündiger Entfernung. Sie kann sich jedoch leicht für das Interview auf eine Großmutter einstellen. Sie sieht ihre Großmutter meist ein- bis zweimal in der Woche und findet diese Kontakthäufigkeit auch zufriedenstellend. Häufiger sieht sie die Großmutter mit ihren Eltern, favorisiert jedoch das Zusammensein mit der Großmutter ohne ihre Eltern. Die Treffen finden vorrangig bei der Enkelin zu Hause statt, was von Anna auch befürwortet wird. Sie liebt es, bei ihrer Oma auf dem Schoß zu sitzen und Geschichten zu erzählen bzw. erzählt zu bekommen. Sie berichtet, daß ihre Oma sehr schöne Geschichten von früher - „als die Oma noch klein war" - erzählen kann. Zudem betont sie, daß ihre Großmutter ihr versprochen hat, sie auch noch auf den Schoß zu nehmen, wenn sie schon älter ist. Das findet Anna toll. Ansonsten kocht sie gern mit ihrer Großmutter. Die Oma fragt, was sie essen wollen und das wird dann gekocht. Pudding ist immer sehr lecker. Auf dem Bild, das alle befragten Kinder im Rahmen der Interviews gebeten werden zu malen, sitzt Anna bei ihrer Großmutter auf dem Schoß. Diese erzählt ihr eine Geschichte. Das Bild ist farbenfroh, beide strahlen über das ganze Gesicht. Großmutter und Enkelin sind über Figur, Kleidung, Frisur und Körperhaltung recht individuell dargestellt. Die Enkelin sitzt gemütlich auf dem Schoß der Großmutter. Auffällig ist, daß diese sie nicht festhält oder umklammert. Die Großmutter streckt die Arme einladend auseinander. Es entsteht der Eindruck, daß die Enkelin willkommen ist, es aber bei ihr liegt, wie sehr sie sich niederläßt. Es ist von daher wenig verwunderlich, daß Anna sehr gern ein Enkelkind ist. Das Zusammensein mit der Großmutter, die Geschichten zu hören und so auch vieles über die Kindheit der Großmutter zu erfahren, genießt Anna sehr. Anna vertritt die Meinung, daß es bei/mit ihrer Großmutter völlig anders als bei/mit den Eltern sei. Die Großmutter hat ein großes Haus und einen riesengroßen Garten. Anna unternimmt aber mit ihrer Großmutter lieber etwas drinnen. Mit den Eltern macht sie mehr draußen. Mit ihrer Oma sitzt sie gern auf dem Sofa, weil das so gemütlich ist und weil sie das gut findet. Die Oma erlaubt auch mehr als die Eltern. Bei ihr darf Anna länger aufbleiben und auch manchmal Fernseh gucken. Zu Hause darf sie nur sonntags die „Sendung mit der Maus" sehen. Ihre Oma beschreibt Anna als lieb, kuschelig und fleißig, da sie immer putzt und kocht, wenn sie zu Besuch kommt. Anna liebt es, mit ihrer Oma Geheimnisse haben und ihr gut „Sachen" anvertrauen zu können. Sie weiß, daß ihre Oma für sie da ist. Ohne Oma wäre es für Anna schrecklich, sagt sie. Sie äußert auch ihr Bedauern, keinen Opa zu haben. Aber ihre Oma erzählt ihr von ihrem Großvater. Anna wünscht ihrer Großmutter, daß sie ganz lange lebt und sich selbst wünscht sie Flügel zum Fliegen.

2) Intensive Großeltern-Enkel-Beziehung
Auch bei dieser Variante berichten die Kinder ausschließlich positiv über ihre Großeltern. Die Beschreibungen zur Gestaltung und Bedeutung der Großeltern-Enkel-Beziehung zeigen jedoch, daß für die Kinder die Großeltern nicht einen derartig zentralen Stellenwert einnehmen wie bei Variante 1. Bei einigen Kindern werden die positiven Gefühle gegenüber den Großeltern durch das anregungsreiche Lebensumfeld der Großeltern und bei anderen durch den direkten Kontakt mit den Großeltern hervorgerufen. Oftmals spielt aber auch beides eine Rolle und ist schwer voneinander zu trennen. Sicherlich umfaßt diese Variante 2 eine größere Spannbreite an Beziehungen als die Varianten eins und drei. Um dies zu veranschaulichen, werden zwei Fallbeispiele gegeben. (73,3%)

Fallbeispiel B: Umfeld sehr wichtig / erlebnisreich
Ediz ist ein 11jähriger türkischer Junge. Zu Beginn des Interviews wirkt er etwas gelangweilt, läßt sich dann aber doch auf das Thema ein. Er hat zwei Großmütter und einen Großvater. Alle leben in der Türkei und er sieht sie regelmäßig in den Sommerferien. Gerne würde er sie häufiger, am liebsten täglich, sehen. Seit zwei Jahren findet der Kontakt zu den Großeltern häufiger ohne seine Eltern statt, da er inzwischen schon allein reisen und bei den Großeltern bleiben kann. Eigentlich hat er es aber lieber, wenn alle dabei sind. Er besucht seine Großeltern meistens in der Türkei. Es ist ihm aber egal, ob er sie dort oder bei sich zu Hause sieht. Wenn Ediz bei seinen Großeltern in der Türkei ist, spielt er viel mit seinen Freunden, sie fahren Motorroller, schwimmen im Meer und er fährt mit dem großen Bruder seines Freundes im Auto spazieren. Ediz malt als Lieblingsbe-

schäftigung mit/bei seinen Großeltern, wie er gemeinsam mit seinem Großvater Motorroller fährt. Ediz sitzt vorne und darf lenken, der Großvater sitzt hinter ihm. Der Motorroller ist leuchtend grün. Manchmal ruft der Großvater dann: „Nicht so schnell!". Beide sind blau gekleidet, haben ähnliche Frisuren und schauen in Fahrtrichtung. Die Gesichter wirken relativ ernst. Ediz mag es sehr, wenn er in der Türkei mit seinen Freunden und auch mit seinen Großeltern spielen kann. Da seine Großeltern „sehr, sehr nett sind und auch immer nett sind", ist er sehr gern ein Enkelkind. Er findet es auch toll, daß er bei seinen Großeltern bis zwölf Uhr draußen bleiben und bei seinem Freund schlafen darf. Edizs Meinung nach ist es bei seinen Großeltern teilweise anders als bei ihm zu Hause. Bei den Großeltern darf er mit seinen Freunden länger draußen bleiben und sie dürfen abends mit Fahrrädern und Rollern herumfahren. Ediz findet seine Großeltern sehr nett, er mag sie sehr und sie erlauben ihm - seiner Beschreibung nach - alles. Wenn er nicht bei ihnen, sondern in Deutschland ist, ruft er sie gerne an. Er wünscht sich von seinen Großeltern, daß sie gesund bleiben, bald mal wieder nach Deutschland kommen und am besten immer bei ihm leben würden. Ediz wünscht seinen Großeltern viel Glück.

Fallbeispiel C: Großeltern und auch Umfeld wichtig
Die 10jährige Lara wirkt noch etwas verspielt. Sie scheint sich jedoch für das Thema zu interessieren und möchte gern interviewt werden. Sie hat zwei Großmütter und einen Großvater. Das Großelternpaar, auf das sie sich im Interview bezieht, lebt in ihrer Nachbarschaft. Es sind die Eltern ihrer Mutter und sie kann auch das Alter der Großeltern - Großmutter ist 68 und Großvater 70 Jahre - angeben. Sie sieht ihre Großeltern regelmäßig zweimal die Woche und das findet sie auch gut so. Samstags trifft sich immer die ganze Familie bei der Oma und Dienstags geht sie zur Oma. Sie sieht die Großeltern von daher gleichhäufig mit und ohne Eltern, aber ohne Eltern ist ihr eindeutig lieber. Sie findet es gut, daß die Treffen fast immer bei ihren Großeltern stattfinden - unter anderem, weil diese ein Schwimmbad haben. Lara fährt jedes Jahr gemeinsam mit ihren Großeltern und ihren Eltern in den Urlaub. Sie waren schon zusammen im Robinson Club, auf Mallorca und auf dem Clubschiff Aida. Sie spielt auch viel mit ihren Großeltern „Mau Mau" und „Mensch ärgere Dich nicht". Manchmal gehen sie zusammen essen. Besonders gern schwimmt sie aber mit ihren Großeltern, was sie auch malt. Auf dem Bild sieht man den Garten der Großeltern: Rasen, Bäume, Fischteich, eine Tischtennisplatte und den Swimmingpool. Im Pool sieht man links den Großvater, in der Mitte Lara und rechts neben ihr die Großmutter. Obwohl sie ja eigentlich nur die Köpfe, die aus dem Wasser gucken, malen müßte - wie sie selbst ihre Zeichnung kommentiert -, malt sie doch die ganzen Körper. Allerdings sehen diese eher schematisch und sehr ähnlich aus. Die Gesichter

und Frisuren sind schon etwas differenzierter. Überraschenderweise gucken alle drei etwas erstaunt, zumindest ist kein Lachen oder Lächeln erkennbar.

Nicht so gern hilft sie ihren Großeltern im Garten, aber sie ist dennoch eindeutig sehr gern ein Enkelkind und genießt es besonders, von den Großeltern so schön verwöhnt zu werden. Laras Meinung nach ist es bei den Großeltern völlig anders als zu Hause. Die Umgebung ist anders, zu Hause hat sie mehr Spielsachen, bei den Großeltern aber eine Schaukel und das Schwimmbad. Die Großeltern erlauben auch mehr. Sie findet ihre Großeltern "schön, lustig und interessant". Sie genießt die Fürsorge der Großeltern, weiß aber auch „Wenn man da immer leben würde, würde man platzen, weil die immer so viel anbieten". Lara hofft, daß ihre Großeltern ganz lange leben und wünscht ihnen, daß sie gesund bleiben. Da der Opa krank war, wünscht sie ihm das ganz besonders.

3) Weniger intensive aber dennoch positiv besetzte Großeltern-Enkel-Beziehung
Auch diese Großeltern-Enkel-Beziehungen sind vorrangig als positiv zu bewerten und werden von den Enkelkindern als Bereicherung erlebt. Sie sind jedoch weniger intensiv und scheinen im Leben der Kinder einen geringeren Stellenwert einzunehmen als es für die anderen beiden Varianten zutrifft. (13,3%)

Fallbeispiel D: Timo ist 10 Jahre alt. Er lebt zusammen mit seiner Mutter und seinem Vater, hat aber keine Geschwister. Er bedauert es, daß er auch keine Haustiere hat. Timo wirkt etwas schüchtern, ist keinesfalls ein vorlauter und/oder wilder Junge. Es fällt ihm nicht schwer, sich auf das Interviewthema einzulassen. Er berichtet, daß er zwei Opas und eine Oma hat. Das Großelternpaar sind die Eltern seines Vaters. Sie wohnen in etwa einstündiger Autoentfernung. Der andere Großvater ist der Vater seiner Mutter. Er ist 84 Jahre alt und wohnt in einem benachbarten Stadtteil. Diesen sieht er etwa einmal in der Woche und das findet er auch gut so. Die gemeinsamen Treffen finden zumeist zu Hause bei Timo statt und meistens sind auch seine Eltern dabei. Gelegentlich sieht er seinen Opa aber auch allein. Es ist Timo aber eigentlich egal, ob bei den Treffen seine Eltern anwesend sind oder nicht. Er ist sich aber sicher, daß er seinen Großvater bevorzugt bei sich zu Hause sieht. Gemeinsam mit seinem Opa spielt er Spiele wie „Mensch ärgere Dich nicht", sie bauen 3-D-Puzzle und Lego. Am liebsten spielt Timo mit seinem Opa Spiele. Er malt aber, wie er mit seinem Opa ein 3-D-Puzzle baut. Sein ausschließlich in braun gemaltes Bild zeigt einen Tisch auf dem ein großes 3-D-Puzzle emporragt. Das 3-D-Puzzle hat in der Zeichnung eine zentrale Stellung. Links neben dem Tisch sitzt mit etwas Entfernung vom Tisch der Großvater auf einem Stuhl. Seine Hände hat er in Richtung 3-D-Puzzle gestreckt. Rechts direkt hinter dem Tisch sieht man Timos Oberkörper. Er scheint am 3-D-Puzzle zu arbeiten. Sein Gesicht lacht. Ansonsten sind die Personen wenig konturenreich gestaltet. Dies fällt aber möglicherweise durch die ausschließlich braune Darstellung besonders auf. Insgesamt ist die Zeichnung relativ klein, sie nimmt nur etwa ein Neuntel des Raumes auf dem DIN-A 4-Blatt ein.

Weniger gern mag es Timo jedoch, mit seinem Opa spazieren zu gehen. Auf die Frage, ob er gern ein Enkelkind ist, entscheidet er sich auf der fünfstufigen Skala von sehr gern (1) bis sehr ungern (5) für die 2, was bei den Familienkindern schon zu den schlechteren Bewertungen zählt. Man könnte also sagen, er ist gern ein Enkelkind. Als Begründung gibt er an: „weil ich so außer Mama und Papa und meiner Tante noch jemanden habe". Außerdem meint er, daß es für seine Eltern gut sei, wenn Vater und Mutter noch leben. Timo beschreibt seinen Großvater als nett und großzügig. Auch wenn seiner Meinung nach der Großvater eher mehr als seine Eltern erlaubt, entdeckt er beim Vergleich von seinem Elternhaus und dem zu Hause bei seinem Großvater keine Unterschiede. Timo würde sich von seinem Großvater - wenn er einen Wunsch frei hätte - ein neues Fahrrad wünschen, da sein altes kürzlich gestohlen wurde. Seinem Großvater wünscht Timo, daß er noch lange lebt und keine Krankheiten hat.

2.10 Ausblick

Die Ergebnisse der Enkelkinderbefragung eröffnen positive Perspektiven für intergenerationelle Kontakte zwischen jungen und alten Menschen im Familienkreis. Ganz im Gegensatz zu dem in den Medien häufig inszenierten Schreckensszenario eines Generationenkrieges wertschätzen und lieben diese Kinder ihre Großeltern. Nur bei einer Minderheit der Kinder ist die Beziehung zu den Großeltern als wenig intensiv zu bezeichnen. Zumindest im familialen Kontext kann davon ausgegangen werden, daß intergenerationelle Kontakte zwischen jungen und alten Menschen für Kinder eine Lebensbereicherung darstellen, das Einfühlungsvermögen in verschiedene Lebensalter stärken, den kindlichen Lebenshorizont erweitern und zum Kennenlernen anderer Lebensrhythmen/-umgangsweisen, die oftmals durch ein größeres Ausmaß an Ruhe und Zeit gekennzeichnet sind, beitragen.

Zu hinterfragen bleibt jedoch, inwiefern sich diese positiven familialen intergenerationellen Erfahrungen auf Kontakte zwischen jungen und alten Menschen im außerfamilialen Bereich auswirken. Hierzu stehen weitere Untersuchungen an, in denen die Spezifika, Probleme und Potentiale generationenübergreifender Kontakte im Familienkreis und auch außerhalb der Familie erarbeitet werden. Darauf aufbauend können intergenerationelle Verhältnisse auf gesellschaftlicher Ebene neu diskutiert werden.

3 Großeltern in Privathaushalten: Gestaltung und Bedeutung der Großeltern-Enkel-Beziehung

3.1 Forschungsinteresse

Bei den Großeltern, die in Privathaushalten leben, sollte - ebenso wie bei den Enkelkindern - deren Großeltern-Enkel-Beziehung untersucht werden. Aus Sicht der Großeltern wird analysiert, welche Bedeutung Kontakte zu Enkelkindern für heutige Großeltern - die alte Generation im familialen Kontext - haben und wie sich die Kontakte gestalten.

3.2 Beurteilung der Interviewsituationen

Die überwiegende Mehrheit der Interviews fand zu Hause bei den Befragten statt (66,67%). Meistens wurden die Interviews im Wohnzimmer geführt, teilweise auch im Garten bzw. auf dem Balkon. Drei Interviews wurden im Hause der Enkelkinder geführt, fünf in meinem Zimmer an der Universität und zwei am Arbeitsplatz der Befragten. Den Interviewort wählten die Befragten bei den telefonischen Terminabsprachen. Zur Auswahl stand stets, daß ich nach Hause zu den Befragten komme, diese mich an der Universität oder bei mir zu Hause aufsuchen. Zudem bestand die Möglichkeit, sich in einem Cafe bzw. einem anderen öffentlichen Platz zu treffen. Auch sonstige Ortsvorschläge der Befragten - wie beispielsweise am Arbeitsplatz - wurden aufgegriffen. Der Interviewort und damit auch die Rahmenbedingungen für die Interviewsituation sollten den Wünschen der Befragten entsprechen, um diesbezüglich deren Wohlbefinden zu sichern. Zumeist war es den Befragten am liebsten, wenn sie Fahrtwege und -zeiten sparen und in ihrer gewohnten Umgebung bleiben konnten, ich also zu ihnen nach Hause kam. Diejenigen, die mich in der Universität aufsuchten, wollten ihre Privatsphäre wohl nicht so gern Preis geben. Ein Großteil dieser Befragtengruppe studiert zudem an der Universität des 3. Lebensalters und ist von daher mit der Universität vertraut. Bei Interviews in den Privathaushalten der Befragten erhielt ich weitaus umfangreichere Einblicke in deren Lebenssituationen, lernte oftmals die Partner und - in wenigen Fällen - auch die Enkelkinder der Befragten kennen. Ich wurde immer freundlich empfangen. Teilweise schlossen sich an die Interviews noch längere Gespräche über die Lebenssituationen und Familien der Befragten an. Häufig wurden mir Fotos der Enkel und anderer Familienmitglieder gezeigt. Bei manchen Gesprächen war es schwierig, sich loszureißen. Die Interviews, die in meinem Zimmer an der Universität geführt wurden, waren im Durchschnitt doch etwas nüchterner. Obwohl auch ich die Befragten herzlich willkommen hieß und sich an einige Interviews weiterführende Gespräche anschlossen, empfand ich die Interviews in den Privathaushalten zwar als anstrengender und zeitaufwendiger, aber auch interessanter und lebendiger. Das spiegelt sich zwar nicht in der Beantwortung der einzelnen Fragestellungen wider, hatte aber positive Auswirkungen auf meine Motivation für die noch ausstehenden Interviews.

Als Resümee zu den Interviewsituationen kann zudem festgehalten werden, daß die Großväter sich weitaus häufiger als die Großmütter wortkarg und nüchtern geben. Das sollte jedoch nicht als Indiz ihrer Emotionen gegenüber den Enkelkindern verstanden werden. Eher wird während der Interviewsituation deutlich, daß sie ihren Gedanken nicht in dem Maße freien Lauf lassen wie die Frauen. Weniger offen als die befragten Frauen können/wollen sie über ein derartig privates Thema berichten. Die Tendenz zur Einsilbigkeit zeigt sich auch darin, daß die Großväter seltener als die Großmütter von Ereignissen berichten, die in einem weiteren Zusammenhang zur Fragestellung stehen.

3.3   Sample

Die Befragten sind im Durchschnitt 67 Jahre alt. Die jüngste Befragte ist 54 Jahre und die älteste 78 Jahre. In dieser Spannbreite verteilen sich die Geburtsjahrgänge sehr gleichmäßig. Zu 30% sind die befragten Alten männlich und zu 70% weiblich. Es war wesentlich schwieriger Großväter als Großmütter für die Interviews zu gewinnen. Alle Befragten sind deutsch. Kontakte zu ausländischen Großeltern kamen leider nicht zustande. Sie scheinen die gängigen Treffpunkte für Alte, über die es zur Kontaktaufnahme kam, nicht zu nutzen. Und auch in der Mund-zu-Mund-Propaganda gab es keine ausländischen Bekannten, die von den Befragten auf das Interview angesprochen wurden. Es scheint, daß in dieser Generation die multikulturelle Vermischung auch in einer so multikulturellen Stadt wie Frankfurt am Main noch nicht die Norm darstellt. Die Mehrzahl der Befragten war in jüngeren Jahren erwerbstätig. Heute arbeiten drei der Befragten in Teilzeitberufen, einige ehrenamtlich. Die Mehrheit ist jedoch nicht mehr berufstätig und hat auch keine ehrenamtlichen Verpflichtungen. 70% der Alten leben mit PartnerIn, bei den übrigen 30% ist der Partner/die Partnerin gestorben oder sie leben getrennt bzw. sind geschieden. 22,2% der befragten Männer und 33,3% der befragten Frauen leben ohne PartnerIn.

Alle Befragten haben Kinder und auch Enkelkinder. Zu 10% haben die Befragten ein Kind, zu 40% zwei Kinder, zu 33,3% drei Kinder, zu 10% vier Kinder und zu je 3,3% sechs bzw. sieben Kinder. Im Durchschnitt sind die Befragten Eltern von 2,73 Kindern. Das jüngste dieser Kinder ist 27 Jahre und das älteste

49 Jahre alt. Bei den Enkelkindern ist das jüngste wenige Monate und das älteste 20 Jahre alt. Bei den Interviews haben sich die Befragten auf Enkelkinder im Alter von 8-12 Jahren, im Durchschnitt 8,53 Jahre, bezogen. Zu 40% handelt es sich hierbei um Enkel und zu 60% um Enkelinnen. 3,3% der befragten Großeltern haben nur ein, 20% zwei, 13,3% drei, 16,7% vier, 33,3% fünf, je 3,3% sieben bzw. acht und 6,7% elf Enkelkinder. Im Durchschnitt haben die hier befragten Großmütter und Großväter demnach 4,40 Enkelkind/er. Sowohl die Kinder als auch die Enkelkinder sind etwas häufiger Töchter bzw. Enkelinnen als Söhne bzw. Enkel.

3.4 Familienverständnis

Auf die Frage, wer heute zur Familie der Befragten gehört, werden von 80% der Befragten drei Generationen (nach Lebensaltern), zu 10% zwei, zu 3,3% nur eine und zu 6,7% vier Generationen berücksichtigt. Weitaus ältere Menschen als die Befragten selbst werden von nur 10% der Befragten genannt. Es kann davon ausgegangen werden, daß keine älteren Familienangehörigen mehr leben. Die eigenen Kinder werden von 93,3% bedacht. Die zwei Befragten, die ihre Kinder nicht zur Familien zählen, beschränken sich bei diesen Angaben ausschließlich auf ihre Lebenspartner. Ihrem Familienverständnis liegt das Zusammenwohnen in einem Haushalt zugrunde. Das trifft für die übrigen Befragten nicht zu. Sie fassen den Familienbegriff weiter. Allerdings berücksichtigen nur 13,3% der Befragten Tanten, Onkel, Nichten, Cousinen etc. als Familienangehörige. Geschwister werden dagegen häufig berücksichtigt. Freunde werden von immerhin 10% der Befragten als Familienmitglieder genannt. Mit 66,7% erwähnen bei dieser Fragestellung die meisten Befragten zuerst ihre Kinder. 26,7% verweisen als erstes auf ihren Lebenspartner bzw. ihre Lebenspartnerin. Mehrheitlich werden unter dem Familienbegriff EhepartnerIn, Kinder, Schwiegerkinder, Enkelkinder summiert. Auch die Geschwister werden zumeist zur Familie gezählt. Eltern werden genannt, sofern sie noch leben. Wie weit entfernt die Kinder, Schwiegerkinder und auch Geschwister wohnen, ist eher unwesentlich. Nur zu 6,7% wird der eigene Haushalt als Definitionsgrundlage verstanden.

3.5 Bedingungen und Kontexte bei Großeltern-Enkel-Kontakten

Wohnortentfernung und Kontakthäufigkeit
Wie oben dargelegt, haben alle Befragten ein oder mehrere Enkelkind/er. Im Durchschnitt erleben die Befragten 4,40 Enkelkinder. Das Enkelkind, auf das sich die Befragten im Interview beziehen, ist durchschnittlich 8,53 Jahre alt; zu 40% handelt es sich um Jungen und zu 60% um Mädchen. Zu 40% leben die Enkelkinder im selben Haus (3,3%), in der Nachbarschaft (16,7%) oder im selben Stadtteil (20,0%) wie ihre Großeltern. In etwa halbstündiger Autoentfernung wohnen weitere 33,3% dieser Kinder und jeweils 10,0% in über halb- bis einstündiger Autoentfernung bzw. in über zwei- bis dreistündiger Autoentfernung. 6,7% der Enkel leben in über dreistündiger Autoentfernung in Deutschland, im Ausland lebt keines der Enkelkinder. Demnach wohnen nur 16,7% der Kinder in über einstündiger Autoentfernung von ihren Großeltern. Dementsprechend ist auch die Kontakthäufigkeit als rege zu bezeichnen. Zu 50% sehen die Großeltern ihre Enkelkinder entweder täglich (10%) oder ein- bis zweimal in der Woche (40%). 26,7% der Großeltern treffen ihre Enkel ein- bis zweimal im Monat. Eher selten, also nur alle paar Monate (16,7%) oder nur an Festtagen (6,7%) sehen 23,4% der Großeltern ihre Enkelkinder. Die Wohnortentfernung nimmt diesen Angaben zufolge entscheidenden Einfluß auf die Kontakthäufigkeit.

Erwartungsgemäß sind Großeltern mit häufigen Kontakten zu ihren Enkelkindern mit der Kontakthäufigkeit weitaus zufriedener als Großeltern mit seltenen Kontakten zu den Enkelkindern. Alle Großeltern mit selteneren Kontakten als ein- bis zweimal im Monat sind über die Kontakthäufigkeit unzufrieden und wünschen sich häufigere Kontakte. Das trifft jedoch auch schon für 16,7% der Großeltern mit ein- bis zweimaligem Enkelkontakt in der Woche und 25,0% derjenigen mit ein- bis zweimaligem Kontakt im Monat zu. Insgesamt sind knapp zwei Drittel der Befragten mit der Kontakthäufigkeit zufrieden und gut ein Drittel wünscht sich häufigeren Kontakt zu ihren Enkelkindern. Zu 10% werden tägliche, zu 13,3% ein- bis zweimalige wöchentliche, zu 10% ein- bis zweimalige monatliche Kontakte gewünscht. Zwei Großeltern äußern den Wunsch, daß ihre Enkel sie in den Ferien für längere Zeit besuchen kommen.

Großeltern-Enkel-Kontakte mit/ohne Eltern
Ein Drittel der befragten Großeltern sieht die Enkelkinder gleichhäufig mit oder auch ohne Eltern. Bei gut einem Drittel der Befragten finden die Kontakte mit den Enkelkindern häufiger mit den Eltern der Kinder statt, zu 13,3% fast ausschließlich mit den Eltern. Ebenfalls 13,3% der Befragten sehen ihre Enkel häufiger ohne die Eltern und bei einer Befragten finden Großeltern-Enkel-Kontakte fast ausschließlich ohne Eltern statt. Ein eindeutiger Zusammenhang mit der

Wohnortentfernung zeigt sich nicht und auch die Kontakthäufigkeit gibt hierzu wenig Aufschluß. Diese Realitäten der Gestaltung von Großeltern-Enkel-Kontakten mit oder ohne die Eltern der Enkel entsprechen nur zum Teil den Wünschen der Großeltern. Eine Mehrheit von 70% bevorzugt es nämlich, die Enkelkinder ohne die Anwesenheit der Eltern zu sehen. 10% bevorzugen gemeinsame Treffen mit Enkeln und deren Eltern und 20% können sich diesbezüglich nicht entscheiden. Ihnen ist es egal, ob sie ihre Enkel mit oder ohne deren Eltern sehen. Es wird jedoch ersichtlich, daß mehrheitlich der vermutlich intensivere Kontakt zu den Enkeln ohne die Anwesenheit der Eltern gewünscht wird.

Treffpunkte bei Großeltern-Enkel-Kontakten
Zu 40% finden die gemeinsamen Treffen bei den Großeltern, zu 26,7% bei den Enkelkindern und zu 33,3% etwa gleichermaßen häufig bei Enkeln oder Großeltern zu Hause statt. Auch hiermit sind nicht alle Großeltern zufrieden. 60% bevorzugen es, wenn sie ihre Enkelkinder bei den Großeltern zu Hause treffen, 36,7% besuchen die Enkel bevorzugt in deren Elternhaus und einer Großmutter ist es egal, ob sie ihre Enkel bei diesen zu Hause oder bei sich zu Hause sieht.

3.6 *Gestaltung der Großeltern-Enkel-Beziehung*

Wie verbringen Großeltern die gemeinsame Zeit mit ihren Enkelkindern? Worauf legen sie dabei Wert? Was machen Großeltern mit ihren Enkelkindern besonders und was weniger gern?

Die Angaben der Großeltern zeigen deutlich, daß ihnen beim Zusammensein mit ihren Enkeln die direkte Interaktion wichtig ist. 86,7% der Großeltern geben auf die Frage, wie sie die gemeinsame Zeit mit ihren Enkeln verbringen, Angaben, die sich auf eine direkte Interaktion mit den Enkeln beziehen. Sie äußern beispielsweise, daß sie gemeinsam mit den Enkeln singen, basteln, spazieren gehen, Gartenarbeit verrichten, schwimmen gehen, den Enkeln vorlesen, etwas erzählen, mit ihnen Höhlen bauen, in den Zoo gehen etc. Kein Großelternteil nennt hier Aktivitäten, die die Enkel allein ausüben, also z.B. die Enkel spielen im Garten, treffen ihre Cousinen etc. 13,3% bedenken bei ihren Äußerungen jedoch beides: die direkte Interaktion zwischen Großeltern und Enkelkind und auch Aktivitäten, die die Enkel allein ausüben. Nach Angaben der Großeltern finden diese Aktivitäten zu 76,7% sowohl drinnen als auch draußen, zu 20% überwiegend drinnen und zu 3,3% vorrangig draußen statt. 50% der befragten Großeltern geben alltägliche Dinge an, die sie mit ihren Enkelkindern unternehmen („kochen, basteln, backen, lesen, erzählen, Rad fahren, mit Puppenhaus spielen, Gesellschaftsspiele spielen"). Kein Großelternteil nennt ausschließlich besondere Aktivitäten, aber 50% geben beides, alltägliche und besondere Aktivitäten, an. Besondere Aktivitäten sind beispielsweise „Senckenberg-Museum, Zoo, Kindertheater, Kino, Homburger Schloß, Römer, Kaisersaal, Kurzurlaub, Taunus Wunderland, Lochmühle, Zirkus". Schließt man von den Angaben der Großeltern zu den gemeinsamen Aktivitäten mit ihren Enkelkindern auf die Bedeutung der Erkundung neuer Lebenswelten, ist dies bei 53,3% von eher geringer, bei 33,3% von mittlerer und bei 13,3% von großer Bedeutung. Interessanterweise wird von knapp einem Drittel der befragten Großeltern bei den Beschäftigungen mit den Enkelkindern das Essen und/oder Kochen thematisiert. Mit den Enkeln zusammen essen, sie gut zu bekochen oder mit ihnen gemeinsam zu kochen ist demnach nicht unwesentlich für die Gestaltung der Großeltern-Enkel-Kontakte. Kein Großelternteil gibt hier an, daß er/sie den Enkeln von früher erzählt. Auf die explizite Nachfrage, inwiefern die Befragten ihren Enkeln von ihrer Kindheit erzählen, antworten jedoch 93,3% bejahend. Zu 13,3% geben sie an, daß sie häufig und zu 80,0% gelegentlich aus ihrer Kindheit berichten. Weiteres Nachfragen ergibt, daß die Hälfte dieser Befragten den Enkeln ausschließlich individuelle Geschichten und Erlebnisse erzählt. Die anderen berichten ihren Enkeln sowohl von persönlichen Geschehnissen als auch von gesellschaftlichen und historischen Ereignissen. Vom Krieg erzählen jedoch nur 13,3% der Befragten - das auch nur auf explizites Nachfragen der Kinder.

In Anbetracht der oben geschilderten Ergebnisse stellt sich die Frage, was Großeltern mit ihren Enkeln besonders gern machen, was ihre Lieblingsbeschäftigungen mit den Enkeln sind. Hierbei zeigt sich noch deutlicher, wie wichtig den Großeltern die direkte Interaktion mit ihren Enkeln ist. Alle Befragten äußern Lieblingsbeschäftigungen in direkter Interaktion mit ihren Enkeln. Diese Aktivitäten finden zu 40% drinnen, zu ebenfalls 40% draußen und zu 20% sowohl drinnen als auch draußen statt. 76,7% der Befragten nennen als Lieblingsbeschäftigungen alltägliche Aktivitäten, 10% besondere Ausflüge und 13,3% beides. Die Erkundung neuer Lebenswelten ist vorrangig als gering und nur sehr selten als groß zu bezeichnen. Es zeigt sich demnach bei den Großeltern eine deutliche Vorliebe für alltägliche Aktivitäten in direkter Interaktion mit ihren Enkeln. Hierzu gehören beispielsweise: Gesellschaftsspiele spielen, malen, basteln, vorlesen, unterhalten, auf Spielplatz gehen, kuscheln, wandern. Vielen Großeltern ist es demnach möglich, ihre Lieblingsbeschäftigungen mit den Enkeln zu realisieren. Dennoch stellt sich die Frage, inwiefern die Großeltern noch weitere Vorstellungen und Wünsche hegen, was sie gern einmal mit ihren Enkeln erleben wollen, was aber bisher nicht möglich war. 40% der Befragten sind rundum zufrieden und können hierzu keine Angaben machen. Alle Großeltern mit ein- bis zweimaligem Enkelkontakt in der Woche zeigen sich zufrieden und haben diesbezüglich keine Wünsche. Diese Großelterngruppe ist zugleich jene, bei der am häufigsten alltägliche Beschäftigungen in direkter Interaktion mit den Enkelkindern stattfinden. 60% der Befragten äußern bei dieser Fragestellung jedoch Wünsche. Bei 40% der Befragten beziehen sich diese auf gemeinsame Ausflüge mit den Enkeln. Zusammen mit den Enkeln soll Neuland erkundet werden. Vorrangig wird hier der Wunsch nach einem gemeinsamen Urlaub mit den Enkeln geäußert. 20% der Befragten machen Angaben, in denen sie ihre Enkel vermehrt in ihre Lebenswelt integrieren wollen, wie beispielsweise den Enkel mit Volkstanz vertraut machen, Enkeln die geliebten Museen näher bringen, Enkeln kulturelle Sachen schmackhaft machen. Doch zumeist haben die Enkel auf diese Dinge keine Lust, wie die befragten Großeltern hinzufügen. Die 60% der Großeltern, die Wünsche hinsichtlich der Gestaltung der Großeltern-Enkel-Kontakte äußern, schätzen jedoch die Realisierbarkeit zumeist als höchst unwahrscheinlich ein. Entweder wissen sie, daß die Enkel an den genannten Aktivitäten wenig Interesse haben oder - wie beispielsweise bei einem gemeinsamen Urlaub - daß organisatorische Gründe gegen die Verwirklichung der Wünsche sprechen.

Was aber machen Großeltern mit ihren Enkeln weniger gern? Es wäre naheliegend, daß Großeltern auch hierzu Angaben machen können. Wieder geben etwa 40% der Großeltern jedoch an, daß es nichts gibt, was sie nicht gern mit ihren Enkeln machen. Sind diese Großeltern tatsächlich so tolerant und freuen sich über jeden Kontakt zu ihren Enkeln oder scheuen sie sich, solche Angaben zu machen? Immerhin 60% der Befragten können jedoch benennen, was sie nicht gern mit ihren Enkeln machen. Vorrangig beziehen sich diese Äußerungen auf bestimmte Spiele wie „Karten spielen, Raufereien, Kaufmannsladen spielen" (41,18%), zum Teil auch auf Fernseh gucken (17,65%). Immerhin 17,65% der Befragten, die hierzu Angaben liefern, mögen es nicht, Kontrolle auszuüben (z.B. „für Schule üben; Aufpaßwochenende, wenn Eltern weg sind und ich alles kontrollieren muß, Zähneputzen usw."). Hierbei ist auffällig, daß insbesondere Großeltern mit regem Kontakt zu ihren Enkelkindern (täglich oder ein- bis zweimal in der Woche) oftmals äußern, daß ihnen alle Aktivitäten mit den Enkeln Freude bringen. Großeltern mit selteneren Kontakten nennen dagegen häufiger Beschäftigungen, die sie mit ihren Enkeln weniger gern machen.

Bei der Gestaltung von Großeltern-Enkel-Kontakten dominieren alltägliche Beschäftigungen. Hierbei wird die Bedeutung direkter Interaktionen mit den Enkeln und die damit einhergehende Nähe und Intensität der Beziehungen deutlich.

3.7 Bedeutung und Intensität der Großeltern-Enkel-Beziehung

Die Bedeutung und Intensität der Großeltern-Enkel-Beziehung aus Sicht der Großeltern zu erkunden, kann zum Teil nur auf Umwegen geschehen. Neben expliziten Fragen nach der Wichtigkeit von Großeltern-Enkel-Kontakten und der Einschätzung der Großelternrolle wurde über weniger eindeutige Fragestellungen der Zugang zu dieser Thematik gesucht.

Wie wichtig ist heutigen Großeltern der Kontakt zu ihren Enkelkindern? 60% der befragten Großeltern geben an, daß sie Großeltern-Enkel-Kontakte als sehr wichtig und 40% als wichtig einschätzen. Als weniger wichtig oder unwichtig beurteilt niemand Großeltern-Enkel-Kontakte. 66,7% der befragten Frauen und 44,4% der befragten Männer beurteilen diese Kontakte als sehr wichtig. Dieses relativ positive Ergebnis zeichnet sich bei der Wertschätzung der Großelternrolle - hier steht also nicht mehr die Bedeutung der Kontakte im Vordergrund - noch deutlicher ab. Um die Wertschätzung der Großelternschaft für die Befragten zu erkunden, geben diese auf einer fünfstufigen Skala (1=sehr gern; 5=sehr ungern) an, ob sie eher gern oder ungern Großeltern sind. Im Anschluß hieran wurden die Befragten gebeten, ihre Einschätzung zu begründen. 90% der Befragten sind sehr gern (1) und 6,7% gern (2) Großeltern. Eine Person entscheidet sich für Balken 3, also die Mitte zwischen sehr gern und sehr ungern. Die Balken 4 (ungern) und 5 (sehr ungern) werden nicht ausgewählt. Es entscheiden sich alle befragten Männer für den Skalenwert 1, was für 85,7% der Frauen zutrifft (9,5% Wert 2; 4,8% Wert 3). Setzen sich die Frauen mit der Großmutterrolle eher kritisch auseinander als Männer? Insgesamt betrachtet wird jedoch sehr wenig kritisiert. Im Durchschnitt liegt der Wert bei 1,13. Wie begründen die Befragten ihre große Zufriedenheit mit der Großelternrolle? Gut ein Drittel der Befragten gibt an, sie seien sehr familienorientiert und kinderlieb: „ich liebe Kinder, eigentlich bin ich selbst ein großes Kind geblieben; Kinder geben mir unwahrscheinlich viel, sie sind ein Geschenk, Enkel sind die Zukunft; ich bin gern Familienvater gewesen und jetzt auch gern Großvater, ich bin halt ein Familienmensch". 26,7% der befragten Großeltern wissen vor allem die Liebe und Zuneigung zu schätzen, die sie durch ihre Enkel empfangen: „was ganz Tolles, schön, wenn sie kommen, drücken einen, lieben einen; mit den Enkeln zusammenzusein ist innerlich und emotional befriedigend." Knapp 15% der Befragten verweisen auf die Freude ohne Verantwortung im Kontakt mit den Enkelkindern: „es sind die Rosinen vom Kuchen, wenn ich Lust auf was anderes habe, kann ich gehen; als Großmutter hat man mehr Zeit für die Kinder, für die Dinge, die nicht unbedingt zu den täglichen Pflichten gehören, man darf sie ein bißchen verwöhnen und trägt nicht mehr die allerletzte Verantwortung." 10% der Befragten sehen im Kontakt zu den Enkeln auch eine Möglichkeit nachzuholen, was sie bei den eigenen Kindern versäumt haben. Zeitmangel, finanzielle Sorgen und/oder das große Ausmaß an Pflichten waren Gründe für die mangelnde Zuwendung bei den eigenen Kindern. Das soll bei den Enkeln durch viel Zuwendung nachgeholt werden. Weitere Gründe für die Wertschätzung der Großelternrolle sind folgende: Enkelkinder halten jung, geben dem Leben einen Sinn, Heranwachsen von Kindern erleben, Fortkommen, Weiterleben. Die Begründungen der Befragten für ihre positiven Angaben auf der Skala sind somit gut nachvollziehbar.

In Einklang mit diesen Ergebnissen steht, daß alle Befragten auf die Fragestellung, was sie gut daran finden, ein Enkelkind zu haben, Angaben machen können und wollen. Die Großeltern genießen es, ihre Enkelkinder zu erleben und Lebensläufe zu verfolgen. Sie fühlen sich durch den Kontakt zu der jüngeren Generation selbst jünger, genießen die Liebe und Zuneigung der Enkel und freuen sich, daß sich das Leben fortsetzt. Es entsteht ein rundum positiver Eindruck. Doch immerhin 26,7% der befragten Großeltern können auch angeben, was sie weniger gut daran finden, ein Enkelkind bzw. Enkelkinder zu haben. Hier werden beispielsweise die Sorgen um die Enkelkinder, das Besorgen von Geburtstags- und Weihnachtsgeschenken, das Aufpassen „müssen", auch wenn es mal nicht gut paßt, genannt. Es wird auch eingeräumt, daß die Enkel manchmal schon nervig und anstrengend sein können. Aber 73,3% der Befragten entscheiden sich, hier keine Angaben zu machen. Es ist erstaunlich, daß ihnen zu dieser Fragestellung gar keine Angaben einfallen. Hierbei läßt sich kein Zusammenhang mit der Häufigkeit der Großeltern-Enkel-Kontakte und damit möglicherweise der Intensität der Großeltern-Enkel-Beziehung erkennen.

Um weitere Erkenntnisse zur Intensität der Großeltern-Enkel-Kontakte zu gewinnen, wurden die Großeltern gebeten, ihre Enkelkinder mit drei Adjektiven zu umschreiben. 66,7% der Befragten haben sich an diese drei Nennungen gehalten. Die übrigen haben sogar vier bis sechs Beschreibungen abgegeben. 33,3% der Befragten äußern hier ausschließlich positive Adjektive, wie z.B. „klug, herzerfrischend, ganz aufgeweckt, lieb, intelligent, hübsch, sozial, beliebt, eigenständig, wißbegierig, süß, redegewandt, kommunikativ, fröhlich, kreativ, höflich, freundlich, herzlich, gutherzig" und 56,7% überwiegend positive Adjektive. Bei 6,7% der Befragten sind positive wie negative Beschreibungen etwa gleichgewichtig und eine Person gibt überwiegend negative Umschreibungen an. Beispiele für negative Angaben sind: „zu angepaßt, furchtbar laut, lahmarschig, unkonzentriert, frech, unheimlich langsam, leicht beleidigt". Die Angaben der Großeltern beziehen sich zu 96,7% vorrangig auf Eigenheiten der Enkelkinder und nur eine Befragte äußert hier vorrangig Äußerlichkeiten ihres Enkelkindes. Versteht man die Nennung positiver Beschreibungen als ein Indiz für die Wertschätzung der Enkelkinder und der Großeltern-Enkel-Beziehung kann hier ein überwiegend positives Resümee gegeben werden.

Über Wünsche, die die Befragten an ihre Enkelkinder und für ihre Enkelkinder äußern durften, wurde ebenfalls versucht, Informationen über die Intensität der Großeltern-Enkel-Beziehung zu gewinnen. Wie individuell und einfühlsam sind diese Wunschäußerungen? Spiegeln sie Nähe und Vertrautheit der Großeltern-Enkel-Beziehung wider oder zeichnen sie sich eher durch Oberflächlichkeit aus? Die zuerst gestellte Frage nach einer Wunschäußerung an die Enkel - „Wenn Sie einen Wunsch frei hätten, was würden Sie sich von Ihren Enkeln wünschen" - wurde von nur 30% der Befragten so beantwortet, daß sie tatsächlich einen Wunsch von den Enkeln für die Großeltern äußerten. Bei 36,7% der Wünsche beziehen sich diese sowohl auf das Enkelkind als auch die Großeltern und bei 33,3% der Wünsche beziehen sich diese sogar ausschließlich auf die Enkel. Wünsche an die Enkel zu stellen, erscheint den Befragten eher ungewohnt. Es wird jedoch auch deutlich, daß Wünsche für die Enkel, wie beispielsweise „daß die Enkel glücklich sind/bleiben, daß sie wohl geraten, daß sie eine gute Ausbildung erhalten" auch die Großeltern erfreuen würden („daß Enkel gesund und fröhlich bleiben, denn daß strahlt zurück und belebt uns selbst, fröhliche Enkel sind unser Jungbrunnen"). Besonders häufig wünschen sich die Großeltern, daß die Großeltern-Enkel-Beziehung gut bleibt, Zuneigung, Liebe und Verständnis die Beziehung weiterhin prägen: „daß wir immer liebevoll und verständnisvoll miteinander umgehen und Rücksicht aufeinander nehmen; ein bleibender, guter, enger Kontakt, auch wenn sie erwachsen sind, daß sie weiterhin gern zu mir kommen; daß sie mich immer lieb haben, mich besuchen kommen, wenn ich mal nicht mehr kann und daß sie Vertrauen zu mir haben". Es wird ersichtlich, daß auch bei den Wünschen nach einer guten Großeltern-Enkel-Beziehung zum Teil ganz unterschiedliche Zugänge gewählt werden. Beispielsweise kann die Art und Weise des Umgangs oder aber die Häufigkeit der Kontakte am wichtigsten sein. Einige Großeltern konzentrieren sich weitaus stärker als andere auf die eigene Rolle als auf die der Enkelkinder etc. Inwiefern heben sich die hier genannten Wünsche von denen für die Enkelkinder ab? Auch zu dieser Fragestellung antworten wieder alle Befragten. Am häufigsten wünschen die Befragten ihren Enkeln, daß diese ein glückliches Leben haben werden, sich die Enkel selbst verwirklichen können und Lebenszufriedenheit erlangen: „daß sie glücklich werden; daß sie ihre Pläne, Wünsche und Träume verwirklichen können; ein erfülltes Leben; daß sie ihren Fähigkeiten entsprechend ihren Weg finden und sich selbst verwirklichen können". Weitere Wünsche für die Enkel sind beispielsweise beruflicher/schulischer Erfolg (daß sie einen Beruf ergreifen, den sie lieben und der ihnen ein Auskommen sichert"), familiale Zufriedenheit („daß sie in Harmonie mit ihrer Familie leben"), Gesundheit („daß sie gesund bleiben") und gute Zeiten, keine Kriege oder andere Notzeiten („Frieden; daß die Zeiten nicht so schlecht werden, wie ich das ab und zu befürchte"). Die Großeltern greifen bei ihren Wunschäußerungen für die Enkel auf ihre eigenen Lebenserfahrungen zurück, verknüpfen diese mit den Lebenswelten ihrer Enkel und formen daraus Wünsche für die Enkel.

Unter Berücksichtigung der verschiedenen Fragestellungen und Zugangsweisen entsteht ein überwiegend sehr positiver Eindruck zur Bedeutung und auch Intensität der Großeltern-Enkel-Beziehung aus Sicht der Großeltern. Neben diesem eher individuell und emotional eingefärbten Zugang zu dieser Thematik wurde in anderen Fragestellungen ein rationalerer Weg gewählt. Inwiefern sich beim Vergleich der Ergebnisse Unterschiede ergeben, wird im folgenden dargestellt.

3.8 Einstellungen zur Großelternschaft

In Abgrenzung zu den in Kapitel IV.3.7 dargestellten Zugängen sollten die Befragten auf einer weniger emotionalen und eher objektiven Ebene ihre Ansichten zu Großeltern-Enkel-Beziehungen kundtun. Hierzu wurden sie zu den Vor- und Nachteilen der Großeltern-Enkel-Kontakte für sich selbst und ihre Enkelkinder befragt.

Alle Befragten vertreten die Ansicht, daß die generationenübergreifenden Kontakte zwischen ihnen und ihren Enkeln für sie selbst Vorteile mit sich bringen. 56,7% der befragten Großeltern geben als Vorteil an, daß sie durch die Enkelkinder den Zugang zur Welt der nachfolgenden, der jüngeren Generationen erhalten „ich bleibe durch meine Enkelkinder auf dem laufenden, habe z.B. Dank meiner Enkel Computer-Kenntnisse erworben; als älterer Mensch bekommt man Einblicke in die Lebenswelt solch junger Menschen, da bekommt man neue Eindrücke". 40% verweisen auf den Vorteil, daß die Enkel ihnen gut tun, da das Zusammensein mit den Enkeln ihnen Freude bringt, die Enkel ihnen Liebe schenken: „mit Enkeln zusammensein macht Spaß, Kinder sind optimistischer als viele alte Leute, das tut gut". Die meisten Befragten sind sich darüber einig, daß Enkel gut für „Herz und Seele" sind und eine Verbindung zur jüngeren, nachwachsenden Generation darstellen. Naheliegend wäre aber ebenso, daß diese generationenübergreifenden Kontakte zu den Enkeln auch Nachteile hervorrufen können. 96,7% der Befragten verneinen diese Fragestellung jedoch und nur eine Befragte gibt etwas zögerlich an, daß Enkel auch manchmal Streß und Zeitnot bedeuten können. Sie relativiert diese kritische Äußerung jedoch gleich, in dem sie hinzufügt: „Das ist aber eigentlich nur so, wenn alle fünf (Enkel) gleichzeitig da sind". Obwohl ich in den Interviews sehr darauf bedacht war, ein Atmosphäre und Gesprächsbasis zu schaffen, in der auch solche kritischen Angaben möglich sind, hat nur eine Befragte hier Nachteile genannt. Das weckt den Verdacht, daß die kritische Hinterfragung von Großelternschaft tabuisiert bzw. die Großelternrolle glorifiziert wird. Andererseits muß bei der Interpretation dieser Ergebnisse berücksichtigt werden, daß sich zum Interview vermutlich vorrangig Großeltern gemeldet haben, die über eine zufriedenstellende Großeltern-Enkel-Beziehung verfügen. Großeltern, die mit ihren Enkeln kaum in Kontakt stehen, z.B. im Ausland ihr Rentenalter genießen und relativ losgelöst von familialen Banden leben, wurden hier nicht erfaßt. Es stellt sich jedoch die Frage, wie häufig es diese Großeltern-Variante gibt.

Die Großeltern wurden zudem gebeten, die Kindersicht einzunehmen. So wurden sie auch nach den Vor- und Nachteilen solch intergenerationeller Kontakte für die Enkelkinder befragt. 96,7% sind der Ansicht, daß diese Kontakte für die Kinder Vorteile bringen, was ein Befragter jedoch verneint. Mit gut 90% wird am häufigsten der Vorteil geäußert, daß die Enkel durch den Kontakt zu den Großeltern ein zusätzliches (familiales) Erfahrungsfeld - und zwar in Abgrenzung zu den Eltern - genießen können: „gehen mit ihrer Oma anders um als mit ihren Eltern, lernen so neue Beziehungsformen kennen; Großeltern gehen gelassener mit Kindern um, bei Großeltern sind viele Dinge unwichtig, die im Elternhaus wichtig sind; sie lernen meine Gedankengänge und Einstellungen kennen, das ist eine andere Welt als die, in der sie sich sonst so bewegen; von mir hört sie Sachen, die sie im Elternhaus nicht hört; die Eltern sind ziemlich streng - dürfen nicht toben, müssen beim Essen still sitzen -, da können sie sich bei mir etwas austoben". Als weitere Vorteile für die Enkel wird darauf verwiesen, daß die Enkel durch den Kontakt zu den Großeltern eine ältere Generation kennenlernen („so lernen sie die Lebensgewohnheiten eines alten Mannes kennen, es ist wertvoll, daß sie erleben wie alte Opas sind"), Großeltern wichtige Bezugspersonen darstellen können („Großmütter können für Enkel sehr wichtige Bezugspersonen sein, die man lieb haben kann; in schwierigen Situationen können sich die Enkel an die Großmutter wenden"), Großeltern zumeist gelassen und ruhig sind („Großeltern haben viel Zeit für ihre Enkel und mehr Geduld"). Dementsprechend geben nur wenige Großeltern (16,7%) Nachteile an, die ihrer Ansicht nach aus diesen intergenerationellen Kontakten für die Enkel resultieren. Diese beziehen sich vorrangig auf das Verwöhnen der Enkel durch die Großeltern „ich verwöhne sie mit Taschengeld, erfülle ihre Wünsche", aber auch auf Ausnahmesituationen, wenn Großeltern doch mal ungeduldig werden können oder sich zu viel in die Erziehung einmischen.

Sowohl für die Enkel als auch die Großeltern entdecken die Großeltern leicht Vorteile der intergenerationellen Kontakte zwischen Großeltern und Enkelkindern, Nachteile werden nur von sehr wenigen Großeltern benannt. Es entsteht auch hier der Eindruck, daß die befragten Alten mit ihrer Großelternschaft zufrieden sind und Großelternschaft insgesamt als etwas Positives für sich und auch ihre Enkel bewerten.

3.9 Großeltern und Erziehungsaufgaben

Wie verstehen heutige Großeltern ihre Aufgaben bei der Erziehung der Enkelkinder. Die Ausführungen oben belegen, daß heutige Großelternschaft vorrangig positiv besetzt ist. Geht dies einher mit besonderen Aufgabenbereichen der Großeltern bei der kindlichen Erziehung oder resultiert es gerade aus der Nichtzuständigkeit für den erzieherischen Bereich?

63,3% der Befragten geben an, sie haben im Umgang mit den Enkeln keine Erziehungsideale im Sinn. Mehrheitlich wird diese Aussage damit kommentiert, daß dies nicht in ihren Zuständigkeitsbereich gehöre und eindeutig Sache der Eltern sei. Aber gut ein Drittel der befragten Großeltern verfolgt bestimmte Erziehungsideale. Überraschenderweise verfolgen eher Großeltern, die ihre Enkel selten sehen (alle paar Monate, an Festtagen), Erziehungsideale. Zudem haben Großeltern, die Großeltern-Enkel-Kontakte als sehr wichtig erachten, seltener (27,8%) als jene Großeltern, die diese Kontakte als wichtig beurteilen (50,0%), im Umgang mit ihren Enkeln Erziehungsideale im Sinn. Geschlechtsspezifische Unterschiede zeigen sich hier nicht. Diejenigen, die Erziehungsideale verfolgen, geben zu gut 50% an, daß ihnen eine gewisse Disziplin und Strenge wichtig sei. Sie legen Wert auf gute Manieren und höfliches Verhalten. Wenn es zu chaotisch wird, erbeten sie sich „Aus-Zeiten": „ich bin nicht nur für antiautoritäre Erziehung, schon auch konservativ, ich will nicht schimpfen, aber Bildung und Benehmen sind mir wichtig und daß die Kinder ordentlich angezogen sind". Zudem ist es auch knapp 40% der Befragten wichtig, daß die Enkelkinder zu Toleranz und Offenheit erzogen werden. Hierbei schließen sich eher konservative Ansichten und Erziehung zu Toleranz keineswegs aus.

Rückblickend auf die Erziehung ihrer eigenen Kinder wurden die Befragten gebeten zu beurteilen, ob sie sich ihren Enkeln gegenüber anders verhalten als gegenüber ihren eigenen Kindern in deren Kindheit. Mit 80% bejaht eine eindeutige Mehrheit diese Frage. Vorrangig wird dies mit größerer Nachsicht, Großzügigkeit und Toleranz gegenüber den Enkeln erläutert. Bei den eigenen Kindern waren diese Befragten noch wesentlich strenger als bei den Enkelkindern. Das wirft die Frage auf, inwiefern sich das Großelternverhalten entsprechend dem zeitgenössischen Erziehungstrend verändert hat oder aus der geringeren Erziehungsverantwortung bei den Enkeln als bei den eigenen Kinder resultiert. Möglicherweise tragen auch beide Aspekte zum Verhalten der Großeltern bei. Es weisen jedoch immerhin 50% der befragten Großeltern von sich aus darauf hin, daß sie sich bei ihren Enkeln aufgrund des nicht vorhandenen Erziehungsauftrages anders als bei ihren Kindern in deren Kindheit verhalten. 37,5% betonen zudem, daß sie aufgrund der größeren Zeitressourcen im Umgang mit den Enkeln weitaus ruhiger und geduldiger sind als es ihnen bei ihren eigenen Kindern möglich war.

Auch beim Vergleich ihres Verhaltens gegenüber den Enkeln mit dem der Eltern ihrer Enkel meinen 53,3% der Großeltern, sie erlauben den Enkeln mehr als die Eltern. 10% geben an, sie erlauben den Enkeln weniger als deren Eltern und 36,7% sehen diesbezüglich keine Unterschiede.

Die meisten Großeltern verstehen sich als großzügig und tolerant im Umgang mit ihren Enkelkindern. Sie sehen es als Vorteil, von Erziehungsaufgaben entbunden zu sein. Diese Befreiung von Erziehungsaufgaben, Pflichten und Verantwortungen wirkt sich möglicherweise positiv auf die Großeltern-Enkel-Beziehungen aus und trägt zur Erklärung der oben dargestellten überwiegend positiven Beurteilungen der Großeltern-Enkel-Beziehungen bei.

3.10 Fallbeispiele

Die im folgenden dargestellten Fallbeispiele ermöglichen Einblicke in die Nuancen der überwiegend positiv beurteilten Großeltern-Enkel-Beziehungen. Da sich beim Vergleich von Großvätern und Großmüttern Besonderheiten ergeben, werden folgende Fallbeispiele von Großmüttern und Großvätern gegeben: leidenschaftliche Großmutter, ambivalente Großmutter und Alltagsgroßmutter sowie leidenschaftlicher Großvater, Großvaterschaft als Lebenselixier und nüchterner Großvater.

3.10.1 Großmütter

Leidenschaftliche Großmutter
Die befragte Großmutter - im folgenden Frau Aland genannt - ist 64 Jahre und lebt mit ihrem Ehemann seit der Geburt ihrer Kinder in einer schönen Wohnung in einem südlichen Frankfurter Stadtteil. Sie hat 25 Jahre als Hauswirtschaftsmeisterin gearbeitet, ihr Mann war als Kaufmann tätig. Zum Interview empfängt sie mich in ihrem liebevoll gepflegten Schrebergarten, der schon seit Generationen in Familienbesitz ist. Mit Kaffee, Tee, Gebäck und Kuchen werde ich herzlich willkommen geheißen. Frau Aland hat sich für das Interview Zeit genommen und scheint sich über die Interviewgelegenheit zu freuen. Sie hat drei Töchter und fünf Enkelkinder (davon vier Enkelinnen und ein Enkel). Diese sind 16,

15, zweimal 9 und 8 Jahre alt. Ein Enkelkind wohnt im selben Stadtteil wie die Großmutter, die anderen wohnen im Schwarzwald, also etwa 400 km entfernt. Im Interview bezieht sich die Befragte auf die neunjährige Enkelin aus dem selben Stadtteil, die sie etwa alle zwei Wochen sieht. Mit dieser Kontakthäufigkeit ist die Befragte zufrieden. Die Treffen finden gleichermaßen häufig mit wie ohne die Mutter (Eltern sind geschieden) der Enkelin statt, lieber ist es der befragten Großmutter jedoch, wenn sie ihre Enkelin alleine trifft. Ebenso finden die Treffen mal bei der Enkelin und mal bei den Großeltern zu Hause statt. Die Großmutter bevorzugt jedoch Treffen in ihrer Wohnung. Frau Aland beurteilt Enkel-Großeltern-Kontakte als sehr wichtig. Ihre Enkel tragen dazu bei, daß sie körperlich und geistig beweglich und flexibel bleibt. Sie findet es gut, Enkelkinder zu haben. So wird ihrer Meinung nach das Leben weitergegeben und vieles wird von den eigenen Kindern und den Enkeln übernommen. Nachteile kann sie sowohl für sich als auch ihre Enkel durch diese generationenübergreifenden Kontakte nicht benennen. Auch für die Enkelkinder bringen die Großelternkontakte aus Frau Alands Perspektive jedoch Vorteile. Das Besondere an Kontakten zu Großeltern sind ihrer Meinung nach die großen Zeitressourcen der Großeltern. Mit Ruhe und Gelassenheit können sie sich auf die Enkel einstellen. Zudem erhalten Enkel über Großeltern Anregungen, die ihnen ansonsten verwährt wären, wie z.B. Schach spielen lernen, Getreide mahlen, Brot und Kuchen backen. Frau Aland ist es auch wichtig, mit ihren Enkeln natürlich über den Tod zu sprechen, darauf legt sie besonderen Wert. Auch hierbei beurteilt sie die ruhigere und andere Atmosphäre im Vergleich zum Elternhaus als eine Horizonterweiterung für die Kinder.

Am liebsten liest Frau Aland ihren Enkeln gemütlich im Bett ein Buch vor. Das wird aber eher von kleineren Enkeln gewünscht. Ansonsten geht sie mit ihnen in den Garten, sie kochen, backen und reisen zusammen, verbringen gemeinsame Urlaube. Sie holt die Kinder auch mal von der Schule ab und hilft beispielsweise, wenn die Kinder krank sind. Sie ist von daher ziemlich zufrieden und hat hinsichtlich der Gestaltung der Enkelkontakte keine Wünsche offen; kann auch nicht angeben, was sie mit ihren Enkeln weniger gern macht. Sie äußert, daß sie sehr gern Großmutter ist, weil man als Großmutter mehr Zeit für die Kinder hat, Dinge machen kann, die nicht unbedingt zu den täglichen Pflichten gehören und die Enkel ein bißchen verwöhnen kann. Es ist gut, daß man nicht mehr die allerletzte Verantwortung trägt. Sie betont jedoch, daß sie nichts machen würde, was nicht im Sinne der Eltern ihrer Enkel wäre. Gern erzählt sie ihren Enkelkindern auch aus ihrer eigenen Kindheit, von ihren lieben Eltern, der Güte und Liebe einer ihrer Großmütter und der Strenge der anderen. Sie erzählt Geschichten von ihren Pfadfinderinnen-Zeiten, ihrem Praktikumsjahr in Schweden und auch von Kriegserlebnissen.

Trotz diesem intensiven Verhältnis zu ihren Enkeln, verfolgt sie im Umgang mit den Enkeln keine Erziehungsideale. Zwar wünscht sie bei deren Gewissensbildung mitzuhelfen, deren Eigenverantwortung und soziales Verhalten in der Gemeinschaft zu beeinflussen, doch versteht sie das nicht als Erziehungsideale oder -aufgaben. Die Erziehung ist Sache der Eltern. Dementsprechend gibt Frau Aland an, daß sie sich ihren Enkeln gegenüber schon etwas anders verhält, als sie es bei ihren eigenen Kindern in deren Kindheit getan hat. Heute hat sie mehr Zeit und weniger Pflichten und Aufgaben als damals. Inzwischen ist sie ruhiger und gelassener und auch finanziell unabhängiger. Vergleicht sie ihr heutiges Verhalten gegenüber den Enkeln mit dem der Eltern ihrer Enkel, ist sie schon etwas großzügiger und erlaubt eher etwas mehr als die Eltern. Ihre neunjährige Enkelin beschreibt sie als „impulsiv, sehr kraftvoll, sehr rücksichtsvoll, liebevoll im Umgang mit gleichaltrigen Freunden, trägt Verantwortung, hilfsbereit, sportlich, sehr aktiv" und zeichnet damit ein rundum positives Bild ihrer Enkelin.

Ambivalente Großmutter
Frau Meier ist 61 Jahre alt und lebt mit ihrem zweiten Ehemann und dessen pflegebedürftiger Mutter in einer großen Doppelhaushälfte in einem nördlichen Stadtteil Frankfurts. Seit kurzem arbeitet sie nicht mehr als Lehrerin, was ihr sehr schwer fällt. Sie hat eigentlich nur ihrem Mann zuliebe aufgehört zu arbeiten, damit sie mehr Zeit füreinander haben. Diese Umstellung von Berufsleben zum Rentendasein bedrückt sie sehr. Sie hat aus erster Ehe einen Sohn und eine Tochter. Der Sohn wiederum hat zwei Töchter, die Tochter zwei Söhne und eine Tochter. Die Enkelkinder sind 2 Monate, 6 Jahre, 12 Jahre, 14 Jahre und 16 Jahre alt. Die Befragte erzählt von sich aus, daß der Sohn schon immer ihr Lieblingskind war. Obwohl dieser in einem südlichen Vorort nahe Frankfurt am Main lebt, ist der Kontakt zu diesen Enkelkindern nicht so häufig, wie sich Frau Meier dies wünschen würde. Ihrer Meinung nach hat ihre Schwiegertochter Angst, daß ihr Sohn sonst zu sehr an seiner Mutter - der Befragten - hängt, sich nicht abnabelt. Im Interview spricht Frau Meier über ihren 12jährigen Enkelsohn, der gerade bei ihr zu Besuch ist und ansonsten bei seiner Mutter in Paderborn lebt. Diesen Enkel sieht sie zumeist nur an Festtagen, manchmal besucht er sie aber auch für mehrere Tage in den Ferien. Er durchlebt nach Angaben der Befragten gerade eine schwierige Zeit, da seine Eltern sich getrennt haben. Frau Meier erzählt auch, daß sie die große Wohnortentfernung ihrer Tochter befürwortet. Würde die Tochter in der Nähe leben, hätten sie nur Streit wegen der Erziehung der Enkel bekommen, da sich Frau Meier vermutlich zu sehr eingemischt hätte. Gerne würde die Befragte ihren Enkel jedoch häufiger sehen. Am liebsten zweimal im Jahr in den Ferien für mehrere Tage. Sie sieht ihren Enkel zumeist gleicherma-

ßen häufig mit wie ohne Eltern, ohne Eltern gefällt es ihr aber besser. Die Treffen finden zumeist bei der Großmutter statt, was sie so auch favorisiert. Kontakte zwischen Großeltern und Enkelkindern erachtet Frau Meier als wichtig; nicht als sehr wichtig, aber auch nicht als weniger wichtig oder unwichtig.

Frau Meier vertritt die Ansicht, daß generationenübergreifende Kontakte zwischen Enkeln und Großeltern für sie als Großmutter folgende Vorteile bringen: es beschert ihr Freude, es zwingt zur Kommunikation, so daß sich gegenseitiges Verständnis für Probleme ergeben kann, es konfrontiert mit unterschiedlichen Interessen und man lernt neue Entwicklungen wie Handy etc. kennen. Nachteile sieht sie für sich keine, für ihren Enkel aber schon. Frau Meier meint, wenn der Kontakt zu ihren Enkeln noch näher wäre und sie als Großmutter stärker involviert wäre, würde sie Konflikte in der Erziehung heraufbeschwören. Das wäre dann ihrer Meinung nach für den Enkel von Nachteil. Es wird hierbei nicht ganz klar, inwiefern das auch so schon zutrifft. Vorteile dieser generationenübergreifenden Kontakte für den Enkel sind nach ihren Angaben: „Verständnis für andere Menschen haben, auch wenn sie alt sind; Gesprächspartner für Themen, die er nicht mit Eltern besprechen kann, z.B. Aufklärungsthemen".

Gemeinsam mit ihrem Enkel geht Frau Meier beispielsweise ins Fitness-Studio oder schwimmen, spielt sie Karten, Schach oder Fußball, sie arbeiten gemeinsam im Garten oder sie kocht seine Lieblingsgerichte. Manchmal lesen sie sich gegenseitig vor oder machen Kreatives. Letzteres aber nur, weil die Großmutter es ihrem Enkel aufzwingt. Am liebsten bastelt sie mit ihm und macht Handarbeiten. Gern würde sie ihm den Volkstanz beibringen. Der Volkstanz ist seit jüngster Zeit ihre große Leidenschaft und sie besucht hierzu Kurse, bietet auch schon selbst welche an. Gar nicht gern spielt sie dagegen mit ihm Karten. Gelegentlich erzählt sie ihren Enkeln auch von früher, wie sie als Kind Wörter immer falsch ausgesprochen hat und auch wie die Eltern der Enkel im Kindesalter waren.

Resümierend gibt sie an, daß sie gern (auf der fünfstufigen Skala von 1 (sehr gern) bis 5 (sehr ungern) wählt sie die 2) Großmutter ist. Enkel haben ist ihrer Meinung nach schon schön, weil man zu ihnen eine unbefangenere Beziehung als zu den eigenen Kindern haben kann. Doch sie genießt es auch, daß Enkel kommen und wieder gehen, sie also keine ständige Verantwortung hat. Enkel sind ihrer Meinung nach „gut fürs Herz" wegen der Nähe und der liebevollen Verbindung. Es nervt sie jedoch auch, daß die Enkel so viele Kosten verursachen und sie immer bezahlen muß.

Die befragte Großmutter vertritt im Umgang mit ihren Enkeln bestimmte Erziehungsideale. Es ist ihr wichtig, daß über alles offen gesprochen wird; sie möchte, daß die Enkel ihre Briefe immer beantworten, bitte und danke sagen. Im Vergleich mit ihren eigenen Kindern ist sie bei den Enkeln unbefangener, läßt mehr durchgehen und ist weniger streng. Frau Meier meint zudem, daß sie ihren Enkeln mehr erlaubt als es die Eltern der Enkel tun.

Frau Meier beschreibt ihren 12jährigen Enkel aus Paderborn als „klug, lahmarschig und herzquickend". Sie wünscht sich von ihren Enkeln, daß sie ab und zu mal anrufen, ihre Briefe beantworten - ein Enkel schreibt ihr nie zurück und bedankt sich für Geschenke nicht, worüber sie sehr empört ist - und daß die Enkel glücklich werden. Ein erfülltes Leben, eine gute berufliche Basis und daß die Enkel ihr Leben selbst in die Hand nehmen, dies wünscht Frau Meier ihren Enkeln für deren Zukunft.

Einerseits erscheint Frau Meier sehr kritisch und reflektiert, anderseits aber auch sehr egozentrisch und unflexibel. Sie erzählt mir sehr viel Privates über ihre Kinder und deren Ehen. Die Beziehungen scheinen zum Teil sehr intensiv, aber auch sehr konfliktträchtig. Besonders auffällig ist ihre enorme Begeisterung für die Waldorf-Pädagogik. Sie hat eine Freundin gefunden, die sie darin unterrichtet. Eigentlich war sie aber ihrer Meinung nach schon immer eine Waldorf-Lehrerin, ohne es zu wissen. Ihre Zwiegespaltenheit bezüglich der Großeltern-Enkel-Thematik spiegelt sich in der Einschätzung des Enkels. Einerseits lobt sie ihn und scheint ihn sehr zu lieben, dann wieder kritisiert sie ihn, schimpft auf ihn und macht ihn schlecht. Nach dem Interview will sie ihn ihrer Waldorf-Freundin „vorführen", damit die mal schauen kann, „was mit ihm wohl nicht stimmt".

Alltagsgroßmutter
Frau Taube ist 64 Jahre alt und ist erst seit wenigen Wochen Rentnerin. Zuvor hat sie als kaufmännische Angestellte gearbeitet. Sie lebt mit ihrem Mann in einer neu gebauten Doppelhaushälfte. Dieses Abenteuer eines Neubaus im Alter ist das Ehepaar ihren Kindern zu Liebe eingegangen, denn die Tochter hat die benachbarte Doppelhaushälfte gebaut. Sie wohnen in einem schönen nördlichen Stadtteil von Frankfurt. Frau Taube kommt braungebrannt und dynamisch zum Interview. Sie war für drei Wochen mit ihren Enkeln verreist. Frau und Herr Taube haben zwei Söhne und eine Tochter. Ein Sohn hat keine Kinder, die anderen beiden Kinder haben ihnen jeweils zwei Enkelkinder geschenkt. Sie haben drei Enkelsöhne (7, 5 und 3 Jahre alt) und eine Enkeltochter (5 Jahre alt). Ihren Angaben zufolge spielen die vier Enkel gern zusammen und kommen gut miteinander aus. Zwei Enkelkinder wohnen wie schon erwähnt im benachbarten Doppelhaus, die anderen zwei wohnen etwa 100 Meter entfernt in der Nachbarschaft. Bevor sie vor einigen Monaten das Haus bezogen haben, wohnten sie jedoch nicht so nah beieinander, sondern in benachbarten Stadtteilen. Im Interview bezieht sich Frau Taube auf ihren 7jährigen Enkelsohn, der etwa 100 Meter entfernt lebt. Sie sieht diesen, wie auch alle übrigen Enkel, täglich und findet das so auch gut. Die Kontakte finden gleichermaßen häufig mit/ohne die Eltern der

Enkel statt. Frau Taube ist es zudem egal, ob sie ihre Enkel mit/ohne Eltern sieht; sie favorisiert keine Variante. Ebenso finden die Kontakte sowohl bei den Großeltern als auch bei den Enkeln zu Hause statt. Es ist ihr allerdings lieber, die Enkel in deren zu Hause zu treffen. Wenn alle vier Enkel ständig bei ihr sind, ist alles durcheinander und die Enkel sind kaum noch zu bremsen, wie Frau Taube berichtet. Großeltern-Enkel-Kontakte empfindet Frau Taube als sehr wichtig. Als Vorteile für sich selbst durch diese generationenübergreifenden Kontakte benennt sie folgende: „man wird nicht so schnell schrullig, die Enkel halten einem vom Denken her jung". Aber auch die Enkel profitieren ihrer Ansicht nach von diesen Kontakten, da „man sich im Alter mehr Zeit nimmt und mehr Geduld hat; an die Enkel Sachen weitergibt, wozu man bei den eigenen Kindern nicht in der Lage war - durch mehr Ruhe und Geduld -; z.B. wenn Enkel etwas nicht können, wie Tischtennis spielen; im Alter hat man mehr Zeit und weniger Verpflichtungen als die Eltern". Nachteile entstehen ihrer Meinung nach für sie aus diesen Kontakten nicht; für die Enkel eventuell, „wenn man zu viel durchgehen läßt, doch nein, ich gehe nicht gegen die Eltern an". Enkel zu haben findet Frau Taube toll, da es ihr Dank der Enkel nie langweilig wird und sie im Denken jung bleibt. Sie gibt an, daß sie sehr gern Großmutter ist, da „es ganz toll ist, wenn man Enkelkinder hat, schon drei Kinder zu haben ist toll und so auch viele Enkel". Sie wagt jedoch auch einen kritischen Blick, indem sie zugibt, daß sie ohne Enkel weniger Sorgen hätte. Bei den Enkeln macht sie sich sogar mehr Gedanken als bei ihren Kindern. Sie meint, daß Leben wäre früher noch nicht so problemorientiert gewesen oder sie habe sich als junger Mensch einfach weniger Gedanken gemacht, war unbeschwerter. Sie genießt es jedoch auch sehr, ihre Enkel zu sehen, mit ihnen zu spielen. Sie unternehmen gemeinsame Ausflüge, gehen schwimmen, in den Zoo, ins Taunus Wunderland, in den Palmengarten, in die Lochmühle, sie toben, fahren Eisenbahn, spielen „Memory" und „Mensch-ärgere-Dich-nicht", puzzeln. Gelegentlich erzählt sie ihren Enkeln auch wie es früher war, wie sie auf der Straße toben konnten, von der Kriegszeit, daß es im Haus kein Wasser gab und kein Telefon. Solche Sachen finden die Enkel interessant. Am liebsten geht sie mit ihren Enkeln schwimmen. Gern würde sie mit ihnen auch mal ins Phantasialand fahren. Das war bisher nicht möglich, da die Enkel noch zu klein sind. Nicht so gern spielt sie mit ihren Enkelkindern Karten, aber auf die Idee kommen sie erfreulich selten.

Erziehungsideale verfolgt Frau Taube im Umgang mit ihren Enkeln nicht. Sie räumt jedoch ein, daß sie sich ihren Enkeln gegenüber anders verhält als gegenüber ihren Kindern in deren Kindheit. Die Kinder von Frau Taube konnten sich ihrer Meinung nach besser benehmen, konnten schnell mit Messer und Gabel essen. Sie erkennt, daß heute alles anders ist. Daher verhält sie sich bei ihren Enkeln toleranter, sie kann z.B. über mangelndes Benehmen hinweggucken. Frau

Taube meint, daß sie im Vergleich zu den Eltern ihrer Enkel diesen eher mehr erlaubt als die Eltern.

Frau Taube beschreibt ihren 7jährigen Enkel als „sensibel, ganz besonders liebesbedürftig, großzügig (gibt sein Letztes)". Sie würde sich von ihren Enkeln wünschen, mit allen vier in den Urlaub zu fahren und wünscht ihnen vor allem Gesundheit, Glück und daß sie nicht in die Drogenszene abrutschen.

3.10.2   Großväter

Leidenschaftlicher Großvater
Herr Esch wurde 1923 in Frankfurt am Main geboren. Zusammen mit seiner Ehefrau lebt er in seinem Geburtshaus im Norden Frankfurts. Beide empfangen mich freundlich und während seine Frau in der Küche werkelt, läßt sich Herr Esch gerne von mir interviewen. Im Vergleich mit den übrigen befragten Großvätern ist er sehr gesprächig, weicht teilweise vom Thema ab, um mir Familienanekdoten zu erzählen. Früher hat er als Bauingenieur gearbeitet, jetzt genießt er seine Rente. Herr Esch stammt aus einer großen Familie mit sieben Geschwistern. Er selbst hat sieben Kinder, vier Söhne und drei Töchter. Diese haben ihn zum elfmaligen Großvater gemacht. Er hat sechs Enkelsöhne und fünf Enkeltöchter. Sie sind zwischen 4 und 20 Jahren alt. Im Interview bezieht sich Herr Esch auf seine achtjährige Enkelin, die in einem benachbarten Stadtteil wohnt. Er sieht diese Enkelin etwa zweimal im Monat und ist mit dieser Kontakthäufigkeit zufrieden. Sie sehen sich gleichermaßen häufig mal mit und mal ohne Eltern. Er hat diesbezüglich auch keine Vorlieben. Ebenso ist es ihm egal, ob die Treffen bei ihm zu Hause oder bei der Enkelin stattfinden. Häufiger kommt jedoch die Enkelin zum Großvater.

Herr Esch beurteilt Großeltern-Enkel-Kontakte als wichtig. Er empfindet es als Vorteil, daß er über seine Enkelkinder mit dem Leben in Kontakt bleibt und so auch über „eigene Wehwehchen" hinwegzusehen lernt. Herr Esch ist sich sicher, daß das Leben durch Enkel reicher wird. Nachteile sieht er bei diesen generationenübergreifenden Kontakten weder für sich noch für seine Enkelkinder. Für die Enkel erachtet er es als vorteilhaft, daß sie durch die Kontakte zu dem Großvater die „Lebensgewohnheiten eines alten Mannes kennenlernen". Er betrachtet es als wertvoll, daß „sie erleben, wie alte Opas sind". Gemeinsam mit seiner Enkelin baut er beispielsweise im Garten Höhlen und Hütten, geht mit ihr Eis essen, spielt Spiele wie Schach und hat mit ihr Spaß. Auf Nachfrage gibt er an, daß er seiner Enkelin gelegentlich auch von früher erzählt, aber nur angenehme Sachen, nichts vom Krieg. Manchmal erzählt er auch von seiner Schulzeit, daß er kein guter Schüler, aber das Leben dennoch schön war. Besonders liebt er den gemeinsamen Höhlen- und Hüttenbau im Garten, aber eigentlich macht er alles gern mit, sofern er seinen Enkeln eine Freude machen kann. So gibt er nichts an, was er mit seinen Enkeln weniger gern macht, hat auch bezüglich der gemeinsamen Zeitgestaltung keine unerfüllten Wünsche.

Als Erziehungsideal im Umgang mit seinen Enkeln ist es Herrn Esch wichtig, daß die Enkel fröhliche und offene Menschen werden, die Spaß am Leben haben und das Beste daraus machen. Er möchte, daß sie diese Grundeinstellung entwickeln. Herr Esch verhält sich seinen Enkeln gegenüber nicht anders als er es bei seinen Kindern in deren Kindheit getan hat. Seiner Meinung nach erlaubt er seinen Enkeln auch nicht mehr als deren Eltern.

Die achtjährige Enkelin wird von ihm als „liebes Kind, offen, sieht Schönes, herzlich, patent" beschrieben. Er wünscht ihr und seinen übrigen Enkelkindern, „daß sie ihr Leben voll meistern und den Weg finden, der für sie der richtige ist". Er selbst wünscht sich von seinen Enkelkindern, daß sie so glücklich bleiben, wie sie heute sind - ein recht selbstloser Wunsch.

Großvaterschaft als Lebenselixier
Herr Max ist 68 Jahre alt. Seine Frau ist vor einigen Jahren in die Eifel gezogen. Da er nahe seiner Enkel leben wollte, ist er nicht mitgezogen, besucht seine Frau jedoch gelegentlich - eher selten. Das Interview mit Herrn Max findet im Garten der Enkelkinder statt, wo er gerade Reparaturarbeiten am Haus durchführt. Die Enkelkinder und auch seine Tochter schwirren im Garten herum, ein Enkel hört phasenweise dem Interview zu. Der Großvater findet das schön und will - auch nach meinem Hinweis, daß die Interviews ja ohne Anwesenheit der Enkel stattfinden sollten - den Enkel nicht wegschicken „wir haben ja keine Geheimnisse voreinander". Es wird deutlich, daß sich der Großvater in die Kernfamilie integriert fühlt. Zugleich spüre ich die Grenzenlosigkeit der familialen Situation. Wer gehört zu wem, wer ersetzt wen, wo sind Grenzen der Intimsphäre?

Herr Max hat zwei Töchter und von einer Tochter drei Enkelkinder: eine 1½-jährige Enkeltochter und zwei Enkelsöhne (6 und 14 Jahre alt). Großvater und Enkelkinder wohnen etwa 6 km voneinander entfernt. Im folgenden bezieht sich der Großvater auf seinen sechsjährigen Enkelsohn. Diesen - wie auch die beiden anderen Enkelkinder - sieht er täglich, was er so befürwortet. Zumeist sind bei diesen Treffen die Eltern bzw. die Mutter anwesend. Herrn Max ist es aber gleichgültig, ob er seine Enkel in An- oder Abwesenheit der Eltern trifft. Zumeist sieht er die Enkel in deren Elternhaus, was Herr Max so auch bevorzugt.

Herr Max beurteilt Großeltern-Enkel-Kontakte als sehr wichtig. Er bezeichnet diese als sein Lebenselixier. Dank dieser hat er nie Langeweile und er hat täglich das Gefühl, etwas Sinnvolles gemacht zu haben. Er erläutert „Mein Herz geht mir auf, wenn ich abends weggehe und die Kleine brüllt". Ohne Enkel wäre Herr Max seiner Ansicht nach „ein armer Mann". Er hofft sehr, daß diese generationenübergreifenden Kontakte auch für seine Enkelkinder Vorteile haben. Der Vater der Enkel muß viel arbeiten und hat - so Herr Max - wochentags viel zu wenig Zeit für seine Kinder. Zudem meint Herr Max, seine Tochter sei eine Übermutter. Daher hofft er, daß er etwas ausgleichend wirken kann. Nachteile sieht Herr Max weder für sich noch für seine Enkelkinder in diesen generationenübergreifenden Kontakten. Herr Max ist eindeutig sehr gern Großvater. Er begründet dies folgendermaßen: „es sind die Rosinen vom Kuchen, wenn ich Lust auf was anderes habe, kann ich gehen". Gemeinsam mit seinem Enkel unternimmt er z.B. Bahnfahrten, nimmt den Enkel gern auf den Schoß und sie erzählen sich etwas oder er liest seinem Enkel etwas vor. Manchmal massiert er seinem Enkel auch den Rücken oder dieser schläft bei ihm ein. Gelegentlich erzählt er auch von seiner eigenen Kindheit, „was früher alles passiert ist, wie es in der Schule war, daß es keinen Kühlschrank gab, er immer seine Suppe essen mußte und ansonsten Prügel bekam". Jeder Zeitvertreib mit seinem Enkel macht ihm sehr viel Spaß. Es gibt somit auch nichts, was er mit seinem Enkel weniger gern macht. Herr Max betont, daß er ja auch immer nein sagen könnte, wenn er auf etwas keine Lust hat. Hinsichtlich der gemeinsamen Zeitgestaltung mit seinem Enkel hat er keine weiteren Wünsche.

Herr Max verfolgt bei seinen Enkeln keine bestimmten Erziehungsideale. Darüber macht er sich zumindest keine Gedanken, sondern er sagt und tut, was er für richtig hält. Er registriert jedoch, daß er sich seinen Enkeln gegenüber anders verhält als bei seinen eigenen Kindern in deren Kindheit. Als seine Kinder klein waren, war er zu wenig zu Hause. Seinen Enkeln kann er sich viel intensiver widmen als es ihm bei seinen Kindern möglich war. Im Vergleich zu den Eltern seiner Enkelkinder verhält er sich seinen Enkeln gegenüber eher strenger als diese. Er sagt öfter mal „nein", z.B. bei Kaugummiautomaten etc.

Seinen sechsjährigen Enkel beschreibt Herr Max als „Raudi, liebebedürftig und sehr neugierig". Herr Max wünscht sich von seinen Enkeln, daß das Verhältnis zu ihnen so bleibt wie es ist. Seinen Enkeln wünscht er, daß die Zeiten nicht so schlecht werden, wie er das hinsichtlich der Umwelt und beruflicher Entwicklungen manchmal befürchtet.

Herr Max übernimmt in dieser Familie eine sehr dominante Rolle. Fast scheint es, daß er den - viel arbeitenden - Vater teilweise ersetzt bzw. ersetzen will. Für Herrn Max stellen die Enkelkinder sein Lebenselixier dar. Unthematisiert bleibt jedoch, was seine leidenschaftliche Übernahme der Großvaterrolle für die Enkel und deren Eltern bedeuten mag.

Nüchterner Großvater
Herr Hafel wurde 1929 in Heidelberg geboren, ist demnach 71 Jahre alt. Gemeinsam mit seiner Frau bewohnt er eine schöne Wohnung im Frankfurter Westend. Er hat 40 Jahre als Diplom-Ingenieur gearbeitet, seine Frau hat sich um die Kinder und den Haushalt gekümmert. Nach der Begrüßung zieht sich Frau Hafel zurück, geht einkaufen, während ich Herrn Hafel in der Eßecke befrage. Obwohl er sich auf alle Fragen einläßt, ist die Interviewsituation von Anfang an etwas distanzierter und kühler als ich es von den meisten anderen Interviews gewohnt bin. Zwar legt sich dies im Laufe des Interviews etwas, doch bleibt Herrn Hafels eher kühle und distanzierte Art auffällig. Es scheint ihm teilweise schwer zu fallen, über so private Themen zu sprechen. Herr und Frau Hafel haben zwei Töchter. Die in Wetzlar wohnende Tochter hat ebenfalls zwei Töchter (5 und 7 Jahre) und die Tochter in Bochum hat eine Tochter (8 Jahre). Die Enkelinnen aus Wetzlar sieht Herr Hafel ein- bis zweimal im Monat, die aus Bochum etwas seltener. Alle kommen aber auch gern in den Ferien zu ihm und seiner Frau. Dann sind die Eltern der Enkel nicht dabei, wenn sie auch bei den übrigen Treffen häufiger anwesend sind. Ohne Eltern die Enkel zu sehen, gefällt Herrn Hafel aber besser. Die gegenseitigen Besuche finden etwa gleichhäufig bei den Enkeln in Wetzlar und auch den Großeltern in Frankfurt am Main statt. Lieber sind Herrn Hafel aber Besuche in Wetzlar, da es dort einen großen Garten gibt.

Herr Hafel bezeichnet Großeltern-Enkel-Kontakte als wichtig. Er selbst meint, daß er sehr gern Großvater sei. Er hat Freude an seinen Enkeln und findet es schön, daß es die Enkel gibt. Seiner Meinung nach bringen ihm diese Kontakte Vorteile, weil sie ihn erfreuen und weil er bei den Enkeln Zeit und keine Verantwortung hat, während er bei seinen eigenen Töchtern Verantwortung und keine Zeit hatte. Durch die Enkel wird ihm klar, daß das Leben weitergeht und nicht mit den eigenen Kindern endet. So hat man nicht das Gefühl, man hätte umsonst gelebt. Nachteile sieht er in diesen Kontakten weder für sich noch für seine Enkel. Er meint jedoch auch, daß die Enkel von diesen generationenübergreifenden Kontakten nicht unbedingt profitieren. Seiner Meinung nach sind Großeltern-Enkel-Kontakte nichts anderes als beispielsweise Kontakte zu den Freunden der Eltern, welche die Enkelkinder zumal viel häufiger erleben. Wenn die Enkel jedoch in Frankfurt zu Besuch sind, überlegen sich Herr und Frau Hafel für die Enkel ein interessantes Programm. Meist übernimmt jeder von ihnen jeweils einen halben Tag. Mit den Enkeln gehen sie dann in den Zoo, ins Senckenberg-Museum, ins Kindertheater etc. und zu Hause spielen sie Gesellschaftsspiele. Mit der achtjährigen Enkelin geht er am liebsten in den Zoo. Gelegentlich erzählt er auch von früher, von dummen Streichen aus seiner Kindheit. Wenn die Enkel älter sind, würde er gern eine Reise mit ihnen unternehmen, z.B. aufs Land, Leben auf dem Bauernhof oder eine kleine Kulturreise. Gar nicht gern spielt er jedoch mit den Enkelinnen Kaufmannsladen, was allerdings alle drei gern spielen.

Herr Hafel überläßt die Erziehungsaufgaben gerne seinen Töchtern und hat im Umgang mit seinen Enkelinnen keine bestimmten Erziehungsideale im Sinn. Er gibt zudem an, daß er sich bei den Enkelkindern anders verhält als er es bei seinen Töchtern getan hat. Da er keine Verantwortung trägt, ist er wesentlich lässiger und großzügiger. Seiner Meinung nach erlaubt er den Enkelinnen mehr als es deren Eltern tun.

Da es sich bei den Enkelkindern um drei Mädchen handelt, wünscht ihnen Herr Hafel, daß sie mit den Männern gut zurechtkommen und auch Familien gründen. Er wünscht ihnen zudem Gesundheit. Sich selbst wünscht er von seinen Enkelinnen, „daß sie eher lieber Opa sagen als alter Großvater und daß man etwas von der Zuneigung zurückbekommt und spürt".

3.11 Ausblick

Die befragten Großeltern wissen ihre Großelternschaft in großem Ausmaß zu schätzen. Sie verstehen den Kontakt zu ihren Enkelkindern als Lebensbereicherung. Die Enkelkinder schenken ihnen nicht nur Liebe und Zuneigung, sondern eröffnen ihnen auch den Zugang zur nachwachsenden Generation. Eine kritische Hinterfragung der Großelternschaft und der damit einhergehenden Großelternrolle scheint auffallend selten stattzufinden oder aber vorrangig zu positiven Bewertungen zu führen. Trotz der vielfältigen Möglichkeiten der Lebensgestaltung für heutige Alte suchen die Befragten die Nähe zu ihren Enkelkindern. Der gesellschaftliche Kontext scheint es zu ermöglichen, daß sich die Befragten sowohl als liebevolle und engagierte Großeltern und zugleich als dynamische, reisende, weiterbildende, ehrenamtlich tätige Alte verstehen. Eine erfüllte Großelternschaft bedeutet demnach nicht die Aufgabe anderer Interessen und die Festschreibung auf familiale Kontakte. Vermutlich begünstigen gerade diese verschiedenen Rollen im Alter die Wertschätzung und positive Gestaltung der Großelternschaft.

4 Kinder in Kinderheimen: Gestaltung und Bedeutung der Großeltern-Enkel-Beziehung

4.1 Forschungsinteresse

Auch im Kinderheim wurden die Kinder zur Gestaltung und Bedeutung der Großeltern-Enkel-Beziehung befragt. Im Vorfeld war unklar, inwiefern Kinderheimkinder zu ihren Großeltern Kontakte haben, ob solche Kontakte eher die Regel oder die Ausnahme darstellen. Hierzu liegen keine Forschungsergebnisse vor. Daher habe ich mit ErzieherInnen aus Kinderheimen ExpertInnengespräche geführt. Diese ergaben, daß die Mehrheit der Kinder ihre Großeltern kennt, die Kontakthäufigkeit aber sehr unterschiedlich ist. Da die Großeltern-Enkel-Kontakthäufigkeit von den Eltern der Kinder bestimmt werden kann, nehmen diese oftmals maßgeblich Einfluß auf die Kontakte zwischen Enkeln und Großeltern. Ist die Beziehung zwischen den Eltern und Großeltern der Enkelkinder unharmonisch, wirkt sich das zumeist auch negativ auf die Großeltern-Enkel-Beziehung aus. Dennoch trifft es zu, daß die meisten Kinderheimkinder ihre Großeltern kennen und auch gelegentliche Kontakte zu diesen haben. Das leitende Forschungsinteresse bestand darin, die Bedeutung der Großeltern für die Enkelkinder während des Heimaufenthaltes herauszufinden. Wie in Kapitel III dargelegt, könnten solche generationenübergreifenden Kontakte für die Enkelkinder und auch die pädagogische Arbeit im Kinderheim interessante Potentiale beinhalten. Wie nehmen Kinder, die in Kinderheimen leben, ihre Großeltern wahr, welche Bedeutung messen sie diesen Kontakten bei? Wie gestalten sich Beziehungen zwischen jungen und alten Menschen, wenn die jungen in einer Institution leben? Welchen Rahmen bieten Institutionen zur Aufrechterhaltung solcher Beziehungen?

4.2 Vorstellung der Kinderheime

An dem Projekt haben sich zwei Kinderheime beteiligt. Ein Kinderheim befindet sich in der selben Großstadt, in der alle übrigen Interviews geführt wurden. Es liegt in einem sozialen Brennpunkt, einer weniger beliebten Wohngegend. Das Kinderheim besteht seit 1966, der Träger ist der Sozialdienst katholischer Frauen e.V. Es gibt insgesamt drei Heim- und drei Tagesgruppen. Doch an die Institution gliedern sich auch weitere Angebote für Familien mit Kindern (Beratungsstelle, therapeutischer Dienst, psychosoziale Ambulanz, Krabbelstube, betreutes Wohnen). Die befragten Kinder leben alle in den Heimgruppen. Es gibt zwei Kinderheimgruppen (Alter: 5-14 Jahre) und eine Heimgruppe für Jugendliche (ab dem 12. Lebensjahr). Über drei Etagen verteilt befinden sich die Wohnungen der Heimgruppen in einem vierstöckigen Haus. Im Innenhof gibt es ein kleines Grüngelände. Das Erscheinungsbild der Einrichtung ist demnach stark geprägt vom großstädtischen Umfeld. Im Heimbereich werden insgesamt 11 Mädchen und 15 Jungen betreut. Die Kinder sind zwischen 6 und 17 Jahren und im Durchschnitt 10 Jahre alt. In jeder Heimgruppe arbeiten vier MitarbeiterInnen (ErzieherInnen, SozialpädagogInnen, Diplom-PädagogInnen) und eine Jahrespraktikantin/ein Jahrespraktikant. Im gesamten Heimbereich arbeiten demnach 15 MitarbeiterInnen im Gruppendienst, davon nur ein männlicher Mitarbeiter. Die MitarbeiterInnen sind durchschnittlich 28 Jahre alt (22-37 Jahre). Unter einem Vorstand und der Geschäftsführung teilt sich die Leitung in zwei Bereiche. Die eine Abteilungsleitung ist für die ambulanten Hilfen und die Erziehungsleitung der Heimgruppen zuständig, die andere Abteilungsleitung kümmert sich um die Erziehungsleitung der Tagesgruppen, die Beratungsdienste und die Verwaltung (Stand Herbst 2000).

Die andere Einrichtung befindet sich in einer Kleinstadt in etwa 40 km Entfernung von der Großstadt, in der alle übrigen Interviews stattfanden, und ist wesentlich größer als die oben beschriebene Einrichtung. Diese zweite Einrichtung existiert seit 1888 und hat eine sehr ereignisreiche Geschichte. Heute ist der Landeswohlfahrtsverband der Träger dieser Einrichtung. Seit 1995 ist sie als Eigenbetrieb tätig. Es gibt 13 Heim- und 6 Tagesgruppen. Daneben gibt es vielfältige andere pädagogische Angebote (2 Schulen für Erziehungshilfen, eine Schule für Lernhilfe). Alle übergreifenden Dienste wie Musiktherapie, Sporterziehung, Logopädie etc. werden inzwischen jedoch extern bezogen. Die Größe der Institution fällt im Kontakt mit den einzelnen Heimgruppen jedoch nicht auf. Über das Stadtgebiet verteilt lebt jede Kindergruppe in einem eigenen Haus, wobei sich zum Teil auch drei Häuser auf einem großen Gemeinschaftsgrundstück befinden. Es gibt ausreichend Grünfläche. In jeder Heimgruppe leben 7-10 Kinder. Die Kinder sind zwischen 3 und 20 Jahren alt, im Durchschnitt 13,3 Jahre. Zu zwei Drittel werden in den Heimgruppen Jungen und nur zu einem Drittel Mädchen betreut. Der MitarbeiterInnen-Kinder-Schlüssel liegt bei 1:1,8. Die MitarbeiterInnen im Gruppendienst sind zwischen 24 und 61 Jahren und im Durchschnitt 39 Jahre alt. Neben 16 Hauswirtschaftskräften arbeiten im Heimbereich 13 Mitarbeiter (19,7%) und 53 Mitarbeiterinnen (80,3%). Es gibt eine kollegiale Leitung, die für die verschiedenen Arbeitsgebiete Bereichsleitungen vorsieht. Es wird großer Wert auf Eigenverantwortung im Team gelegt. Die einzelnen Heimgruppen genießen weitgehende Autonomie. Daneben gibt es GruppenleiterInnentreffen und eine Bereichsleitung für den Heimbereich. Für die Zukunft strebt diese Institution weitere Dezentralisierungen in Form von regionaler Expansion an, so daß wohnortnähere Unterbringungen der Kinder möglich werden (Stand Herbst 2001).

4.3 Beurteilung der Interviewsituationen

Alle Interviews in den Heimgruppen fanden unter gleichen Bedingungen statt. Nach einem ersten Kennenlernen in den Gruppenräumen konnten die Interviews in den Zimmern der Kinder zumeist ungestört durchgeführt werden. Es waren nie andere Kinder oder ErzieherInnen anwesend. Die meisten Kinder waren recht vertrauensselig, boten mir einen Platz an ihrer Seite an und waren oftmals sichtlich erfreut über die ungeteilte Aufmerksamkeit. Teilweise änderte sich das im Verlauf des Interviews, sobald ihre Konzentration nachließ, das Interview - obwohl als 20-30 minütig angekündigt - nach beispielsweise 15 Minuten doch schon anstrengend wurde. Meist halfen aber die Spielhandlungen und das Malen, das kontinuierliche Interesse der Kinder aufrecht zu erhalten. Viele Kinder wollten mich nach dem Interview nicht gehen lassen, manche klammerten sich regelrecht an mich. Es gab aber auch Kinder, die weniger zutraulich waren. Ein Junge wollte beispielsweise, daß ich mich zu Beginn des Interviews in die seinem Sitzplatz weit entfernte gegenüberliegende Zimmerseite setze. Doch spätestens bei der Frage nach der Familienkonstellation, bei der die Kinder die Biegepuppen zur Hilfe nahmen, taute die Atmosphäre auf.

Die Rahmenbedingungen der Interviewsituationen waren von daher sehr einheitlich. Wie aber ich den Kindergruppen vorgestellt wurde, gestaltete sich von Gruppe zu Gruppe verschieden. Manchmal lernte ich die gesamte Kindergruppe kennen und in dieser meldeten sich dann die Kinder, die im Alter von 6 bis 12/13 Jahren waren und Lust auf ein Interview hatten. In den Gruppen mit größerer Altersmischung wurden zumeist die vom Alter her passenden Kinder schon im Vorfeld von den Bezugspersonen auf das Interview hingewiesen und ich habe mich dann nur dieser schon ausgewählten Gruppe vorgestellt. Es gab aber auch Gruppen, in denen ich immer nur den jeweiligen einzelnen Kindern vorgestellt wurde und dann recht schnell mit den Kindern in ihren Zimmern verschwinden sollte. In einer Gruppe hatten die ErzieherInnen es versäumt, den Kindern zuvor von meinem Vorhaben zu berichten. Dennoch stellten sich die Kinder flexibel auf die Interviewsituation ein. Zu bedenken ist bei den Kinderheim-Interviews, daß diese Kinder schon sehr interviewerfahren sind. Durch die vielen Hilfeplangespräche und therapeutischen Maßnahmen stellt die Interviewsituation für sie nichts Neues da. Es wird jedoch auch schnell die Assoziation von Hilfeplangesprächen und psychologischen Tests geweckt. Von daher wurde besonderer Wert darauf gelegt, den Kindern zu erläutern, daß diese Befragung in keinerlei Zusammenhang mit dem Kinderheim steht und die Informationen keinesfalls für die Heimleitung oder die Bezugspersonen seien.

Eine andere Besonderheit dieser Interviews mit Heimkindern war, daß die Kinder zumeist wenig wortgewandt waren und zum Teil Schwierigkeiten hatten, die Fragen zu verstehen und zu beantworten. Dennoch geben die Interviews interessante Einblicke in die Welt der Kinder und deren Beziehung zu ihren Großeltern. Trotz des zum Teil eingeschränkten Wortschatzes wird ersichtlich, welchen Stellenwert Familien und Großeltern im Leben der Kinder spielen. Interessant ist diesbezüglich ein Vergleich der Angaben von Geschwisterkindern. Hier zeigen sich Übereinstimmungen hinsichtlich des familialen Settings und der familialen Atmosphäre. Auch mit zum Teil wenigen Worten der Kinder läßt sich von daher die familiale Stimmungslage und die Einstellung zu den Großeltern erkunden.

4.4 Sample

Die befragten Kinder sind zu 70% männlich und zu 30% weiblich. Das hängt damit zusammen, daß in beiden Kinderheimen - dem bundesdeutschen Durchschnitt entsprechend - mehr Jungen als Mädchen leben. In dem einen Kinderheim leben zu etwa 40%, in dem anderen sogar nur zu etwa 30% Mädchen. Von den befragten Kindern sind 93,3% deutscher Nationalität und 6,7% türkischer Herkunft. Die Kinder sind im Schnitt 10 1/2 Jahre alt. Zu 33,3% wurden 10-jährige und zu 23,3% 12-jährige Kinder befragt. Jeweils 10% der Kinder sind 9, 11 bzw. 13 Jahre und zwei Kinder sind 8 Jahre alt. 6 und 7 Jahre ist jeweils ein Kind. Manche Kinder leben erst seit wenigen Monaten und andere seit 5 oder 6 Jahren im Kinderheim. 60% der Kinder leben seit weniger als 2 Jahren, 26,6% seit 2 bis unter 4 Jahren und 23,3% seit 4 bis unter 7 Jahren im Kinderheim.

4.5 Familienverständnis

Die Kinder in Kinderheimen nennen im Durchschnitt sechs Familienmitglieder. 40% der Kinder geben sieben bis neun Familienmitglieder an, 23,3% benennen sechs, 26,7% fünf oder vier und nur 10% drei Familienmitglieder.

93,3% dieser Kinder benennen Geschwister, 70% bedenken ihre Großeltern, 30% ihre Tanten, Onkel und/oder Cousinen. 70% der Kinder berücksichtigen bei ihren Aufzählungen drei und 30% zwei familiale Generationen. 6,7% zählen Tiere und 3,3% Freunde mit zur Familie. Bei diesen Angaben ist zu bedenken, daß sie die Wahrnehmungen und sicherlich auch teilweise die Wunschvorstellungen der Kinder von ihren Familien spiegeln. So kommt es vor, daß beispielsweise ein Kind den leiblichen Vater, der mit der leiblichen Mutter und der Schwester zusammenlebt, nicht zur Familie zählt oder ein Kind die Mutter zwar erwähnt, aber für diese keine Figur (Biegepuppe) aufstellen möchte. Andere Kinder wiederum zählen einen Elternteil ohne Zögern zur Familie, auch wenn sie diese Mutter oder diesen Vater schon sehr lange - z.B. seit mehreren Jahren - nicht mehr gesehen haben. Ein weiteres Mädchen benennt sich selbst, ihre Schwester, die Oma, die Mutter (die sich aber seit 6 Monaten nicht mehr gemeldet hat und von der niemand weiß, wo sie sich aufhält). Ihren Vater und Großvater kennt sie nicht und der Vater ihrer Schwester, die mit ihr zusammen in der selben Kindergruppe lebt, gehört ihres Erachtens nicht zur Familie. Ein anderer Junge zählt ohne zu zögern seine kleine und seine große Schwester, seine beiden Brüder, seine Mutter und seinen Vater auf. Im folgenden Gespräch erfahre ich, daß er seinen Vater seit Jahren nicht gesehen und keinerlei Ahnung hat, wie es seinen Brüdern geht. Diese leben seit Jahren bei Pflegeeltern, er hat keinen Kontakt mehr zu ihnen. Während einige Kinder also gern auch Geschwister aufzählen, zu denen sie keinen Kontakt mehr haben, verdrängt ein Mädchen sämtliche Geschwister. Erst auf mein Nachfragen erfahre ich, daß sie 4 Geschwister hat. Mehrfach kommen Aussagen wie beispielsweise „ach, meine kleine Schwester, die hätte ich ja beinahe vergessen" oder „meinen Vater vergeß' ich immer, weil der so lange nicht bei mir war". Ein Junge benennt folgende Familienmitglieder: „ich, meine Oma und mein Opa, mein 14jähriger Bruder, der lebt bei meiner Oma und meinem Opa, meinen Cousin, 2 Onkel, meine Mutter ist vor 1 ½ Jahren gestorben und mein Papi, da weiß ich nicht, wo die Sau ist, zu dem habe ich keinen Kontakt mehr". Nur ein Kind reagiert auf die Frage, wer zu der Familie des Kindes gehört mit der Nachfrage „Hier im Heim?". Ansonsten hat es kein weiteres Kind in Erwägung gezogen, die Kinderheimgruppe als Familie zu definieren. Alle übrigen Kinder verstehen nach wie vor ihre Herkunftsfamilie als ihre Familie, während die Heimgruppe als ein Übergangsstadium gesehen wird. Die meisten Kinder scheinen sehr an ihren Herkunftsfamilien zu hängen, sie verherrlichen sie geradezu. Sie erzählen gern und ausführlich, was sie zu Hause alles haben, was sie alles dürfen.

4.6 Bedingungen und Kontexte bei Großeltern-Enkel-Kontakten

Wohnortentfernung und Kontakthäufigkeit
Allen befragten Kindern sind ihre Großeltern oder zumindest ein Großelternteil bekannt. 36,7% der Kinder geben eine Großmutter und einen Großvater und 13,3% sogar zwei Großmütter und zwei Großväter an, während 23,3% nur noch eine Großmutter benennen. Ein Großvater wird zu 6,7% und zwei Großmütter, eine Großmutter und zwei Großväter sowie zwei Großmütter und ein Großvater von je einem Kind genannt. Zu 10% existieren kaum durchsichtige Großelternkonstellationen, wie beispielsweise verschiedene Stiefgroßeltern- und/oder Pflegegroßeltern-Konstellationen. Obwohl es für Kinder immer sehr schwierig ist, Altersangaben zu machen, entsteht der Eindruck, daß diese Großeltern zum Teil noch recht jung sind. Manche Kinder erinnern sich beispielsweise an den gerade stattgefundenen 50. Geburtstag der Großmutter oder betonen auch von sich aus, daß ihre Großmutter beispielsweise erst 53 Jahre alt ist.

Bei ihren Angaben sollten sich die Kinder auf eine Großmutter oder einen Großvater konzentrieren, da das Beantworten aller Fragen für jeweils jeden Großelternteil viel zu komplex gewesen wäre. Die Kinder bevorzugen hier, sofern sie die Wahl zwischen verschiedenen Großelternteilen mit unterschiedlicher Wohnortentfernung haben, den näher bei ihnen lebenden Großelternteil. Die Aussagen der Kinder beziehen sich bei 40% der Kinder auf Großmütter, bei nur 6,7% auf Großväter und 53,3% der Kinder wollten sich nicht auf ein Großelternteil festlegen und haben bei ihren Angaben ein bestimmtes Großelternpaar im Sinn. Die Großeltern leben zu 60% in etwa halbstündiger Autoentfernung zum Wohnort der Kinder, also dem Kinderheim. Näher wohnt kein Großelternteil. 20% leben in über halb- bis einstündiger und je 6,7% in über ein- bis zweistündiger bzw. über zwei- bis dreistündiger Autoentfernung. Je 3,3% der Großeltern wohnen in über dreistündiger Autoentfernung in Deutschland bzw. im Ausland.

Die Kinder geben zu 40% an, sie sehen ihre Großeltern ein- bis zweimal im Monat, zu 16,7% nur an Festtagen, zu 16,7% eher selten, aber in den Ferien, zu 3,3% alle paar Monate und zu 6,7% ein- bis zweimal in der Woche. Wie bei allen Angaben geht es auch hier um die Wahrnehmung der Kinder, die wohl zum Teil durch Wunschdenken eingefärbt ist. Zumindest bei der Angabe ein- bis zweimal in der Woche scheint dies in der Realität nicht zuzutreffen, verläßt man sich auf die Schilderungen der Bezugspersonen. Zu 16,7% gibt es sonstige Angaben, wie z.B. „schon seit einem Jahr nicht mehr gesehen; nicht so oft, früher habe ich noch bei Oma gepennt; weiß nicht, ab und zu mal; selten, weil ich die nie besuchen will".

Mit den genannten Kontakthäufigkeiten sind 26,7% der Kinder zufrieden, während sich gut die Hälfte der Kinder (53,3%) häufigere Kontakte zu ihren

Großeltern, aber auch 13,3% seltenere (darunter auch: „besser gar nicht mehr sehen") Kontakte wünschen. Zu 6,7% gibt es sonstige Angaben wie: „ist mir egal, meine Eltern und meine Schwester will ich häufiger sehen, ich will wieder ganz nach Hause". Einem Mädchen fehlt zur Beantwortung der Frage das Vorstellungsvermögen, wie es wäre, die Großeltern häufiger zu sehen. Oftmals scheinen die Kinder mit häufigeren Kontakten zu den Großeltern einen Gewinn an Normalität, ein „Mehr" an Familie zu verbinden. Ein Mädchen äußert: „Ich möchte meine Großmutter alle fünf Tage sehen, wie jedes normale Kind". Von den Kindern, die sich häufigere Großelternkontakte wünschen, möchten die meisten (35%) ihre Großeltern sogar täglich sehen und 30% wünschen sich Kontakte ein- bis zweimal in der Woche. Spiegelt dieses Verlangen nach so häufigen Großelternkontakten den Wunsch der Kinder nach insgesamt mehr Familieninteraktion wider? Jedenfalls sehen sich diese Kindern nach familialen Kontakten und wären auch an häufigen bzw. häufigeren Großelternkontakten sehr interessiert.

Großeltern-Enkel-Kontakte mit/ohne Eltern
Wie aber gestalten sich die realen Kontakte zwischen Großeltern und Enkelkindern, die im Heim leben? 43,3% der befragten Kinder sehen ihre Großeltern fast immer gemeinsam mit den Eltern, 23,3% häufiger mit Eltern, 16,7% gleichhäufig mit/ohne Eltern und zu ebenso 16,7% fast immer ohne Eltern. Nach den Wünschen gefragt, favorisiert gut die Hälfte der Kinder bei den Treffen mit den Großeltern die Anwesenheit der Eltern. Immerhin knapp ein Viertel der Kinder bevorzugt jedoch die Großeltern ohne die Anwesenheit der Eltern zu sehen. Die übrigen Kinder können sich nicht für die eine oder die andere Variante entscheiden, ihnen ist es egal, ob sie die Großeltern gemeinsam mit oder ohne ihre Eltern sehen.

Treffpunkte bei Großeltern-Enkel-Kontakten
Die Treffen von Großeltern und Enkelkindern, die im Heim leben, finden bei nur einem Kind vorrangig im Heim statt. Viele Kinder kommentieren diese Fragestellung etwas enttäuscht dahingehend, daß die Großeltern sie noch nie im Heim besucht haben. 80% der Kinder sehen die Großeltern vorrangig zu Hause bei diesen, 10% der Kinder treffen die Großeltern sowohl im Heim als auch zu Hause bei den Großeltern und zwei Kinder geben andere Orte - bestimmte Ausflugsziele oder bei der Mutter zu Hause - als Treffpunkte an. Bei diesen Angaben zum Treffpunkt kann vermutet werden, daß bei den Großeltern zu Hause teilweise auch bei den Eltern zu Hause impliziert. Während der Interviews entstand der Eindruck, daß sich diese Angaben bei den Kindern teilweise vermischten. Zu Hause steht möglicherweise sowohl für bei den Großeltern als auch bei den El-

tern zu Hause, für familiale Kontakte jenseits des Heimes. Bei den Wünschen der Kinder zum Treffpunkt mit den Großeltern bevorzugen 56,7% das zu Hause der Großeltern. Allerdings würden 13,3% es favorisieren, von den Großeltern im Heim besucht zu werden. Für zwei Kinder ist der Treffpunkt unwesentlich, weitere zwei Kinder wünschen sich Ausflüge und Unternehmungen. 16,7% der Kinder äußern andere Angaben, wie beispielsweise: „weiß nicht, will sie gar nicht mehr sehen; egal, Opa ist mir unwichtig, ich will nach Hause zu meiner Mutter; weiß nicht, die motzen ja immer nur; weiß nicht, bin öfter auch bei meiner Tante, weiß aber nicht wo die wohnt, in Hanau, glaube ich". An solchen Äußerungen zeigt sich das Desinteresse der Kinder an Kontakten mit den Großeltern bzw. der diesbezüglich kaum vorhandene Erfahrungshorizont.

4.7   Gestaltung der Großeltern-Enkel-Beziehung

Wie aber verbringen diese Kinder, die im Kinderheim leben, die gemeinsame Zeit mit den Großeltern? Werden bei diesen Besuchen besondere Aktivitäten unternommen oder erleben die Kinder eher den Alltag der Großeltern? Welche Bedeutung spielt hierbei die direkte Interaktion zwischen Enkeln und Großeltern? Auf die Frage, was die Kinder gemeinsam mit ihren Großeltern machen, antworten 20% der Kinder mit „nichts" oder „fast nichts". Von diesen gibt jedoch trotzdem etwa ein Drittel einige Aktivitäten an, die sie gemeinsam mit ihren Großeltern unternehmen. Diese scheinen von den Kindern aber als nichts bzw. fast nichts wahrgenommen zu werden. 53,3% der Kinderangaben beziehen sich auf Interaktionen mit ihren Großeltern, also beispielsweise „Spiele spielen, spazieren gehen, zusammen auf die Kerb gehen, mit Opa zum See fahren, essen, in Freizeitparks gehen, reden, auf Spielplätze gehen". 33,3% der Kinder benennen sowohl Aktivitäten, die sie gemeinsam mit ihren Großeltern machen, als auch solche, die sie ohne die Großeltern machen (wie beispielsweise TV gucken). Kein Kind gibt ausschließlich Aktivitäten an, die es ohne die Großeltern durchführt. Die Kinder nennen zu 50% vorrangig Außen-Aktivitäten, zu 13,3% vorrangig Innen-Aktivitäten und zu 23,3% sowohl Innen- als auch Außen-Aktivitäten (13,3% der Kinder sagen nichts). Es dominieren mit 60% eindeutig die alltäglichen Aktivitäten gegenüber besonderen Ausflügen (3,3%). Beides - sowohl Ausflüge als auch Alltägliches - wird von 23,3% der Kinder benannt. Die Bedeutung neuer Lebenswelten, die sich für Kinder im Kontakt mit den Großeltern erschließen, kann für 36,7% der Enkelkinder als groß, für 33,3% als mittel und für 16,7% als gering bezeichnet werden. Auch hierbei sind die 13,3% der Kinder nicht zu vergessen, deren Äußerungen zufolge sie gar nichts mit ihren Großeltern machen und die hierzu keinerlei Angaben liefern. Auffallend ist zudem die Bedeutung des Essens in diesem generationenübergreifenden familialen Kontext. 40% der befragten Kinder erwähnen das Thema essen bzw. kochen.

Inwiefern stehen diese Aktivitäten, die Enkel gemeinsam mit ihren Großeltern erleben, im Einklang mit den von Enkeln favorisierten Beschäftigungen mit den Großeltern? Auf die Frage, was die Kinder mit ihren Großeltern besonders gerne machen, können gut 25% der Kinder keine Antwort geben, da sie nichts mit ihren Großeltern besonders gern machen bzw. sich an nichts erinnern können. Ihnen steht scheinbar kein Erfahrungsschatz an positiven Erlebnissen mit den Großeltern zur Verfügung. 46,7% der Kinder benennen hierzu Vorlieben, die sich auf Interaktionen mit den Großeltern beziehen, wie z.B. „mit Oma kochen, mit Oma Inliner fahren, Ausflüge, mit Oma auf Spielplatz gehen". Auf den von den Kindern dazu gemalten Bildern stehen jedoch oftmals die Aktivitäten und nicht die Personen im Vordergrund. Bei „auf die Kerb gehen" wird beispielsweise sehr detailliert ein Karussell gemalt, in dem aber gar keine Menschen sind. Es geben zudem 26,7% der Kinder Aktivitäten an, die keine Interaktionen mit den Großeltern einschließen (z.B. TV gucken, mit Playmobilautos spielen, mit Katze kuscheln, im Wald Waldhütten bauen). Bei 30% der Kinder beziehen sich diese Lieblingsbeschäftigungen auf den Innen- und bei 36,7% auf den Außenbereich. Zu 6,7% sind sowohl Innen- als auch Außenbereich betroffen (26,6% keine Angaben, da es keine Lieblingsbeschäftigungen gibt). In Anlehnung an die Angaben bei den Aktivitäten generell befürworten auch hier 60% der Kinder alltägliche Unternehmungen, 6,7% favorisieren Ausflüge und ebenfalls 6,7% beides. Dementsprechend ist die Bedeutung neuer räumlicher Lebenswelten bei 50% der Kinder als eher gering, bei 20% als mittel und bei nur 3,3% als groß zu bezeichnen. Bei 10% der Kindern stellt das essen/kochen eine Lieblingsbeschäftigung mit Großeltern dar.

Dahingehend gefragt, was Kinder, die im Kinderheim leben, mit ihren Großeltern gern einmal machen würden, wenn sie sich etwas wünschen dürften, geben wieder 26,6% der Kinder nichts an. Vorrangig beziehen sich die Ideen der übrigen Kinder auf Ausflüge und besondere Erlebnisse. Sie möchten gemeinsam mit den Großeltern neue Welten entdecken (36,7%): „in den Hansapark gehen; in einen Park gehen, Holidaypark, Legoland oder auf eine Burg gehen; in die Ferien fahren". Immerhin 26,7% der Kinder möchte jedoch die Großeltern verstärkt in die eigene Welt integrieren („ich möchte, daß meine Oma am Freitag an meinem Geburtstag mit ins 3-D-Kino kommen würde, doch sie ist gesundheitlich nicht so fit, würde wahrscheinlich so eine Brille auch nicht aufsetzen; Oma mit mir zum Schwimmen kommt, doch sie kann nicht schwimmen; mit einem ferngesteuerten Motorboot spielen und Rennen fahren"). Einigen Kindern (16,7%) ist bei diesen Äußerungen jedoch auch die Familienzusammenführung wichtig, sie wünschen sich z.B.: „mit Oma zu Großonkel Harry fahren, das ist der Bruder von Oma, aber der wohnt weit weg; Oma soll sich wieder bei meiner Mama entschuldigen, die sind verstritten, deshalb will ich Oma auch nicht mehr sehen; mit Oma und ganzer Familie mal verreisen, wohin fliegen; zusammen etwas mit Oma und Opa machen, die sind ja getrennt, Fahrrad fahren mit Oma und Opa und Mama". Zu etwa 50% hat bei den Kindern jedoch das Erlebnis, die Unternehmung - von Wanderung, Fahrradtour, mit Opa Mofa fahren bis zum gemeinsamen Urlaub oder den oftmals begehrten Ausflug in einen Vergnügungspark - Vorrang.

In diesem Kontext von gemeinsamen Aktivitäten stellt sich auch die Frage, was Kinder mit ihren Großeltern weniger gern machen. Haben Kinder an ihren Großeltern auch etwas auszusetzen, üben sie Kritik? 43,3% der Kinder geben allerdings nichts an, was sie mit ihren Großeltern weniger gern unternehmen. Hierunter sind zu 13,3% jedoch auch jene Kinder, die mit ihren Großeltern nichts machen und auch keine Lieblingsaktivität angeben. 56,7% der Kinder geben etwas an, was sie bei oder mit ihren Großeltern weniger gerne machen. Diese Angaben reichen von großer Langeweile bei den Großeltern, Verboten und Vorschriften der Großeltern („Opa gibt immer so Anweisungen, Opa verbietet spielen im Garten, das nervt; Oma sagt immer „paß auf das Blumenbeet auf, paß auf das Gemüsebeet auf", das sagt sie immer und immer wieder") bis zu ernsthaften Problemen wie beispielsweise der hohe Alkoholkonsum der Großmutter („daß sie immer Alkohol trinkt und daß sie meine Mutter geschlagen hat, daß ist noch schlimmer als das sie mich geschlagen hat"). Die Kritik an den Großeltern bezieht sich zu 40% auf Eigenheiten der Großeltern („die motzen immer, Opa gibt immer so Anweisungen") und zu 33,3% auf bestimmte Tätigkeiten der Großeltern („der Opa raucht immer, der Qualm stinkt; Opa hat einen Kuscheltier-Bär, der FC Bayern München Musik spielt, den macht er ständig an, dann muß man die ganze Zeit das Lied hören"). 13,3% der Angaben nehmen sowohl auf Eigenheiten als auch auf bestimmte Tätigkeiten Bezug, wobei einige dieser Angaben etwas unklar bleiben. Es entsteht der Eindruck, daß einige Kinder die Frage kaum beantworten können, da ihnen ein nur schwaches Bild von ihren Großeltern vorschwebt. Diese Kinder verlieren sich dann in Details, die weniger mit ihren Großeltern als mit Begebenheiten, die sie gemeinsam mit ihren Großeltern erlebt haben, zusammenhängen. Ein Kind antwortet auf die Frage, was es mit den Großeltern weniger gern macht „eklig schmeckende Cola kaufen", was ihr beim letzten Besuch bei der Großmutter passiert ist. Ein anderes Kind verbindet mit den Großeltern „nach Berkersheim fahren ist doof, da gibt's keine S-Bahn". Es scheint jedoch zuzutreffen, daß die Mehrheit der Kinder auch positive Erinnerungen an die Großeltern hat. Die eher wenig facettenreichen Darstellungen dieser Erinnerungen wecken allerdings den Eindruck, daß nur wenige Kinder ein lebhaftes Bild von ihren Großeltern vor Augen haben. Die Angaben der Kinder klingen oftmals schemenhaft, die Aktivität steht hierbei stärker im Vordergrund als das Beisammensein mit den Großeltern.

4.8 Vergleich zwischen dem Leben im Heim und bei den Großeltern

Gut die Hälfte der Kinder vertritt die Ansicht, daß es bei ihren Großeltern zu Hause völlig anders als im Heim sei, während 30% der Kinder diese zwei Lebensfelder als nur teilweise unterschiedlich empfinden. Knapp 15% der Kinder erkennen beim Vergleich vom Leben im Heim und bei den Großeltern gar keine Unterschiede. Von den Kindern, die Unterschiede benennen, sind 32% der Ansicht, daß die Großeltern mehr erlauben als die Bezugspersonen im Heim („zu Hause ist alles lockerer, hier gibt es nur Regeln; da (bei Großeltern) darf ich mehr raus, kann dort länger wach bleiben; darf ich auf Polstern rumtoben, darf alleine raus; darf ich mehr TV gucken"). 20% geben als Unterschied an, daß sie bei den Großeltern andere Spiele spielen und andere Unternehmungen machen als im Kinderheim (z.B.: „bei Oma spiele ich mehr mit Autos, da habe ich auch mehr Zeit; da (bei Großeltern) gehen wir manchmal in den Wald, im Heim spiele ich mehr Fußball, zu Hause hänge ich mehr rum"). 16% der Kinder bemerken bei den Großeltern mehr Ruhe als in der Heimgruppe: „da ist niemand, der ganz laut ist, da habe ich mehr Ruhe; nicht so viele Kinder, mehr Ruhe; die Wohnung bei der Oma ist stiller, ruhiger". Doch auch negative Eigenheiten der Großeltern bis hin zu Ängsten vor den Großeltern werden von den Kindern erwähnt (16%). Beispiele hierfür sind: „meine Großeltern sind motzig, hier im Heim ist niemand motzig; im Heim ist es besser als bei Oma, im Heim brauch' ich keine Angst zu haben, daß mich jemand schlägt oder daß jemand Alkohol trinkt; bei jedem bißchen wird man von Oma und Opa angemeckert, in X (Stadt, in der sich das Kinderheim befindet) habe ich Freunde, hier darf ich meine Musik aufdrehen". Knapp 10% der Kinder betonen, daß die Großeltern netter seien und es ihnen von daher bei den Großeltern besser gefällt als im Heim. Ebenfalls knapp 10% der Kinder können sich zu dieser Fragestellung keine Meinung bilden, ihnen scheint das Vorstellungsvermögen zu fehlen, einen solchen Vergleich vorzunehmen.

Bei dieser offenen Fragestellung zum Vergleich der Lebenskontexte bei den Großeltern und im Heim äußern 32% der Kinder, von jenen, die Unterschiede benennen, und 27,6% aller befragten Kinder, daß die Großeltern mehr erlauben. Auf die explizite Nachfrage, ob ihnen von den Großeltern eher mehr oder weniger als im Heim erlaubt wird, antworten die Kinder zu 76,7% mit „eher mehr". Nur 13,3% meinen, im Heim mehr zu dürfen und 10% sehen keinen Unterschied.

Die Mehrheit der im Kinderheim lebenden Kinder realisiert demnach Unterschiede beim Vergleich des institutionellen Lebensfeldes Heim und dem Lebensumfeld bei ihren Großeltern, der alten Generation im familialen Kontext. Die Vor- und Nachteile dieser beiden Lebensbereiche werden aus Kindersicht differenziert und kritisch beurteilt.

4.9 Bedeutung und Intensität der Großeltern-Enkel-Beziehung

Wie nehmen Kinderheimkinder ihre Enkelkindrolle wahr? Überwiegen hier positive oder negative Empfindungen? Gut 50% der Kinder geben an, daß sie sehr gern ein Enkelkind sind. Auf einer eins- bis fünfstufigen Skala - von sehr gern bis weniger gern - entscheiden sie sich für den Skalenwert 1. 13,3% kreuzen bei 2, 20% bei 3, 10% bei 5 und für ein Mädchen ist diese Frage jenseits ihres Vorstellungsvermögens. Damit entscheiden sich gut 65% der Kinder für 1 oder 2, d.h. eine positive Wertschätzung der Enkelrolle. Die durchschnittliche Bewertung liegt bei 1,90. Welche Argumente führen die Kinder an, um ihre Entscheidung zu begründen? In Anlehnung an die auf der fünfstufigen Skala gewählten Bewertungen gibt die Mehrheit der Kinder positive Begründungen zur Beurteilung der Enkelrolle an. Allerdings sind es mit 46,4% weniger Kinder als die etwa 65% der Kinder, die sich für den Skalenwert 1 oder 2 entschieden haben. Immerhin gut 20% der Kinder äußern negative Aspekte und bei 25% ist es nicht entscheidbar, ob die Aussagen positiv oder negativ zu bewerten sind (7,1% weiß nicht). Nicht entscheidbar sind beispielsweise Aussagen wie „weil es mal so ist; will gerne Kind sein, nicht so erwachsen; ich sie einfach so wenig sehe; irgendwie macht es mir nichts aus, aber manchmal finde ich es irgendwie komisch, wieso man Enkelkind ist, man könnte doch ein ganz normales Kind sein". Diese Antworten veranschaulichen, daß den Kindern der Begriff Enkelkind teilweise unklar war. Auch meine Erklärungen konnten da nur wenig helfen. Von diesen mehrdeutigen Äußerungen heben sich die negativen Begründungen der Kinder klar ab. 14,3% der Kinder beklagen sich über negative Eigenheiten der Großeltern, wie deren Schimpfen und Motzen, deren Bestrafungen. Zwei Kinder haben Angst vor den Schlägen der Großeltern („weil ich Angst vor Oma habe, daß sie mich noch mal schlägt, daß sie ausrastet; wenn man was Kleines anstellt, schlägt er gleich, finde ich Kacke ...") und ein Kind scheut das Umfeld bei den Großeltern, d.h. die vielen Onkel, die bei den Großeltern leben. Eindeutig positive Argumentationen gab es jedoch auch. Diese Kinder wertschätzen die Großeltern, weil sie lieb/nett sind (25%), eine Bezugsperson/Vertrauensperson für die Kinder darstellen (10,7%), Geschenke verteilen (3,6%), Spaß bereiten (3,6%). Insbesondere die nette bzw. liebe Zuwendung der Großeltern („weil meine Oma ganz nett ist; weil Oma lieb ist; weil Oma nett ist und mit mir viele Sachen macht; ich habe jetzt eine nettere Oma als vorher, die andere hat immer mich und Mama angemeckert, jetzt darf ich bis 11 Uhr aufbleiben, bei der anderen durfte ich nur bis 10 Uhr aufbleiben; meine Oma ist nett, die gefällt mir"), aber auch die Vertrauenswürdigkeit/Zuverlässigkeit der Großeltern „Oma und Opa kümmern sich gut um mich; weil ich immer gut behandelt werde" heben die Kinder positiv hervor. Während demnach gut ein Fünftel der Kinder zum Teil erschreckend negative Erläuterungen zur Wert- bzw. Nichtwertschätzung der Großeltern abgibt, äußern gut 40% der Kinder positive Aspekte ihrer Großeltern. Diese vermitteln den Eindruck, daß die Kinder gern zu den Großeltern gehen und von diesen Kontakten profitieren können. Die übrigen Antworten sind schwer zuzuordnen. Teilweise scheinen die Kinder die Frage und/oder den Begriff Enkelkind nicht zu verstehen. Die Unklarheit, die bei den Kindern bezüglich der Frage herrscht, scheint jedoch zum Teil auch dadurch gespeist zu werden, daß diese Kinder ein eher verschwommenes Bild von ihren Großeltern haben. Es sind vorrangig Kinder mit sehr seltenen Großelternkontakten, die hier unklare Antworten geben.

In Einklang mit diesen Ergebnissen stehen die Angaben der Kinder bei einer anderen Fragestellung. Sie wurden gefragt, was sie an Großeltern gut bzw. weniger gut finden. Auch hier wird deutlich, daß für im Heim lebende Kinder Großeltern als Vertauenspersonen fungieren können, die sich besonders durch Zuverlässigkeit auszeichnen; positiv besetzt sind, da sie eine Erweiterung des Familienkreises bedeuten, die Kinder mit den Großeltern Ausflüge, Unternehmungen, besondere Erlebnisse haben können, von den Großeltern Geschenke bekommen. Großeltern können aber auch Angst auslösen, weil sie die Enkel schlagen, beschimpfen, enttäuschen (durch ihre Unzuverläßlichkeit, Vergeßlichkeit). Inwiefern Großeltern-Enkel-Kontakte im Interesse der Heimkinder sind, bedarf von daher genauer Erwägungen. Es scheint jedoch, daß Kinder gut selbst beurteilen können, inwiefern Kontakte zu den Großeltern für sie ein Gewinn sind. Sie reflektieren, welche Vor- bzw. Nachteile Großelternkontakte für sie implizieren. Die kritisch-reflektierte Auseinandersetzung mit den Großeltern zeigt sich auch bei den Umschreibungen, die die Enkelkinder von ihren Großeltern liefern.

Diese Ergebnisse zur Auseinandersetzung mit den Großeltern bzw. der Enkelkindrolle finden sich auch bei einem anderen methodischen Zugang zum Thema bestätigt. Auf eher emotionaler Basis sollte hier über Beschreibungen der Enkelkinder von ihren Großeltern sowie über Wunschäußerungen an bzw. für die Großeltern die Intensität und Bedeutung der Großeltern-Enkel-Beziehung aus Sicht der Enkelkinder erhoben werden. Auf die Frage, wie die Kinder ihre Großeltern mit drei Wörtern/Adjektiven beschreiben würden, äußern wiederum gut 45% ausschließlich positive Aspekte („nett, kann gut Kuchen backen, hilfsbereit;

nett, gut, lieber als mein Papa (wenn er trinkt, ist er besoffen, dann schlägt er uns, auch wenn wir nichts gemacht haben, deshalb ist meine Mutter weg, der ruft nachts Frauen an); nett, großzügig, gut, freundlich, zuverlässig"), 10% überwiegend positive, 3,3% positive und negative Kriterien etwa gleichgewichtig und 6,7% überwiegend negative sowie 13,3% der Kinder ausschließlich negative Umschreibungen ihrer Großeltern („bescheuert, streng, grob, vergißt Sachen, manchmal zornig, böse, blöd, dumm, doof"). Zu 13,3% ist eine Zuordnung nicht entscheidbar. Diese Kinder konnten auf die Frage nicht reagieren, waren zu sehr mit anderen Gedanken beschäftigt „manchmal weine ich, manchmal nicht, abends denke ich viel an meine Katze und Hund, an Mama und Opa" oder die Kinder beschränken sich auf neutrale Beschreibungen wie „groß, er arbeitet, hat fünf Töchter, Stiefvater vom Vater". Zwei Kinder können gar keine Beschreibungen der Großeltern abliefern, je 36,7% nennen drei bzw. zwei Aspekte, 13,3% können nur eine Angaben machen und zwei Kinder äußern vier Beschreibungen. Um weitere Informationen zur Intensität der Großeltern-Enkel-Beziehung zu erlangen, wurden die Kinder am Ende des Interviews gebeten, einen Wunsch an ihre Großeltern und einen für ihre Großeltern zu äußern. Hierbei interessiert, wie individuell die Kinder diese Wünsche formulieren, neigen sie zu eher allgemeinen und oberflächlichen Angaben oder beziehen sie die spezifischen Kenntnisse, die sie über ihre Großeltern haben, mit in die Wunschäußerungen ein? Was wünschen sich die Enkelkinder von ihren Großeltern? Zu 33,3% werden hier materielle Wünsche, zu 60% immaterielle und zu 6,7% beides genannt. Bei den immateriellen Wünschen bezieht sich die Mehrheit der Angaben auf den Wunsch, daß die Großeltern die Kinder aus dem Heim holen sollen, damit die Kinder bei den Großeltern oder ihren Eltern wohnen können (26,7%): „wieder nach Hause können und alle zusammenleben; daß ich bei Oma wohne und nicht hier; daß sie mich aus dem Heim holen würde". Einige Kinder wünschen sich regeren Kontakt zu ihren Großeltern (10%): „daß sie jeden Tag kommen; daß sie hierherziehen". Weitere immaterielle Wünsche beziehen sich z.B. auf die Gesundheit der Großeltern „daß sie jünger ist, damit sie nicht stirbt, soll kein Krebs haben", Eigenheiten der Großeltern „daß sie sich ein bißchen verändern würde, daß sie lustig wird, nicht immer böse; daß sie netter wäre". Es werden auch recht phantastische immaterielle Wünsche benannt, wie z.B. „ daß sie mir unendlich lange Haare gibt; daß ich zaubern könnte". Die materiellen Wünsche sind breit gestreut: „Inline-Skater; ein ferngesteuertes Boot, Spielsachen, Roller mit zwei Rädern, wie jetzt alle haben; Fahrrad und Skateboard; noch 1000 Wünsche und dann ganz viele Autos, Modellautos". Insgesamt betrachtet sind die Wünsche der Kinderheimkinder an die Großeltern stark geprägt von dem Bedürfnis, nicht mehr im Heim leben zu müssen, die Familie zusammenzuführen, bei Eltern oder Großeltern leben zu können und der Sehnsucht nach regeren familialen Kontakten. Die Wünsche der Enkelkinder im Heim für ihre Großeltern sind zu 80% immateriell, zu 13,3% materiell und zu 3,3% beides. Ein Kind weiß keinen Wunsch für die Großeltern zu benennen. Die materiellen Wünsche beziehen sich ausschließlich auf einen Zugewinn an Geld für die Großeltern. Die Kinder wünschen ihren Großeltern beispielsweise viel Geld („weil die hat ganz wenig") oder einen tollen Lotto-Gewinn („weil sie tippt immer Lotto"). Die immateriellen Wünsche für die Großeltern sind mit 36,7% vor allem Gesundheitswünsche bzw. ein langes Leben. Immerhin 10% der Kinder wünschen sich die Versöhnung zwischen Eltern und Großeltern. Ansonsten nennen die Kindern beispielsweise folgende Wünsche für ihre Großeltern: „Glück, froh sein, weniger Ärger mit den Töchtern, daß ihre Kinder ein bißchen netter zu ihr sind". Ein Mädchen wünscht ihrer Großmutter: „daß sie nicht mehr vergeßlich ist, daß sie wieder weiß, wo ich wohne". Zwei Kinder sind wohl sehr enttäuscht von ihren Großeltern. Sie wünschen den Großeltern bzw. sich selbst, daß die Großeltern bald sterben. Die Spannbreite der Wünsche von Enkelkindern, die im Heim leben, für ihre Großeltern erscheint recht groß. Es wird deutlich, wie unterschiedlich die Beziehungsqualität bei den einzelnen Kindern und ihren Großeltern ist.

4.10 Alte Menschen im Kinderheim

Die bisherigen Ergebnisse haben gezeigt, daß der Kontakt zu Großeltern für Kinder bereichernd sein kann. Bei den Angaben der Kinderheimkinder, weshalb sie Großelternkontakte positiv bewerten, wird jedoch nicht auf das höhere Alter der Großeltern, deren Erfahrungsschatz oder andere Eigenheiten, die Altersspezifika darstellen, eingegangen. Eher entsteht der Eindruck, daß von den Kindern die individuelle Beziehung zu Erwachsenen und das Aufrechterhalten familialer Kontakte geschätzt werden. Es stellt sich somit die Frage, wie interessiert Kinderheimkinder an Kontakten zu alten Menschen sind. Sie wurden zum Abschluß des Interviews von daher gefragt, wie sie regelmäßige Kontakte zu alten Menschen, die zu Besuch ins Kinderheim kämen, mit denen sie sich zum Spielen treffen könnten etc., beurteilen würden. 56,7% der befragten Kinder bewerten diese Idee positiv. Sie würden sich freuen, wenn alte Menschen aus dem Wohnumfeld zu ihnen ins Heim kämen. Mehrheitlich würden sie mit den alten BesucherInnen spielen (52,9%) wollen, aber auch kleine alltägliche Ausflüge (in die Stadt gehen, bummeln, Eis essen, in den Wald gehen, zum Ententeich gehen) wären willkommene Abwechslungen. Bei einigen Antworten stellt sich jedoch die Frage, ob der Kontakt zu den alten Menschen oder die damit verbundenen Unternehmungen die Kinder begeistern. Anderseits muß sich das ja nicht gegenseitig ausschließen, sondern kann sich auch ergänzen bzw. aus dem vorerst bestehenden Interesse an kleinen Unternehmungen kann auch das Interesse an den Personen, mit denen diese Unternehmungen stattfinden, erwachsen. 30% der befragten Kinder lehnen Kontakte zu alten Menschen jedoch strikt ab. Die Begründungen hierfür sind zu 55,6%, daß sie mit Fremden nichts zu tun haben wollen „finde ich doof, die sind fremd, die kenne ich nicht, ich mag nur meine Oma; dumm, weil die dann fremd sind". Auf mein Nachfragen, wie es wäre, wenn sie die Alten schon etwas kennengelernt hätten, reagieren die Kinder zumeist unverändert. Ein Junge sagt: „Das ist trotzdem doof, dann denke ich, die sind fremd, die klauen hier was.". 22,2% der Kinder wollen sich nicht mit alten Leuten langweilen. Sie vertreten die Ansicht, daß Alte nur langweilig sein können „Finde ich nicht so toll, die sind langweilig; schrecklich, dann müssen wir die immer begrüßen und Kaffee trinken". Einige Kinder verbinden mit alten Leute viele Verbote. 13,3% der Kinder sehen die Fragestellung sehr differenziert, sie benennen sowohl Vor- als auch Nachteile, sind von daher unentschlossen, inwiefern sie Kontakte zu Alten befürworten sollen. Diese Kinder wollen beispielsweise nur Kontakte zu „fitten" alten Leuten, die nicht langweilig sind oder Alten, die nicht älter als 50 Jahre sind, weil 60-80jährige immer so ängstlich sind, was dann nerven würde. Ein Kind fände Kontakte zu Alten gut, wenn es selbst bestimmen darf, wann man sich sieht.

Bei immerhin gut der Hälfte der Kinder besteht demnach Offenheit für intergenerationelle Kontakte zu alten Menschen. Sicherlich wäre es jedoch sehr wichtig im Vorfeld zu klären, welche Rollen und welche Aufgaben alte Menschen im Kontakt zu Kinderheimkindern übernehmen können und wollen. Und auch mit den Kindern erscheinen solche Überlegungen sinnvoll.

4.11 Fallbeispiele

Fallbeispiele auszuwählen, fällt bei den Heimkindern besonders schwer. Es entsteht der Eindruck, daß jede Großeltern-Enkel-Beziehung - bedingt durch die größtenteils sehr komplizierten Familienstrukturen und zum Teil dramatische Biographien - von besonders außergewöhnlichen Bedingungen geprägt wurde. Die folgende Darstellung von drei Fallbeispielen soll jedoch zur weiteren Veranschaulichung der bisherigen überwiegend quantitativen Ergebnisse beitragen.

Orientiert an der Bedeutsamkeit der Großeltern für ihre Enkelkinder und den Potentialen dieser Beziehungen für die Lebensgestaltung und Entwicklung der Kinder wird trotz der Vielfältig- und Verschiedenartigkeit der vorgefundenen Großeltern-Enkel-Beziehungen der Versuch unternommen, die folgenden vier Enkelkind-Varianten zu umschreiben:

1) Großeltern sind Enkelkindern wichtig
Dem Enkelkind sind die Großeltern wichtig: Diese Großeltern übernehmen zum Teil die Elternrolle. Sie helfen damit auch den Eltern, die beispielsweise sehr unzuverlässig sind und Probleme haben, ihr Leben zu meistern.
Oder die Großeltern übernehmen Elternaufgaben weil die Eltern verschwunden sind. (13,3%)

Fallbeispiel A: Volkan ist ein 10jähriger türkischer Junge. Er ist etwas übergewichtig. Seine Haare hat er sich kürzlich - von seiner Großmutter - knallrot färben lassen. Sie sollten eigentlich blond werden. Das sorgt in der Gruppe für Gesprächsstoff. Er lebt seit vier Jahren im Heim. Vor dem Interview erlebe ich ihn in der Kindergruppe als sehr unruhiges Kind, das häufig andere Kinder und auch die Bezugspersonen ärgert. Er benimmt sich sehr auffällig, schreit rum, will sein Medikament nicht nehmen. Seine erste Stellungnahme zum Interview ist, daß er nicht mitmachen wird. Er will nichts Privates erzählen und versucht, die anderen Kinder ebenfalls von einem Interview abzuhalten. Nachdem dann andere Kinder aus seiner Gruppe schon interviewt wurden, will er plötzlich doch mitmachen. Während des gesamten Interviews zappelt er unruhig herum, muß vom Bett auf den Fußboden und dann auf das Hochbett klettern. Kurz vor Ende des Interviews bekommt er schreckliche Kopfschmerzen und will das Interview abbrechen. Ich kann ihn dann doch ermuntern, das Interview zu Ende zu führen. Die plötzlich auftretenden Kopfschmerzen hatte ich schon zuvor beim gemeinsamen Essen in der Gruppe beobachten können, sobald ihm etwas nicht paßte.

Zu Volkans Familie gehören außer ihm seine Mutter, sein Vater, sein kleiner Bruder (5 Jahre), seine Oma und sein Opa. Seine Großeltern wohnen in etwa halb- bis einstündiger Autoentfernung vom Kinderheim. In dieser Ortschaft wohnen auch seine Eltern. Wenn er am Besuchswochenende nach Hause fährt, besucht er seine Eltern und seine Großeltern. Von daher sieht er die Großeltern ein- bis zweimal im Monat. Er würde sie gern noch häufiger sehen, nämlich „alle fünf Tage, so wie jedes Kind". Häufige Großelternkontakte scheinen für ihn Normalität zu bedeuten. Volkan sieht seine Großeltern gleichermaßen häufig mit und ohne seine Eltern. Er bevorzugt es jedoch, sie ohne Eltern zu sehen. Meistens trifft er die Großeltern in deren Haus. Das findet er so auch am besten. Wenn er seine Großeltern sieht, dann wandern sie, gucken zusammen Fernseh, die Oma schneidet und färbt ihm die Haare oder sie schneiden Holz mit der Kreissäge. Am meisten genießt er es jedoch, wenn er allein mit seiner Großmutter Fernsehgucken kann und sie dabei etwas Süßes essen. Auf seinem Bild malt er, wie er gemeinsam mit Oma und Opa wandert. Das Bild malt er jedoch extrem schnell, ohne lange zu überlegen, einfarbig in gelb und man kann eigentlich kaum etwas erkennen. Er hat wohl wenig Lust auf malen, vielleicht ist es ihm auch etwas peinlich. Aber andererseits will er doch unbedingt der Aufforderung nachkommen, ein Bild zu malen. Auf dem Bild sind drei Personen zu erkennen, die er als Oma, Opa, Volkan definiert. Sie sehen sich sehr ähnlich - sind gelb, haben alle einen quadratischen Körper und sehr lange Hälse - und sind wenig detailgetreu gezeichnet. Allerdings ist Volkan etwas kleiner als seine Großeltern. Gerne würde Volkan mal mit seinen Großeltern schwimmen gehen. Doch er weiß, daß seine Großmutter nicht schwimmen kann.

Am wenigsten gern mag er es, wenn seine Großmutter ihn nach Hause zu seiner Mutter schickt, damit er der helfen kann. Es wird deutlich, daß er sehr gern ein Enkelkind ist. Er schätzt es sehr, eine Oma zu haben: „Ich bin froh, daß ich eine Oma habe, da kann ich zur Oma gehen, die Oma macht viel mit, hilft mir, lernt mit mir für die Schule, wenn Papa nicht will." Volkan vertritt die Meinung, daß es bei seinen Großeltern völlig anders als im Heim sei. Bei den Großeltern gibt es nämlich nicht so viele Kinder, da ist mehr Ruhe und da kann er mit den Großeltern allein sein. Außerdem erlauben die Großeltern mehr als die Bezugspersonen im Heim. Seinen Opa beschreibt er als „gut, hilft, hilft meinem Vater". Die Bedeutsamkeit der Großeltern als Bezugspersonen wird während des Interviews deutlich. Volkan weiß es zu schätzen, daß er Oma und Opa hat. Er weiß auch, daß die Großeltern für die Eltern einspringen „wenn Papa was nicht kapiert, dann helfen die". Volkan würde sich von seinen Großeltern wünschen, daß sie ihn aus dem Heim holen. Er wünscht sich aber auch, daß seine Lieblingsbezugsperson mitkommen dürfte. Er fände es wohl schade, den Kontakt zu diesem Erzieher zu verlieren. Seinen Großeltern wünscht Volkan, daß sie viel Geld haben und nicht früh sterben.

Kontakte zu alten Menschen im Heim fände er schon gut, sofern die Alten Ahnung vom Spielen hätten, so daß die Kinder nicht so viel erklären müssen. Bewegen die positiven Erfahrungen mit den Großeltern ihn zu dieser toleranten Einstellung?

Der Kontakt zu den Großeltern impliziert für Volkan wichtige Potentiale. Hier erscheint es interessant zu erarbeiten, inwiefern diese weiter förderbar sind.

2) Großeltern werden als Familienmitglieder verstanden/akzeptiert
Dem Enkelkind sind die Großeltern als Familienmitglieder wichtig bzw. nicht unwichtig, weil für die Kinder jeder Familienbezug positiv besetzt ist. Teilweise wird deutlich, daß die Großeltern jedoch nur die zweite Wahl nach den Eltern darstellen. Zum Teil scheint den Kindern weniger der Kontakt zu den Großeltern wesentlich. Eher erhoffen sie sich durch diese Kontakte einen Gewinn an Normalität.

Einigen dieser Kinder sind die Großeltern nur teilweise wichtig. Es entsteht jedoch der Eindruck, daß diese Beziehungen Potentiale bergen. Oftmals scheint eine seltene Kontakthäufigkeit zu verhindern, daß diese Potentiale entdeckt und genutzt werden können. (66,7%)

Fallbeispiel B: Michael ist 11 Jahre alt und lebt seit drei Jahren im Kinderheim. Er ist ein eher schüchterner Junge. Zu Beginn des Interviews setzt er sich zuerst oben auf das Doppelbett. Er kommt dann herunter, um die Figuren zu stellen und entschließt sich daraufhin, unten zu bleiben. Er antwortet verständlich und hat wenig Schwierigkeiten, die Fragen zu verstehen.

Zu seiner Familie zählt Michael seine Schwester (8 Jahre), seinen Vater, seine Mutter, seine Oma, seine Tante und seinen Opa, der vor einem Jahr verstorben ist. Seine Oma und auch die Eltern wohnen in etwa halb- bis einstündiger Autoentfernung vom Heim. Eltern und Großmutter leben in etwa halbstündiger Autofahrt voneinander entfernt. Michael sieht seine Großmutter meist nur an Festtagen wie Weihnachten. Er findet das so auch gut; wünscht sich nicht, die Großeltern häufiger zu sehen. Fast immer sind seine Eltern dabei, wenn er seine Oma sieht. Meistens finden die Treffen bei der Großmutter statt. Ihm ist es egal, ob seine Eltern bei den Treffen anwesend sind. Wo die Treffen stattfinden, ist ihm unwichtig. Meistens erlebt er bei seiner Großmutter nicht so viel, sie reden, essen Kuchen, trinken Milch und manchmal gehen sie spazieren. Besonders gern hat er es jedoch, wenn er gemeinsam mit seiner Oma auf den Spielplatz gehen kann. Das malt er auch: Michael und seine Oma stehen neben einer Rutsche. Über die Oma hat er groß „Oma" und über sich klein „ich" geschrieben. Er hat von sich und seiner Großmutter nur die Umrisse gezeichnet, beide in braun, er etwas kleiner als die Oma, die Oma im Kleid und mit längeren Haaren. Bei beiden zeigen die Münder eine sehr leichte Wölbung nach oben; der Gesamteindruck ist jedoch ernst. Sehr detailliert hat er allerdings die Rutsche gemalt. Die Leiter, die zur Rutsche hochführt, das gelbe Geländer und die rote Rutschfläche wirken dynamischer als er und seine Großmutter. Sonne und Wolken haben Gesichter. Die Wolken gucken witzig und freundlich. Die Sonne jedoch hat einen zornigen Gesichtsausdruck. Sehr gerne würde Michael mit seiner Oma einmal ins Kino gehen. Zu Hause bei der Großmutter findet er es immer ein bißchen langweilig. Dennoch entscheidet er, er sei gern (2) ein Enkelkind. Schließlich findet er seine Oma nett. Beim Vergleich von Heim und bei der Großmutter zu Hause meint er keine Unterschiede zu entdecken. Er gibt dann jedoch zu bedenken, daß seine Oma netter sei und „Sie erlaubt auch mehr als im Heim". Er beschreibt sie als „langsam, klein, nett und großzügig". Eine Großmutter zu haben findet er auch deshalb gut, weil er dann etwas hat, was manche nicht haben. Er wünscht sich, die Großmutter würde ihn aus dem Heim holen. Seiner Großmutter wünscht er, daß sie ganz alt, älter als 100 Jahre, wird.

Kontakte zu alten Menschen im Heim reizen ihn nicht besonders. Aber er würde mit denen schon was machen. Er überlegt, daß er mit denen vielleicht Eis essen gehen würde, wie mit seiner Oma.

3) Großeltern werden abgelehnt
Diese Enkelkinder lehnen ihre Großeltern ab: Die Gründe hierfür können verschieden sein. Beispielsweise lehnt ein Junge seine Großmutter ab, weil sie mit seiner Mutter verstritten ist, diese beschimpft, geschlagen und auch ihn geschlagen hat. Er hat Angst, wieder von ihr geschlagen zu werden. Ein anderer Junge lehnt seine Großeltern ab, weil diese nur streng sind und ständig motzen. Er will mit ihnen nichts mehr zu tun haben und wünscht sich, sie wären tot. Ähnlich geht es einem anderen Jungen. Auch er haßt seine Großeltern, weil sie extrem streng sind und ihn öfter schlagen. Er hat jedoch den zusätzlichen Konflikt zu bewältigen, daß die Großeltern seine einzigen erwachsenen Familienmitglieder sind. Der Aufenthaltsort seines Vaters ist unbekannt und seine Mutter ist verstorben. Er haßt seinen Großvater weitaus mehr als seine Großmutter und meint, wenn der Großvater sterben würde, wäre vermutlich einiges besser. Auch die Großmutter wäre dann wahrscheinlich nicht mehr ganz so schlimm. Ein letztes Beispiel: ein Mädchen beklagt sich ebenfalls sehr über ihre Großeltern. Sie beschwert sich über die Vergeßlichkeit der Großmutter, daß diese sie nie besucht und sich nicht für sie interessiert. Hier wird deutlich, daß das Mädchen aus Selbstschutz, weil sie häufig von der Großmutter enttäuscht wurde, keinen Kontakt zu ihr haben will. Sie ist sehr zwiegespalten, wünscht sich einerseits eine liebe Großmutter „bei einer Oma würde ich gern für immer wohnen", doch weiß auch, daß sie ihre Großmutter nicht mehr besuchen will. Die Hintergründe, weshalb Kinder ihre Großeltern ablehnen, sind von daher sehr vielfältig und haben komplexe Ursachen. (16,7%)

Fallbeispiel C: Manuel ist ein 10jähriger Junge, der seit etwa 1 ½ Jahren im Heim lebt. Er ist für sein Alter ein relativ kleiner Junge, der in der Gruppe etwas frech und vorwitzig auffällt. Schon vor dem Interview erzählt er laut beim Frühstück, seine Oma trinke, schlage seine Mutter und auch ihn. Er macht klar, daß er dazu eigentlich nichts weiter zu sagen habe. Es gelingt mir schließlich doch, ihn zum Interview zu motivieren. Hier ist er dann sehr aufmerksam und nachdenklich.

Zu seiner Familie zählt er außer sich seinen 8jährigen Bruder, seine Mutter und seine Oma. Seinen Vater und seinen Opa kennt er nicht, die Oma wohnt in etwa halbstündiger Entfernung zum Kinderheim und er sieht sie selten, zumeist an Festtagen wie Weihnachten etc. Er hat aber auch kein Interesse daran, sie zu sehen. Gerne würde er sie seltener, am liebsten gar nicht mehr sehen. Er trifft seine Großmutter vorwiegend bei dieser zu Hause und in Begleitung mit seiner Mutter. Letzteres findet er auch gut so. Wo er die Großmutter trifft ist ihm egal, da er sie ja eigentlich sowieso nicht mehr sehen will. Zögernd erzählt er, was er gemeinsam mit seiner Großmutter macht: spazieren gehen und Fahrrad fahren. Er betont aber wieder, daß er die Großmutter ja eigentlich nicht mehr sehen will. Manuel benennt auch keine Lieblingsbeschäftigung mit seiner Großmutter. Auf die Frage, was er gerne einmal mit seiner Oma machen würde, was bisher nicht möglich war, antwortet er: „Die Oma soll sich bei meiner Mutter entschuldigen". Auch hier ist die Oma nicht ohne die Mutter denkbar. Der Streit zwischen Oma und Mutter dominiert alle seine Gedanken an die Großmutter. Das von ihm gemalte Bild, das er „mit Oma im Wald spazieren gehen" betitelt, zeigt von links nach rechts nebeneinander seine Mutter, seine Oma und ihn. Sie gehen zwischen Bäumen spazieren, die Münder lachen, die Arme sind nach oben geschwungen. Alle drei sind etwa gleichgroß und auch Gesichter und Haare sind sehr ähnlich. Manuel und seine Mutter tragen blaue Kleidung - sie hellblau, er dunkelblau -, die Großmutter lila. Die Sonne scheint, der Himmel verliert sich ins Unendliche. So vereint beim Spazierengehen wirken die drei Figuren glücklich. Das entspräche wohl Manuels Wünschen. Doch auch hier wird deutlich, daß ein Bild mit dem Titel „mit Oma spazieren gehen" nicht nur Manuel und die Großmutter, sondern auch seine Mutter zeigen muß.

Sehr eindeutig kann Manuel benennen, was er bei oder mit seiner Großmutter weniger gern macht: „ihr einen Kuß geben, daß sie immer Alkohol trinkt, daß sie meine Mutter geschlagen hat - das ist noch schlimmer als daß sie mich geschlagen hat". Im Einklang mit den bisherigen Äußerungen gibt Manuel an, daß er sehr ungern (5) ein Enkelkind ist. Er hat Angst vor seiner Großmutter, daß sie ihn noch mal schlägt und ausrastet. Seiner Meinung nach ist es im Heim völlig anders als bei der Großmutter. Im Heim ist es besser, da er dort keine Angst haben muß, daß ihn jemand schlägt oder jemand Alkohol trinkt. Die Großmutter scheint zudem schwer berechenbar zu sein. Auf der einen Seite erlaubt sie laut Manuel mehr als die Bezugspersonen im Heim, manchmal dann auch wieder weniger. Manuel beschreibt seine Großmutter als „böse, blöd und dumm", also ausschließlich negative Umschreibungen. Dennoch wünscht er sich bei den abschließenden Wunschfragen von seiner Oma, daß sie sich wieder mit seiner Mutter verträgt. Seiner Oma wünscht er, daß sie aufhört zu trinken.

Kontakten zu alten Menschen im Kinderheim steht Manuel skeptisch gegenüber. Er meint, daß Kontakte zu 50jährigen, maximal 60jährigen, noch vorstellbar wären. Über 60jährige lehnt er ab, da die immer so ängstlich sind. Er meint, die würden dann ständig denken, es passiert etwas und „das würde dann nerven". Es ist erstaunlich, daß er trotz seiner Erfahrungen mit einer trinkenden, schlagenden und demnach scheinbar wenig ängstlichen und fürsorgenden Großmutter alten Menschen das Attribut von Ängstlichkeit zuteil werden läßt. Bei Manuels deutlicher Ablehnung der Großmutter wird ersichtlich, welche entscheidende Rolle seine Mutter hierbei einnimmt. Es ist ihm nicht möglich, eine Großmutter zu akzeptieren, die mit seiner Mutter verstritten ist. Doch auch ohne diesen Großmutter-Mutter-Zwist scheint diese Großmutter sehr negativ besetzt zu sein. Sie flößt Angst ein, schlägt und trinkt. Daher fühlt sich Manuel im Heim sicherer und wohler als bei der Großmutter. Nach dem zuerst etwas vorlauten und frechen Auftreten von Manuel in der Kindergruppe, zeigt er sich im Interview ganz anders: nachdenklich, verletzlich und recht reflektiert. Eventuelle Potentiale der Großmutter-Enkel-Beziehung sind hier nicht naheliegend.

4) Großeltern sind Enkelkindern gleichgültig
Dem Enkelkind sind die Großeltern unwichtig. Die Großeltern stellen familiale Randfiguren im Leben der Kinder dar, sind kaum bekannt. Der Wunsch nach Heimkehr zu den Eltern dominiert so stark, daß die Sicht auf die Großeltern - zumal diese auch kaum in Erscheinung treten - versperrt wird. (3,3%)

4.12 Ausblick

Den Ergebnissen dieser Befragung zufolge können Kontakte zu Großeltern für einige Heimkinder wertvoll sein. Von daher wäre der Frage nachzugehen, inwiefern diesen Beziehungen weitreichendere Beachtung geschenkt werden sollte. Möglicherweise ergibt sich hier ein neuer Bereich der Großelternarbeit. Bei anderen Kindern ist es unklar, inwiefern Großelternkontakte zu befürworten sind. Diejenigen Kinder jedoch, die ihre Großeltern ablehnen, können ihre Ansicht ebenso deutlich vertreten wie jene Kinder, die Kontakte zu ihren Großeltern befürworten. Es entsteht der Eindruck, daß Kinder selbst zu beurteilen vermögen, inwiefern Großelternkontakte ihnen gut tun oder aber nicht.

Ob Großelternkontakte für Heimkinder im Sinne der Kinder sind und auch inwiefern eine Intensivierung der Kontakte realisierbar wäre, sollte für jedes Kind individuell erwogen und recherchiert werden. Um die Überlegungen zu intensiverer Großelternarbeit zu vertiefen, bedarf es weiterer Untersuchungen zu dieser Thematik, in denen neben den Ansichten der Kinder im Heim auch die der Großeltern und der pädagogischen Fachkräfte Berücksichtigung finden.

5 Großeltern in Altenheimen: Gestaltung und Bedeutung der Großeltern-Enkel-Beziehung

5.1 Forschungsinteresse

Bei der Befragung von alten Menschen in Alten-/Pflegeheimen wurde - analog zu den Befragungen von Alten in Privathaushalten - erarbeitet, welche Bedeutung Kontakte zwischen Großeltern und Enkelkindern für alte Menschen in Alten-/Pflegeheimen haben. Haben Menschen, die in Alten-/Pflegeheimen leben, überhaupt Kontakt zu ihren Enkelkindern? Welche Kontaktmöglichkeiten sind gegebenenfalls realisierbar? Wie gestalten sich diese Kontakte? Wie erleben alte Menschen diese generationenübergreifenden familialen Kontakte zwischen Jung und Alt im institutionellen Kontext?

5.2 Vorstellung der Alten-/Pflegeheime und des Wohnstifts

Zu 50% wurden die Interviews in Alten-/Pflegeheimen und zu 50% in einem Wohnstift geführt. Alle Einrichtungen befinden sich in einer deutschen Großstadt bzw. am Stadtrand dieser Großstadt. Die folgenden Angaben resultieren aus Interviews bzw. Befragungen mit den jeweiligen Einrichtungsleitungen.

Die Alten-/Pflegeheime sind in Trägerschaft des Frankfurter Verbandes für Alten- und Behindertenhilfe e.V. Von den vier am Projekt beteiligten Heimen besteht das älteste seit 42 und das jüngste seit 8 Jahren. In den Einrichtungen leben jeweils zwischen 120 und 180 Alten-/PflegeheimbewohnerInnen. Zu 80-85% handelt es sich hierbei um Frauen. Das Durchschnittsalter der HeimbewohnerInnen liegt bei etwa 85 Jahren, wobei sich die Altersspanne zwischen 48 bis 103 Jahren erstreckt. Die Aufnahme der BewohnerInnen läuft über Pflegestufen, denen sie zugeordnet werden. Entsprechend hoch ist dann auch der finanzielle Beitrag, der zu leisten ist. Zu diesem gibt es anteilig und je nach Vermögenssituation der Betroffenen staatliche Zuschüsse. Von Pflegestufe 0 bis Pflegestufe III bewegen sich die monatlichen Kosten zwischen etwa 2.500,- bis 4.000,- Euro. Die MitarbeiterInnen im Heimbereich sind durchschnittlich etwa 40 Jahre alt und zu ca. 75-80% weiblich. Zu den Angeboten der Heime gehören beispielsweise Krankengymnastik, Beschäftigungstherapie, Tagespflege, Kurzzeitpflege, ambulante Dienste, offener Seniorendienst. Die Leitung der Einrichtungen ist unter der Geschäftsführung des Verbandes nach Stadtteilen gegliedert. Geworben wird mit einem dezentralen Management. Vieles ist jedoch zur Zeit noch im Umbruch und bringt für die MitarbeiterInnen Mehrbelastungen mit sich. In den jeweiligen Stadtbereichsleitungen gibt es folgende Geschäftsbereiche: Pflege, Hotel und

Liegenschaften sowie Nachbarschaftszentrale. Hierunter verbirgt sich ein komplex entfächertes System verschiedenster Aufgabengebiete.

Der Wohnstift unterscheidet sich von den Alten-/Pflegeheimen vor allem dadurch, daß nur eine Minderheit der BewohnerInnen pflegebedürftig ist. In den Wohnstift werden nur alte Menschen aufgenommen, die sich in ihrem Appartement selbständig versorgen können und bei denen eine andauernde Pflegebedürftigkeit nicht zu erwarten ist. Die überwiegende Mehrheit der WohnstiftbewohnerInnen wohnt in kleinen Appartements, nimmt das tägliche Mittagessen im Speisesaal ein und ist in nur geringerem Ausmaß auf pflegerische Hilfen angewiesen. Allerdings werden von der Leitung auch hier nur einige wenige BewohnerInnen für ein Interview ausgewählt. Von den insgesamt 300 BewohnerInnen, die in Appartements leben, nehmen 16 an einem Interview teil. Eine weitere Interviewte lebt in der Pflegestation. Dort gibt es insgesamt 30 Betten, im betreuten Wohnen 25 Plätze. Im Gegensatz zu den Alten-/Pflegeheimen zahlen alle BewohnerInnen die gesamten Unterkunftskosten selbst. Die monatlichen Beiträge liegen je nach Appartement zwischen etwa 1.500,- bis 3.000,- Euro. Zudem muß je nach Appartementgröße ein Darlehen in Höhe von etwa 13.500,- bis 30.000,- Euro hinterlegt werden. Dieses Darlehen dient zur Sicherung eines späteren Einzugs in den Wohnstift. In der Regel werden diese Verträge etwa 10 Jahre vor dem tatsächlichen Einzug abgeschlossen. Das tägliche Mittagessen ist in dem oben genannten monatlichen Preis enthalten, für Frühstück und Abendessen sorgen die BewohnerInnen selbst, beides ist jedoch auf Wunsch und mit Aufpreis bestellbar. Entsprechend der hohen Beiträge lebt im Wohnstift ein anderes Klientel als in den Alten-/Pflegeheimen.

Die WohnstiftbewohnerInnen sind, ebenso wie die in den Alten-/Pflegeheimen, zu etwa 80% weiblich und im Durchschnitt etwa 83 Jahre alt. Die Altersspanne liegt jedoch zwischen 64 bis 95 Jahren. Die MitarbeiterInnen des Wohnstifts sind zu 90-95% weiblich und durchschnittlich etwa 40 Jahre alt (zwischen 18 und 62 Jahren). Es gibt eine Stiftsleiterin und je eine Mitarbeiterin, die für den Betreuungsbereich und den Pflegebereich zuständig ist. Weitere Aufgabenverteilungen existieren für die Bereiche Verwaltung, Haustechnik, Küchen-/Servicebereich, Reinigung. Den WohnstiftbewohnerInnen stehen vielfältige Unterhaltungsangebote und auch ein Bewegungsbad zur Verfügung. Im Gegensatz zu den Alten-/Pflegeheimen hat man beim Betreten des Wohnstifts das Gefühl ein Nobelhotel zu besuchen. Es gibt einen recht pompösen Eingangsbereich mit Rezeption und dem entsprechenden Personal. Eine Cafeteria und der Speisesaal sind über die Eingangshalle erreichbar. Die umherschwirrenden Hausdamen sowie die sehr wohlgekleideten BewohnerInnen, die sich im Rezeptionsbereich in den Sitzecken aufhalten, erwecken andere Eindrücke als in den Eingangsbereichen der Alten-/Pflegeheime.

Im folgenden wird aus Gründen der besseren Lesbarkeit für die Präsentation der Auswertungsergebnisse von Großelternbefragungen in Institutionen zusammenfassend für die Alten-/Pflegeheime und den Wohnstift der Begriff Altenheim benutzt. Zeigen sich bei diesen beiden Befragtengruppen voneinander abweichende Ergebnisse, werden diese separat aufgeführt. Bei solchen Differenzierungen zwischen den beiden Institutionen Alten-/Pflegeheim und Wohnstift, wird auf Altenheim- und WohnstiftbewohnerInnen verwiesen.

5.3 Beurteilung der Interviewsituationen

Die Interviews fanden in vier Alten-/Pflegeheimen und einem Wohnstift statt. Durch telefonische Anfragen erkundete ich das Interesse der Einrichtungen, sich an dem Projekt zu beteiligen. Die Terminvereinbarung mit den zu befragenden Alten gestaltete sich - wie in Kapitel IV.1.4 dargestellt - zum Teil unterschiedlich. Die Interviews selbst konnten dann jedoch in allen Einrichtungen unter überwiegend ähnlichen Interviewbedingungen geführt werden. 90% der Interviews fanden in den Räumen der Befragten, zwei Interviews in Aufenthaltsräumen und eines im Garten des Altenheimes statt. Allerdings stellten die altersbedingten Spezifika der Befragten - wie z.B. die teilweise nachlassende Konzentrationsfähigkeit der Befragten, abschweifende Erzählströme, starke Schwerhörigkeit oder andere gesundheitliche Beschwerden etc. - besondere Anforderungen an die Interviewsituation (vgl. Kapitel IV.1).

5.4 Sample

Die Befragten sind im Durchschnitt 83,87 Jahre alt (Wohnstift: 84,60 Jahre; Altenheim: 83,13 Jahre), wobei die Altersspanne von 75 bis zu 94 Jahren reicht. Zu 93,3% sind die Befragten weiblich. Leider war es nicht möglich, eine größere Anzahl an männlichen Altenheimbewohnern zu interviewen. Das hängt vor allem damit zusammen, daß es insgesamt wesentlich weniger Altenheimbewohner als Altenheimbewohnerinnen gibt. In den fünf Altenheimen, die sich am Projekt beteiligt haben, leben zwischen 80-85% Frauen und zu nur 15-20% Männer. Zudem war die Interviewbereitschaft bei den Männern etwas geringer als bei den Frauen. Im Durchschnitt haben die Befragten 2,03 Kinder. Mit je 36,7% haben die meisten ein Kind oder zwei Kinder. Fünf Kinder gibt es mit nur 3,3% am seltensten. Die Kinder bzw. Nichten/Neffen der Befragten sind zwischen 34 und 66 Jahren alt. Die Anzahl der Enkelkinder reicht von einem (13,3%) bis zu zehn (6,7%) Enkelkindern. Durchschnittlich haben die befragten Alten 3,6 Enkelkinder. Diese sind zwischen 7 und 37 Jahren alt, meistens Anfang 20 Jahren. 30% der Befragten haben auch Urenkel. 6,7% haben nur ein Urenkelkind und eine Befragte hat sechs Urenkel. Im Schnitt berichten die Befragten von 0,83 Urenkeln, die zwischen wenigen Monaten und 12 Jahren alt sind. Die WohnstiftbewohnerInnen haben im Durchschnitt mehr Kinder, Enkelkinder und auch Urenkel als die AltenheimbewohnerInnen.

Die Interviews wurden zu 50% in Alten-/Pflegeheimen und zu 50% in einem Wohnstift geführt. Den Befragten aus dem Wohnstift ging es körperlich und geistig zumeist noch besser als denjenigen aus Alten-/Pflegeheimen. Zudem ist zu bedenken, daß in einem Wohnstift ein überwiegend anderes Klientel lebt als in Alten-/Pflegeheimen. Das Leben in einem Wohnstift ist sehr kostspielig. Dementsprechend trifft man hier auf BewohnerInnen einer anderen sozialen Schicht als es für die Mehrheit der Alten-/PflegeheimbewohnerInnen zutrifft (vgl. Kapitel IV.5.2).

5.5 Familienverständnis

Was für ein Familienverständnis haben alte Menschen, die in Institutionen wie Alten-/Pflegeheimen bzw. Wohnstiften leben? Verstehen sie andere Altenheimbewohner, z.B. ihre ZimmergenossInnen, als ihre Familie, oder halten sie an dem herkömmlichen Bild von Familie fest. Es liegt auch der Gedanke nahe, daß sie möglicherweise über ihren Altenheimaufenthalt enttäuscht sind und es eher ihren Vorstellungen entsprochen hätte, von ihren Kindern gepflegt zu werden. Definieren von daher die Befragten ihre Kinder als Familienmitglieder?

Alle Befragten antworten auf diese Frage im herkömmlichen Sinn, d.h. keine Befragte zählt beispielsweise Zimmergenossinnen oder das Pflegepersonal zur Familie. Mehrheitlich (60%) bedenken die Befragten bei der Auflistung ihrer Familienmitglieder drei Generationen (im Sinne von Altersgruppen), d.h. die Generation der Befragten, die ihrer Kinder und die ihrer Enkelkinder. Zu jeweils 20% werden sogar vier Generationen bzw. nur zwei Generationen bedacht. Eine ältere Generation als die eigene findet hierbei keine Berücksichtigung. Alle Befragten nennen jedoch ihre Kinder und 80% der Befragten auch ihre Enkelkinder als Familienmitglieder. Die Kinder werden bei 90% der Interviews gleich an erster Stelle genannt. Urenkel werden von 13% der Befragten erwähnt; demnach von 44,44% derjenigen, die Urenkel haben. Entferntere Verwandte wie Tanten, Onkel, Cousinen, Nichten, Neffen etc. werden von immerhin 23,3% der Alten zur Familie gezählt, während Freunde nur von einer Befragten genannt werden.

5.6 Bedingungen und Kontexte bei Großeltern-Enkel-Kontakten

Wohnortentfernung und Kontakthäufigkeit
Um die Beantwortung der Fragen zu vereinfachen, sollten sich die Befragten bei den Interviews auf ein Enkelkind oder ein Urenkelkind konzentrieren. 97,7% der Befragten wollten über ihre Enkelkinder und nur eine Befragte über ihr Urenkelkind sprechen. Mit den zumeist noch recht jungen Urenkeln wußten die meisten Befragten wenig anzufangen. Sicherlich fanden sie die Urenkel niedlich und süß. Sie bedauerten es jedoch, daß man mit ihnen nicht reden konnte. Und reden ist schließlich das, was die meisten von ihnen noch gut können. Mit Kindern rumlaufen, spazieren gehen etc. - was nach Ansicht der Befragten den Bedürfnissen von Urenkeln gerecht würde - ist der Mehrheit der Befragten nicht mehr möglich. Dennoch fließen auch in einige Interviews über Enkelkinder Angaben und Informationen zu den Urenkeln der Befragten ein.

Das Alter der Enkel/Urenkel (im folgenden Enkel genannt), über die die Befragten berichten, streut von 7 bis 35 Jahren. Die Befragten wurden gebeten, sich möglichst auf das jüngste Enkelkind zu beziehen. Teilweise haben die Befragten das Alter ihrer Enkelkinder geschätzt, da ihnen genaue Angaben nicht möglich waren. Im Durchschnitt sind diese Enkel 20,80 Jahre alt. Die Enkel der AltenheimbewohnerInnen, auf die sie sich im Interview beziehen, sind im Durchschnitt etwa gut ein Jahr älter als die der WohnstiftbewohnerInnen. Zu 63,3% sind die Enkel männlich und zu 36,7% weiblich. Häufig fiel es den Befragten jedoch schwer, sich während des Interviews auf ein Enkelkind zu konzentrieren, da die Angaben ihrer Ansicht nach für alle oder zumindest einige Enkel gleichermaßen zutrafen. Aufgrund der besonderen Interviewbedingungen mit Hochbetagten (vgl. Kapitel IV.1) wäre es sehr interviewschädigend gewesen, die Befragten verstärkt zur Konzentration auf ein Enkelkind hinzuweisen.

Mit etwa 50% wohnen die meisten Enkelkinder in etwa halbstündiger Autoentfernung von ihren in Altenheimen lebenden Großeltern entfernt. Je knapp ein Fünftel lebt im selben Stadtteil bzw. in über dreistündiger Autoentfernung in Deutschland und ca. 10% in über halb- bis einstündiger Autoentfernung. 10% der Befragten geben an, daß sie ihre Enkel ein- bis zweimal in der Woche sehen und 23,3% haben ein- bis zweimal im Monat Kontakt mit ihren Enkeln. Doch die Mehrheit von 66,7% sieht die Enkel eher selten: zu 30% alle paar Monate und zu 36,7% nur an Festtagen wie Weihnachten und eventuell Ostern. Immerhin 63,3% der befragten Großeltern im Altenheim geben jedoch an, sie seien mit dieser Kontakthäufigkeit zufrieden, 36,7% wünschen sich aber häufigere Kontakte und zwar am liebsten ein- bis zweimal in der Woche oder ein- bis zweimal im Monat. Je seltener die Befragten ihre Enkelkinder sehen, um so häufiger sind sie mit der

Kontakthäufigkeit unzufrieden. Vollkommen zufrieden sind nur die Großeltern, die ihre Enkel ein- bis zweimal in der Woche treffen.

Großeltern-Enkel-Kontakte mit/ohne Eltern
26,7% der befragten Großeltern in Altenheimen sehen ihre Enkel etwa gleichermaßen häufig mit bzw. ohne die Eltern der Enkel. Fast ausschließlich mit Eltern (23,3%) und häufiger mit Eltern (13,3%) sehen 36,6% dieser Großeltern ihre Enkel. Fast ausschließlich ohne Eltern finden Großeltern-Enkel-Kontakte nur zu 16,7% statt und zu 20% häufiger ohne Eltern. Die Spannbreite der Großeltern-Enkel-Kontaktmöglichkeiten mit bzw. ohne Eltern wird demnach ausgeschöpft und die Kontakte gestalten sich scheinbar sehr verschiedenartig. Das Szenario erstreckt sich von „Meistens kommt mein Sohn mit seiner Frau und den beiden Kindern. Wir trinken dann gemeinsam Kaffee" bis „Mit meiner Schwiegertochter verstehe ich mich nicht. Die bleibt dann unten im Auto und schickt die Kleine hoch. Die bringt mir was vorbei und wir können uns kurz unterhalten. Aber dann muß sie wieder runter, weil ihre Mutter ja wartet". Ein Zusammenhang zwischen der Wohnortentfernung sowie Kontakthäufigkeit und ob die Treffen mit/ohne Eltern stattfinden, läßt sich nicht erkennen. Eher zeigt sich ein Zusammenhang mit dem Alter der Enkel, insofern erwachsene Enkel häufiger ohne die Eltern getroffen werden. Beim Vergleich von Wohnstift- und AltenheimbewohnerInnen fällt auf, daß bei letzteren die Großeltern-Enkel-Kontakte häufiger in Anwesenheit der Eltern der Enkel stattfinden als bei den WohnstiftbewohnerInnen. Diese sehen zu immerhin 26,7% ihre Enkel (fast) ausschließlich ohne die Eltern der Enkel, was für nur 6,7% der AltenheimbewohnerInnen zutrifft.

Mit 43,3% würde es jedoch den Wünschen der meisten Großeltern entsprechen, wenn die Kontakte zu den Enkeln ohne die Anwesenheit der Eltern stattfinden könnten. Dagegen wünschen sich nur 16,7%, daß die Eltern bei den Treffen mit den Enkeln dabei sind. 40% der Befragten können sich diesbezüglich nicht für das eine oder andere entscheiden. Ihnen ist es eher egal, ob die Eltern anwesend sind oder nicht. Vergleicht man hierbei die Wünsche der Befragten mit deren Realitätsangaben, werden die Wünsche zu etwa zwei Drittel erfüllt bzw. werden die Wunschäußerungen in Anlehnung an die Realität getroffen. Auffällig ist jedoch, daß von denjenigen Befragten, die ihre Enkel gleichhäufig mit wie ohne Eltern sehen, eindeutig Treffen ohne Eltern favorisiert werden. In Anlehnung an die oben genannten Realitäten favorisieren die WohnstiftbewohnerInnen häufiger, daß die Kontakte ohne die Eltern stattfinden. Es trifft jedoch für beide Befragtengruppen zu, daß sie sich häufiger als es der Realität entspricht den Kontakt zu den Enkeln ohne die Anwesenheit der Eltern wünschen.

Treffpunkte bei Großeltern-Enkel-Kontakten
Die Treffen mit den Enkelkindern finden bei 62,1% der Befragten vorrangig bei den Großeltern, d.h. im Altenheim statt. Zu 20,7% treffen die Großeltern ihre Enkel eher bei den Enkeln zu Hause und zu 17,2% sowohl bei den Enkeln als auch bei den Großeltern. Hierbei zeigt sich, daß Treffen eher bei den Enkeln zu Hause stattfinden, wenn diese nicht weiter als in halbstündiger Autoentfernung wohnen. Zum Teil scheinen die Befragten jedoch unter bei den Enkeln zu Hause das Elternhaus der Enkel zu verstehen. Sie orientieren sich an der Wohnsituation zu Kindheitszeiten ihrer Enkel. Großeltern, die ihre Enkel eher selten - alle paar Monate oder an Festtagen - sehen, treffen die Enkel eher im Altenheim als bei den Enkeln zu Hause. Zudem finden insbesondere bei den älteren Enkeln die Treffen eher bei den Großeltern statt. Das hängt aber auch mit dem höheren Alter dieser Großeltern und deren eingeschränkteren Reisemöglichkeiten zusammen. Hier zeigen sich ebenfalls Unterschiede beim Vergleich der Altenheim- und WohnstiftbewohnerInnen. Bei ersteren finden die Treffen mit den Enkeln zu gut 70% und bei letzteren zu gut 50% bei den Großeltern, also im Alten-/Pflegeheim bzw. Wohnstift, statt.

Von den befragten Großeltern wünschen sich 60%, daß die Treffen mit den Enkeln im Altenheim stattfinden. 30% bevorzugen es, ihre Enkel im Hause der Enkel zu treffen und 10% der Befragten ist dies egal, sie können sich nicht für das eine oder andere entscheiden. Die Befragten scheinen hierbei zu favorisieren, was sie gewohnt sind: Die Befragten, die ihre Enkel meist zu Hause bei den Enkeln treffen, votieren mehrheitlich für diese Variante und die Befragten, deren Enkel sie zumeist im Altenheim besuchen, bevorzugen dieses Besuchsmodell. Diejenigen jedoch, die beides erfahren, befürworten die Besuchsvariante bei den Enkeln zu Hause gegenüber der im Altenheim.

5.7 Gestaltung der Großeltern-Enkel-Beziehung

Wie gestalten sich Großeltern-Enkel-Kontakte, wenn Großeltern in Altenheimen leben? Nimmt das Altenheim Einfluß auf die Gestaltung der Großeltern-Enkel-Kontakte oder spiegelt sich der Lebenskontext Institution in den Aussagen der Befragten nicht/kaum wider?

Zu 86,7% findet das Zusammensein von Großeltern, die im Altenheim leben, und deren Enkeln in Innenräumen statt. Nur zu jeweils 6,7% verbringen Großeltern die gemeinsame Zeit vorrangig draußen bzw. sowohl drinnen als auch draußen. Alle Angaben, die die Großeltern auf die Frage „Wie verbringen Sie die Zeit mit Ihrem Enkelkind" geben, beziehen sich auf eine direkte Interaktion zwischen Großeltern und Enkeln (z.B. „unterhalten, Karten spielen"). Äußerungen wie sie von Enkelkinderseite genannt werden, die sich nicht auf direkte Interaktionen beziehen (vgl. Kapitel IV. 2.6 und 4.7), fallen nicht. Eine Befragte verweist jedoch auf die Problematik, daß man im Altenheim mit Kindern nicht viel anfangen kann und daß diese Schwierigkeit in einer Wohnung weniger gegeben wäre. Andere Großmütter geben zu bedenken: „Meistens wird im großen Kreis gesprochen und die Enkel erzählen ihren Eltern von ihrem Beruf, oft sitze ich dann bloß dabei, höre und sehe nicht viel von dem, was gesagt wird. Doch jetzt, wo nur noch Sohn und Schwiegertochter im Haus sind, habe ich mehr davon, habe ich einen Fragenzettel dabei und die antworten dann schön. Durch den Zettel vergesse ich nichts" oder „Wir trinken zusammen Kaffee und erzählen. Er repariert mir auch den Fernseher. Er ist schon lieb. Gut, daß wir nur den einen haben, sonst wäre das zuviel". Solche kritischen Anmerkungen stellen allerdings Ausnahmen dar. Sehr häufig wird Kaffee trinken und unterhalten angegeben; gelegentlich mit Bemerkungen wie „wir schwatzen, sonst kann ich ja nichts". Es dominieren aber eindeutig die positiven Schilderungen. Und selbst wenn die Besuche oftmals nur kurz sind, haben sie für die Großeltern eine weitreichende Bedeutung: „Die sind ja nicht lange da, wir trinken Kaffee und nach drei bis vier Stunden sind die wieder weg. Letztes Mal hat mein Urenkel - der ist ein Jahr alt - sofort Schallplatten rausgerissen. Das fand ich gut und die laß ich jetzt so zur Erinnerung liegen." Bei den Beschäftigungen mit den Enkeln werden zu 80% alltägliche Aktivitäten wie essen, spazieren gehen, unterhalten genannt. Nur von einer Befragten werden ausschließlich besondere Unternehmungen wie „Ausflüge, ins Museum gehen, schön essen gehen" angegeben und 16,7% nennen sowohl alltägliche als auch besondere Aktivitäten. Die Erkundung neuer Lebenswelten spielt erwartungsgemäß eine sehr geringe Rolle. Wichtiger scheint das gemeinsame Essen zu sein, das von 50% der Befragten erwähnt wird. Auf Nachfrage geben 56,7% der Befragten an, daß sie ihren Enkeln gelegentlich auch von früher - aus ihrer eigenen Kindheit - erzählen, 23,3% tun dies sogar häufig. Vorrangig erzählen sie dann von Erlebnissen aus dem Mikrobereich und nur sehr selten von historisch-gesellschaftlichen Ereignissen. Bei den Lieblingsbeschäftigungen mit den Enkelkindern ist es überraschend, daß 50% der Befragten keine Angaben machen können. Denjenigen, die Lieblingsbeschäftigungen nennen, ist bei diesen die direkte Interaktion mit den Enkeln sehr wichtig. Zu zwei Drittel finden diese Lieblingsbeschäftigungen drinnen, zu 20% draußen und zu gut 10% sowohl drinnen als auch draußen statt. Bevorzugt werden alltägliche Aktivitäten, die Erkundung neuer Lebenswelten spielt kaum eine Rolle. Das Thema Essen wird nur noch vereinzelt aufgegriffen. Unterhalten als Lieblingsbeschäftigung wird jedoch von 50% derjenigen genannt, die Lieblingsbeschäftigungen angeben. Ebenfalls 50% aller Befragten aus Altenheimen können auch keine Wünsche nennen, was sie gern einmal mit ihren Enkeln machen würden. Mehrere verweisen bei dieser Frage auf ihre körperlichen Beschwerden „Ich weiß doch, daß ich nicht kann" oder versuchen sich in die Lage der Enkel zu versetzen „Das würde ich ihnen gar nicht zumuten, daß sie sich mit mir beschäftigen, die haben ihre Arbeit, die Zeit reicht nicht". Von denjenigen, die hierzu Wünsche äußern, werden vor allem Ausflüge und Reisen genannt: „Mein Riesentraum wäre eine Kreuzfahrt mit meiner Enkelin zu machen; mit ihr verreisen, aber jetzt bin ich zu alt, da traut sich keiner mehr mit mir wohinzugehen; noch mal zur Schmetterlingsfarm nach Koblenz fahren; die fahren oft nach Polen in die Heimat, da würde ich gern mal mitfahren, aber in meinem Alter kann ich das nicht mehr; ich möchte raus - in die Natur, den Wald, Pilze suchen -, irgendwohin, aber das ist im Alter nicht möglich, da bin ich froh, wenn sie kommen". Wie sich zeigt, äußern die Befragten bei diesen Wunschäußerungen jedoch zu zwei Drittel einschränkende Bemerkungen. Sie fühlen sich zu solchen Aktivitäten eigentlich zu schwach oder wollen sich keinesfalls in die Planungen der Enkel einmischen. Die AltenheimbewohnerInnen äußern hierzu mit 66,7% weitaus häufiger keine Wünsche als die WohnstiftbewohnerInnen (33,3%).

Die oftmals einschränkenden Bemerkungen der Großeltern zu ihrem gesundheitlichen Zustand zeigen deutlich ihre Bedenken, inwiefern sie den Wünschen und Vorstellungen im Kontakt mit den Enkeln gerecht werden können. Es entsteht der Eindruck, daß die befragten Großeltern aus Altenheimen die Kontakte zu den Enkeln zu schätzen wissen, die Beziehungen aber - zum Teil wegen körperlicher Einschränkungen der Großeltern - nicht als sehr intensiv erlebt werden. So fällt es den befragten Großeltern schwer, Lieblingsbeschäftigungen zu nennen oder Wünsche zur Gestaltung der Großeltern-Enkel-Kontakte zu äußern. Teilweise scheint es, daß die Alten ihre Enkelkinder bewußt nicht zu sehr beanspruchen wollen. Im folgenden wird der Frage nachgegangen, wie intensiv Großeltern in Altenheimen die Kontakte zu ihren Enkeln erleben und welche Bedeutung diese Interaktionen für das Leben der Großeltern innerhalb der Institution Altenheim haben.

5.8 *Bedeutung und Intensität der Großeltern-Enkel-Beziehung*

Die Erkundung der Bedeutung und Intensität der Großeltern-Enkel-Kontakte geschah auf zwei Wegen. Zum einen wurden die befragten Großeltern in Altenheimen direkt mit diesen Fragestellungen konfrontiert, zum anderen wurde über Umwege versucht, dieses Forschungsinteresse zu verfolgen.

46,7% der Befragten halten Großeltern-Enkel-Kontakte für sehr wichtig und 53,3% für wichtig. Für unwichtig hält niemand der Befragten diese Kontakte. Diese Einschätzungen zur Wichtigkeit von Großeltern-Enkel-Kontakten spiegelt sich auch in der Beurteilung der Großelternrolle wider. Auf einer Skala von 1 (sehr gern) bis 5 (sehr ungern) vertreten jeweils knapp 50% der Befragten die Ansicht, sie seien sehr gern bzw. gern Großeltern. Eine Person entscheidet sich mit Balken 3 für die Mitte zwischen sehr gern und sehr ungern. Wie begründen die Befragten diese Entscheidungen? Diejenigen, die sich für Balken 1 (sehr gern) entschieden haben, begründen ihre Wertschätzung der Großelternrolle vorrangig durch die Liebe und Zuneigung, die sie von den Enkeln empfangen. Sie verweisen darauf, daß sie „Familienmenschen" sind und viel Freude an Kindern haben. Weitere Einzel- und Zweifachnennungen sind „Freude ohne Verantwortung, Enkel sind ein Teil von mir, halten jung". Diejenigen Befragten, die sich für Balken 2 oder 3 entschieden haben, nennen weniger häufig „Liebe/Zuneigung empfangen". Aber das Freude empfangen Dank der Enkel, wird auch von diesen bedacht. Zumeist wird jedoch von denjenigen, die Balken 2 oder 3 angegeben haben, Großelternschaft als Normalität im Alter begriffen: „ist halt so, die Enkel gehören dazu". Andere Erklärungen, weshalb Balken 2 oder 3 und nicht Balken 1 gewählt wurde, sind beispielsweise: „für „sehr gern" war ich immer zu selbständig, hatte nie Zeit, um mich innerlich auf sie einzustellen, durch den Umzug in den Wohnstift habe ich mich von meiner Familie irgendwie innerlich auch abgenabelt; anfangs war es komisch, weil ich mich noch zu jung fühlte, jetzt macht es mir nichts mehr aus, freue mich, wenn sie Oma sagt und ich helfen kann, heute kann ich aber nicht mehr viel mit ihnen machen". Obwohl die Großelternschaft hier durchaus kritisch diskutiert wird, können bei einer weiteren Frage jedoch 90% der Befragten Angaben machen, was sie gut daran finden, ein Enkelkind bzw. Enkelkinder zu haben. Sie finden es gut, daß das Leben weitergeht, sich fortsetzt; sie Liebe und Zuneigung empfangen; die Generationen in Verbindung bleiben; die Enkel sie jung halten; sie die Lebensläufe ihrer Enkel verfolgen können; die Enkel ihnen Freude bringen. Auf die Frage, was sie dagegen weniger gut daran finden, Enkelkinder zu haben, antworten 96,7% der Befragten mit „nichts". Nur ein Befragter gibt zu bedenken, daß er ohne Enkelkinder vermutlich sorgenfreier leben könnte.

In einem weiteren Schritt wurde über weniger direkte Fragestellungen die Bedeutung und Intensität der Großeltern-Enkel-Beziehung zu erkunden versucht. So wurden die Großeltern aufgefordert, ihre Enkel mit drei Wörtern/Adjektiven zu umschreiben. Vielen Befragten fiel es schwer, die Enkelkinder zu beschreiben. Teilweise trug zu dieser Schwierigkeit bei, daß die Befragten sich nicht auf ein Enkelkind konzentrieren wollten bzw. konnten. Von je einem Viertel der Befragten wurde nur eine bzw. wurden zwei, drei oder vier Beschreibung/en geliefert. Diese waren überwiegend ausschließlich positiv, wie z.B. „sehr aufgeschlossen, hat schon Werbefilme gedreht, hübscher Kerl; lieb, bin stolz auf ihn, sehr ehrgeizig, sensibel, mitfühlend; fröhlich, lustig, gesund; lieb, lernt gut, bin zufrieden mit ihm". Bei mehreren Enkeln scheint es oftmals mehr und weniger beliebte zu geben. Während z.B. von einer Großmutter ihr Lieblingsenkel sehr gelobt wird, beschreibt sie den anderen als „nicht ganz so aufgeweckt und toll". Eine andere Großmutter hält bezüglich ihrer Urenkel fest „der 12jährige ist sehr sozial, rücksichtsvoll, verständnisvoll, klasse, aber der 16jährige ist überaktiv, vielleicht durch die Scheidung, der 4jährige ist noch zu klein, für den 16jährigen war die Scheidung schwierig".

Mit einer abschließenden Wunschfrage sollte ebenfalls die Vertrautheit und Intensität der Großeltern-Enkel-Beziehung erkundet werden. Die Großeltern in Altenheimen wurden aufgefordert, sich etwas von ihren Enkelkindern und für ihre Enkelkinder zu wünschen. Die Art der Wünsche wird Auskünfte ermöglichen, wie intensiv die Beziehungen sind. Bewegen sich die Wünsche eher auf der Oberfläche - wie „viel Glück, alles Gute" - oder geben sie Einblicke in die Vertrautheit der Beziehung, spiegeln sie Einblicke in die Lebenswelten der Enkel wider? Bei den Wünschen von den Enkeln für die Großeltern bedenken 43,3% der befragten Großeltern eher das Lebensglück der Enkel als ihr eigenes (z.B. „daß sie einen guten Beruf kriegen, ihren Weg finden, daß er eine glückliche Ehe führt"). Das Lebensglück der Enkel wird mit dem der Großeltern gleichgesetzt. 33,3% der Wünsche sind im eigentlich Sinn Wünsche für die Großeltern („daß die Beziehung gut bleibt, daß sie häufiger kommen") und zu 16,6% sind es Wünsche für die Großeltern und Enkelkinder. Zwei Befragte können keine Wünsche äußern. Alle geäußerten Wünsche sind immateriell. Mehrheitlich wünschen sich die befragten Alten, daß die Enkelkinder wohl geraten, einen guten Beruf finden, eine Familie gründen. Zu etwa 15% wünschen sich die Großeltern, daß die Großeltern-Enkel-Beziehung gut bleibt und weitere 10% legen Wert darauf, daß die Enkelkinder sie in guter Erinnerung behalten. Je 6,7% wünschen sich, daß die Enkel sich öfter melden bzw. für sie Dienste (z.B. Großeltern im Auto wohin fahren) verrichten würden. Die Wünsche für die Enkel unterscheiden sich von den zuvor genannten wenig. Auch alle diese Wünsche sind immateriell. Schulischer Erfolg und familiale Zufriedenheit werden auch hier genannt. Häufiger wird jedoch auf die Gesundheit der Enkel verwiesen und die Hoffnung geäußert, daß die Zeiten gut bleiben, keine Kriege kommen. Nur einmal wird den Enkeln gewünscht, daß sie sich selbst verwirklichen können und Lebenszufriedenheit erlangen.

Sowohl der direkte als auch der indirekte Zugang zu dieser Thematik veranschaulichen, daß für alte Menschen im Altenheim die Enkelkinder zwar eine wichtige Rolle spielen, gern gesehen werden und ihnen Gutes gewünscht wird, aber die Intensität der Beziehungen - möglicherweise durch die Lebensbedingungen im Altenheim, die ja auch Einfluß auf die Lebbarkeit dieser Beziehungen nehmen - weniger durch alltägliche Erlebnisse und gemeinsame Erfahrungen geprägt ist. Im folgenden werden neben diesem sehr individuellen Zugang zur Großeltern-Enkel-Thematik über eine distanziertere und objektivere Betrachtungsweise weitere Erkenntnisse erlangt, wie Großeltern in Altenheimen Großeltern-Enkel-Beziehungen beurteilen.

5.9 Einstellungen zur Großelternschaft

Als Kontrast zu den in Kapitel IV.5.8 erläuterten Zugängen reflektieren die Großeltern in Altenheimen - ebenso wie die in Privathaushalten - bei den im folgenden dargestellten Überlegungen auf eher objektiver Ebene über die Vor- und Nachteile von Großeltern-Enkel-Beziehungen.

86,2% der Befragten sehen in den generationenübergreifenden Kontakten zwischen Enkelkindern und Großeltern Vorteile für die Großeltern. Zwei der befragten Großeltern können solche Vorteile nicht erkennen. Letztere leben in Altenheimen, nicht im Wohnstift. Weitere zwei Befragte können sich diesbezüglich nicht entscheiden. Die Hälfte der Befragten, die Vorteile dieser intergenerationellen Kontakte für die Großeltern entdeckt, verweist auf den Zugang zur Welt der Jüngeren, der ihnen durch die Enkel möglich wird („ich bekomme die neue Zeit hautnah mit, Computer etc., das ist sehr wichtig; hält beweglicher, man erstarrt nicht so"). Enkelkinder halten nach Ansicht der befragten Großeltern jung. Ebenfalls die Hälfte dieser Befragten meint, daß die Liebe und Zuneigung der Enkel ihnen gut tut, ihnen Freude schenkt: „meine Enkelin aus Berlin ist sehr liebebedürftig, zärtlich; schafft mir Freude; bringt gute Laune; wir kuscheln, das ist gut". Manche Befragten nutzen jedoch auch die Chance, um Beschwerden oder Traurigkeit zu äußern: „intensiverer Kontakt wäre schöner, doch die haben Streß und keine Zeit". Andere stellen sich als sehr dominant und emanzipiert dar: „ich gebe den Ton an, lasse mich nicht dirigieren, aber wir haben schon ein tolles Verhältnis".

Nachteile dieser generationenübergreifenden Kontakte für Großeltern erkennt keine Großmutter und kein Großvater. Eine Großmutter merkt jedoch an, daß die Enkelkinder sie ziemlich viel kosten. Sie betont aber gleich wieder, daß sie das ja gern mache.

Für die Enkelkinder können sich 60% der befragten AltenheimbewohnerInnen Vorteile durch diese generationenübergreifenden Kontakte zwischen Großeltern und Enkelkindern vorstellen. Jedoch 40% vertreten die Ansicht, daß solche Kontakte für die Enkelkinder nicht vorteilhaft seien. Am häufigsten wird als Vorteil genannt, daß die Großeltern viel Lebenserfahrung haben und den Enkeln als Ratgeber helfend zur Seite stehen können („bei mir können sie alles erzählen, auch über Liebesbeziehungen, ich nehme Anteil und gebe ihnen meinen Rat; die

Enkel hören gerne meine Meinung, da ich viel gereist bin, kann ich ihnen auch viel Interessantes erzählen, die kommen mit Gedanken und Sorgen zu mir"). Außerdem wird auf finanzielle Hilfen und Geschenke verwiesen („ich habe ihnen das Haus überschrieben, ich schenke gern jetzt und nicht erst, wenn ich sterbe"). Einige wenige der Befragten verweisen auch auf das zusätzliche Erfahrungsfeld (in Abgrenzung zum Elternhaus), das sich den Kindern im Kontakt mit den Großeltern eröffnet. Zum Teil werden diese Vorteile aber auch mit Einschränkungen versehen „die kommen gern zu mir, aber die vielen alten Leute hier, das finden die Enkel komisch; meine Enkelin aus Berlin sagt, die Erinnerungen an früher, die Autofahrten wird sie nie vergessen, aber heute kann ich den Enkeln außer Kaffee trinken und Karten spielen nichts mehr bieten, außer ideelle Vorteile, aber ob es so weit geht?". Überraschenderweise wird nicht auf die Bedeutung der Großeltern als wichtige Bezugspersonen und die größere Gelassenheit und Ruhe von Großeltern im Vergleich zu Eltern sowie den Vorteil des Kennenlernens einer älteren Generation verwiesen. Einige der Befragten beziehen sich bei dieser Frage von sich aus auch auf ihre Urenkel. Sie meinen, die Urenkel hätten durch sie keine Vorteile. Bei Urenkeln scheint es schwieriger zu sein, Nähe herzustellen „Bei Urenkeln läuft man als Uroma so mit". Nachteile für die Enkelkinder durch diese generationenübergreifenden Kontakte erkennt jedoch keine/r der Befragten.

Fast alle Befragten erkennen demnach Vorteile dieser intergenerationellen Kontakte für sich und ihr Leben, wobei jedoch auch einige wenige kritische Anmerkungen wagen. Für die Enkel entdecken weniger Befragte Vorteile durch diese Kontakte. Nach Ansicht der AltenheimbewohnerInnen tragen deren gesundheitliche und körperliche Situation wie auch zum Teil das Leben im Altenheim dazu bei, daß die Enkel von den Großeltern-Enkel-Kontakten wenig profitieren können. Es entsteht der Eindruck, daß die befragten Alten sich über die Defizite ihres Alters bewußt sind und diese bei der Beurteilung der Vor- und Nachteile intergenerationeller Kontakte zwischen Großeltern und Enkelkindern berücksichtigen wollen.

5.10 Großeltern und Erziehungsaufgaben

Inwiefern verstehen sich Großeltern, die in Altenheimen leben, als MiterzieherInnen ihrer Enkelkinder? Fühlen sie sich für diesen Bereich zuständig? Inwiefern nimmt diesbezüglich das Altenheim Einfluß auf die Realisierbarkeit gewünschter Erziehungsaufgaben?

Obwohl bei der überwiegenden Mehrheit der Befragten die EnkelInnen schon erwachsen sind, geben 23,3% der befragten Alten an, daß sie im Umgang mit ihren Enkelkindern Erziehungsideale im Sinn haben. Von diesen ist es der Hälfte der Befragten wichtig, daß die Enkel mit einer gewissen Strenge und auch zur Disziplin erzogen werden. Sie sprechen sich gegen eine Laissez-faire-Erziehung aus. Eine befragte Großmutter erinnert sich „zur Zeit der antiautoritären Erziehung habe ich schon mal mein Veto eingelegt, ich bin nicht für Strenge, aber ...". Doch nicht nur rückblickend, sondern auch aktuell geben die Befragten zu bedenken „Ich möchte, daß sie weiter gut erzogen bleiben; ein gewisses Benehmen ist mir schon wichtig". Andere legen mehr Wert auf den zwischenmenschlichen Umgang im Sinne von gegenseitiger Toleranz. Aber einige wenige Großmütter betonen auch, daß sie ihre Enkel gern verwöhnen möchten und mehr erlauben als die Eltern. Sie meinen, daß sei ein Privileg der Großelternschaft. Von anderen Großeltern wird indirekt Kritik an dem Erziehungsstil der Eltern geübt „Ich will, daß sie was lernen. Die Mutter ist Ausländerin, die kann das nicht so; Die sind einfach zu dick, die sollen abnehmen, doch das hat sie (Schwiegertochter) nicht so gern, daß ich das sage, dann sag ich nichts mehr, die wollen nicht kritisiert werden". Immerhin 76,7% der Befragten verfolgen jedoch bei den Enkeln keine Erziehungsideale. Sie vertreten mehrheitlich die Ansicht, daß dies Sache der Eltern sei. Einige geben an, daß sie allerdings Erziehungsintentionen haben, sich aber bewußt damit zurückhalten „Ich habe schon Erziehungsvorstellungen im Sinn, aber ich unterbinde sie, da mische ich mich nicht ein; mein Mann und ich sind gegen antiautoritäre Erziehung, wir haben aber nichts gesagt, doch unsere Schwiegertochter meinte, man würde es uns anmerken".

Im Vergleich mit der Erziehung der eigenen Kinder meinen 60% der Befragten, daß sie sich bei den Enkeln anders verhalten als bei den eigenen Kindern. Mehrheitlich wird angegeben, daß sich die befragten Großeltern gegenüber ihren Enkeln großzügiger verhalten als bei ihren Kindern in früheren Jahren („meine Enkelin verwöhn' ich mehr, meine Tochter habe ich verhältnismäßig streng erzogen; zu den Enkeln bin ich viel großzügiger, da man auch keine Erziehungsideale mehr hat"). Knapp die Hälfte dieser Befragten verweist zudem auf den bei den Enkeln nicht vorhandenen Erziehungsauftrag im Vergleich zu der Erziehungsverantwortung bei den eigenen Kindern („bei den Enkeln bin ich nachsichtiger, man hat eben nicht mehr die volle Verantwortung; es ist viel bequemer, man hat die Folgen nicht mehr unmittelbar zu tragen wie bei eigenen Kindern, da war ich mehr betroffen, wenn was schief geht"). Aber nur wenige nennen als Unterschied, daß sie bei den Enkeln mehr Zeit haben und ruhiger/geduldiger sind als bei ihren Kindern in deren Kindheit. Wohnstiftsgroßeltern geben etwas häufiger als Altenheimgroßeltern an, daß sie sich ihren Enkeln gegenüber nicht anders verhalten als bei ihren eigenen Kindern.

Beim Vergleich des Großelternverhaltens gegenüber den Enkeln mit dem der Eltern der Enkel gibt eine Mehrheit von 58,3% an, daß sie ihren Enkeln nicht mehr und auch nicht weniger erlauben als die Eltern. Sie sehen diesbezüglich keine Erziehungsunterschiede. 41,7% der befragten Alten räumen jedoch ein, daß sie ihren Enkeln eher mehr als deren Eltern erlauben. Während 66,7% der Großeltern aus dem Wohnstift angeben, es gäbe zwischen ihnen und den Eltern ihrer Enkel diesbezüglich keine Unterschiede, trifft das für 50% der AltenheimbewohnerInnen zu. Die andere Hälfte gibt zu verstehen, daß sie den Enkeln eher mehr erlauben als deren Eltern.

Es entsteht zusammenfassend der Eindruck, daß es hinsichtlich der Erziehungsstile der Befragten aus Altenheimen gegenüber ihren Enkeln eine Spannbreite an Intentionen und Verhaltensweisen gibt. Die Institution Altenheim scheint hierauf jedoch keinen ersichtlichen Einfluß auszuüben. Vermutlich speisen sich jedoch die Ansichten der Befragten auch aus vergangenen Zeiten. Einige Angaben scheinen sich auf Rückblicke zu beziehen. Dennoch ist es erstaunlich, daß sich die Befragten auf diese Thematik einlassen, sind doch ihre Enkel überwiegend erwachsen.

5.11 Kinder im Altenheim

Nachdem die Einstellungen der Großeltern in Altenheimen zu ihren Enkeln erkundet wurden, interessierte zudem die Offenheit der Alten gegenüber Kindern generell, also nicht-verwandten Kindern. Sie wurden daher gefragt, wie sie einen regelmäßigen Kontakt zu Kindern im Altenheim beurteilen würden. 30% der Befragten würden dies positiv und 70% negativ bewerten. Diejenigen Befragten, die sich ablehnend äußern, begründen dies zumeist mit der großen Anstrengung, die solche Kontakte für sie bedeuten würden. Sie lehnen die damit verbundene Unruhe ab. Auch der Gedanke, ihre Zeit gemeinsam mit Fremden - fremden Kindern - zu verbringen, verängstigt einige. Als weitere Ein- oder Zweifachnennungen bedenken die Befragten folgendes: Aufenthalt im Altenheim wäre eine Zumutung für die Kinder; die Befragten haben keine Lust auf Kinder; sie wollen keine Verpflichtungen haben oder sie haben keine Zeit, da sie genug mit eigenen Enkeln zu tun haben. Viele verweisen bei ihrer Antwort auch auf die anderen AltenheimbewohnerInnen. Sie selbst zeigen zwar eine gewisse Toleranz, meinen es aber ihren MitbewohnerInnen nicht zumuten zu können, wenn im Altenheim Kinder rumlaufen und schreien. Andere wiederum meinen, daß sie Kontakte zu Kindern nicht benötigen, da sie Enkelkinder haben, aber solche Kontakte anderen AltenheimbewohnerInnen gut tun würden: „Das könnte ganz gut sein, es gibt ja auch Frauen im Heim, die keine Enkel und Kinder haben, für die wäre so eine Kinderschar-Erfahrung ganz gut".

Diejenigen, die solche Kontakte begrüßen würden, wüßten dabei vor allem die Unterhaltung und Abwechslung zu schätzen. Sie könnten sich vorstellen, mit den Kindern zu spielen, zu lesen, Geschichten zu erzählen. Hierbei ist auffällig, daß die BewohnerInnen aus Altenheimen sich diesbezüglich interessierter äußern (40%) als diejenigen des Wohnstifts (20%). Die WohnstiftbewohnerInnen verweisen weitaus häufiger auf ihre eigenen Enkel, daß sie eine Familie haben und fremde Kinder nicht benötigen.

Es zeigt sich bei den Befragten eine nur geringe Toleranz, Kontakte zu nicht-verwandten Kindern aufzunehmen. Bei den 30%, die solche Kontakte begrüßen würden, wäre über derartige Interaktion jedoch nachzudenken.

5.12 Fallbeispiele

Im folgenden werden einige Fallbeispiele gegeben, wie Großelternschaft im Altenheim gelebt und empfunden wird. Großelternschaft, wie sie von den befragten Alten aus Altenheimen wahrgenommen wird, hängt oftmals mit dem gesundheitlichen Befinden der Befragten zusammen. Großeltern, die sich kaum noch bewegen können und auch solche, die im Rollstuhl sitzen, meinen zumeist, daß sie ihren Enkelkindern nichts mehr bieten können. Sie befürchten, den Enkeln zur Last zu fallen. Andere Großeltern in Altenheimen präsentieren sich als frustrierte Großeltern, die mit ihren Enkeln oder wohl eher mit deren Eltern (zumeist den Schwiegerkindern) unzufrieden sind. Sie halten daher zu den Enkeln eine gewisse Distanz. Aber es gibt auch sehr engagierte Großeltern, die eine enge Verbindung zu ihren Enkeln haben. Allgemeine familiale Zufriedenheit scheint der Hintergrund dieser positiven Großeltern-Enkel-Beziehungen zu sein. Am häufigsten vertreten die Befragten in Altenheimen jedoch die Auffassung, daß Enkel zum Leben dazugehören, es ganz normal ist, Enkel zu haben. Für diese „das ist halt so"-Großeltern stellen Enkel einen gängigen Bestandteil des Lebens im Alter dar. Die Beziehungen zu den Enkeln weisen sich nicht durch große Intensität aus und die Antworten der Großeltern sind zumeist wenig emotionsgeladen.

Es entsteht der Eindruck, daß sowohl die Persönlichkeiten, die Charaktere der Befragten als auch das Familienempfinden, das sich schon in wesentlich jüngeren Jahren gebildet hat, starken Einfluß darauf nehmen, wie Großelternschaft im Altenheim erlebt und gelebt wird. Zum Teil scheint der gesundheitliche Zustand auf das Erleben der Großelternschaft negativen Einfluß zu nehmen.

Auch das Lebensumfeld Altenheim kann sich auf familiale Kontakte erschwerend auswirken.

Die WohnstiftbewohnerInnen unterscheiden sich von den AltenheimbewohnerInnen vor allem in ihren zumeist lebhafteren Erzählungen. Durch die facettenreichen Berichte entsteht zumeist ein umfassendes Bild von ihren bisherigen Lebensläufen, familialen Beziehungen, ihrer Persönlichkeit und auch ihrer Großeltern-Enkel-Beziehung. Die AltenheimbewohnerInnen sind dagegen etwas wortkarger und es fällt schwerer, eine Vorstellung von ihrem Leben und familialen Beziehungen zu entwerfen. Möglicherweise ergibt sich dieser unterschiedliche Umgang mit Sprache aus den verschiedenen Sozialisationsbedingungen und Lebensläufen dieser beiden Befragtengruppen. Er steht jedenfalls in keinem Zusammenhang mit dem gesundheitlichen Befinden der Befragten. Leicht desorientierte wurden sowohl im Wohnstift als auch im Altenheim befragt. Allerdings sind die Befragten im Altenheim häufiger unbeweglich, also beispielsweise bettlägerig oder auf einen Rollstuhl angewiesen. Oftmals waren jedoch gerade diese gesprächsfreudiger als diejenigen Befragten, die in ihrer Bewegungsfreiheit weniger eingeschränkt waren.

Distanzierter Großvater

Herr Blum ist 79 Jahre alt und lebt seit zwei Jahren gemeinsam mit seiner zweiten Frau in einer geräumigen Wohnung im Wohnstift. Beide wirken zusammen harmonisch und lebenslustig. Gemeinsam nehmen sie noch rege am Leben teil, haben einen vollen Terminkalender. Herr Blum ist zudem künstlerisch sehr aktiv. Er malt Bilder und Postkarten, von denen auch einige den Wohnstift schmücken. Seine Frau ist während des Interviews anwesend, hört interessiert zu, hält sich aber - meinen Erklärungen folgend - aus dem Interview heraus. Während sie einen zugänglichen und offenen Eindruck macht, wirkt er eher etwas mürrisch und distanziert, außer man spricht ihn auf seine Kunstobjekte an. Dann lebt er auf. Seine drei Kinder aus erster Ehe haben ihm insgesamt fünf Enkelkinder geschenkt. Diese sind zwischen 21 und 32 Jahren alt und wohnen in Frankfurt, Offenbach, Freiburg, Konstanz und in den USA. Am häufigsten - etwa alle sechs Wochen - sieht er seine Enkelin aus Offenbach. Aber er ist mit der Kontakthäufigkeit zu seinen Enkeln insgesamt nicht zufrieden. Er würde sie alle gern häufiger sehen, jedes Enkelkind etwa alle zehn Wochen. Herr Blum sieht seine Enkel gleichermaßen häufig mit wie ohne deren Eltern. Er hat diesbezüglich auch keine Vorlieben. Zumeist treffen sie sich bei ihm im Wohnstift und das ist ihm so auch am liebsten. Denn er gibt zu bedenken, daß beispielsweise seine Enkelin aus Offenbach ja im vierten Stock wohnt.

Herr Blum beurteilt Großeltern-Enkel-Kontakte als wichtig, nicht als sehr wichtig und auch nicht als weniger wichtig oder unwichtig. Er vertritt die Ansicht, daß diese generationenübergreifenden Kontakte für ihn Vorteile bringen, da er so in Verbindung zu jungen Leuten bleibt. Er merkt jedoch erneut an, daß eine intensivere Verbindung schöner wäre. Die Enkel, so meint er, haben aber immer Streß und keine Zeit. Für seine Enkel kann Herr Blum diesen Kontakten jedoch keine Vorteile abgewinnen. Seiner Meinung nach ist man zwar nett zueinander, doch Vorteile bringt das für die Enkel eigentlich nicht. Nachteile kann er in diesen Kontakte weder für sich noch für die Enkel erkennen. Insgesamt gibt Herr Blum zu bedenken, daß er ohne Enkelkinder vermutlich auch ganz gut leben könnte.

Wenn Herr Blum seine Enkel sieht, trinken sie zumeist zusammen Kaffee, essen etwas, schwatzen oder gehen ins Museum bzw. machen einen Ausflug. Gern würde er ihnen von früher, von seiner Kindheit erzählen, aber niemand fragt ihn danach. Eine Lieblingsbeschäftigung mit den Enkeln kann er nicht anführen und er nennt auch keine Wünsche, was er gern einmal mit seinen Enkeln machen würde. Er weiß aber, daß seine Frau gern mit den Enkeln einmal nach Italien reisen würde. Im Umgang mit seinen Enkeln verfolgt Herr Blum keine Erziehungsideale und verhält sich seiner Meinung nach auch nicht anders als bei seinen Kindern in jüngeren Jahren. Auf der fünfstufigen Skala zur Wertschätzung der Großelternschaft von sehr gern (1) bis sehr ungern (5) entscheidet er sich für die Mitte (3). Das stellt zugleich die schlechteste Bewertung dar, die hierzu bei allen Interviews gegeben wurde. Herr Blum meint, daß er sich zu jung fühlt, um ein Großvater zu sein. Außerdem sei er kein Opa-Typ, der im Sessel sitzt, eine lange Pfeife raucht und faulenzt.

Herr Blum wünscht sich von seinen Enkeln, daß sie alle vier bis sechs Wochen mal anrufen. Den Enkeln wünscht er für deren Zukunft „Hals und Beinbruch" und fügt hinzu, daß sie alle sehr tüchtige Kinder seien. Es entsteht der Eindruck einer sehr oberflächlichen Großeltern-Enkel-Beziehung. Der Großvater scheint etwas enttäuscht zu sein, daß die Enkel sich bei ihm so selten melden. Zugleich gibt er sich auch etwas desinteressiert und abweisend. Er weiß nicht viel von seinen Enkeln, kann ihnen nur „Hals und Beinbruch" wünschen. Eher scheint seine zweite Frau - die Stiefgroßmutter - den familialen Draht zu den Enkeln zu pflegen. Er geht nicht auf seine Enkel zu und wundert sich, wenn diese den Kontakt zu ihm nicht pflegen. Sein voller Terminkalender, der seiner Frau langsam zu anstrengend wird, ist ihm sehr wichtig.

Kontakte zwischen Alten und Kindern im Wohnstift hält Herr Blum für indiskutabel, da nicht praktizierbar. Vorsingen ginge seiner Meinung nach eventuell noch, alles weitere kann er sich nicht vorstellen. Dann verweist er wieder auf seinen vollen Terminkalender und daß er für so was sowieso keine Zeit hätte und seine Frau sich über das ständige in den Kalender gucken müssen sowieso schon ärgere. Schließlich räumt er spontan doch ein, daß Kontakte zu Kindern eigentlich gar nicht so schlecht wären. Gelegentlich könnte er sich das schon vorstellen, sofern er bestimmen könnten, wann die Kinder kommen.

„Ist halt so"-Großmutter
Frau Mai ist 89 Jahre alt und lebt seit fünf Jahren im Altenheim. Sie wohnt in einem Zweibettzimmer, aber ihre Mitbewohnerin ist zur Zeit des Interviews nicht anwesend. Teilweise fällt es ihr schwer, den Fragen zu folgen, doch die Großeltern-Enkel-Thematik stößt bei ihr auf Interesse. Sie hat einen Sohn und zwei Enkelinnen. Ihr Sohn ist 50 Jahre und die Enkelinnen sind 10 und 15 Jahre alt. Die Familie ihres Sohnes wohnt auch in Frankfurt. Allerdings versteht sie sich mit ihrer Schwiegertochter überhaupt nicht. Etwas anklagend fügt Frau Mai hinzu, ihre Schwiegertochter sei eine Ausländerin. Frau Mai sieht ihre Enkel dementsprechend selten, eigentlich nur an Fest- und Feiertagen. Aber sie findet das auch gut so. Häufiger sieht sie die Enkelkinder ohne die Anwesenheit der Eltern, was sie ebenfalls befürwortet. Meist fährt ihre Schwiegertochter die Enkelin im Auto zum Altenheim, die Enkelin kommt hoch, bringt ihr etwas und erzählt ein bißchen, dann muß sie wieder gehen, da die Schwiegertochter im Auto wartet. Die ältere Enkelin ist bei einem Autounfall im Alter von drei Jahren verletzt worden. Seitdem - so die Befragte - „stimmt bei ihr im Kopf etwas nicht mehr". Frau Mai berichtet, daß diese Enkelin früher ein so kluges Kind gewesen wäre und sie eine gute Beziehung zu ihr gehabt hätte. Aber heute ginge das nicht mehr. Durch den Autounfall sei diese Enkelin etwas komisch geworden. Aber, so räumt Frau Mai ein, dafür kann sie ja nichts. Frau Mai wird von ihren Enkeln hauptsächlich im Heim besucht. Sie weiß, daß das anders auch nicht geht, da sie nirgendwohin fahren kann. Daher gibt sie sich mit dieser Regelung zufrieden. Frau Mai beurteilt Großeltern-Enkel-Kontakte als wichtig. Sie erkennt in diesen Kontakten für sich selbst Vorteile, da sie ihr Ablenkung und Freude bringen. Sie meint, daß diese Kontakte auch für die jüngere, gesunde Enkelin Vorteile bringen. Zudem vertritt sie die Ansicht, daß es einfach gut ist, Enkel zu haben. Enkel gehören ihrer Meinung nach zum Leben dazu. Sie hätte auch nicht ohne Kinder sein wollen und gleiches gilt für die Enkel. Frau Mais Meinung nach kommt die Enkelin gerne zu ihr, da sie immer lachend kommt. Nachteile dieser generationenübergreifenden Kontakte entdeckt sie weder für sich noch für ihre Enkelinnen.

Wie verbringt Frau Mai die Zeit mit ihrer Enkelin? Frau Mai erzählt, daß die Enkelin immer nur kurz vorbeikommt. Sie bringt ihr die Post. Dann sprechen sie kurz miteinander, beispielsweise über die Schule. Besondere Lieblingsbeschäftigungen gibt Frau Mai keine an. Sie benennt auch nichts, was sie mit der Enkelin weniger gern macht. Auf der fünfstufigen Skala von sehr gern (1) bis weniger gern (5) gibt Frau Mai an, daß sie gern (2) Großmutter sei. Sie berichtet, daß sie anfangs Probleme mit der Großmutterrolle hatte, da sie sich noch zu jung fühlte. Doch jetzt macht es ihr nichts mehr aus und sie freut sich, wenn die Enkelin Oma sagt und sie den Enkelinnen helfen kann. Daraufhin räumt sie jedoch gleich ein, daß sie heute nicht mehr viel mit ihnen machen kann.

Trotz dieser seltenen Kontakte zu den Enkelkindern gibt Frau Mai an, daß sie im Umgang mit ihren Enkelinnen Erziehungsideale verfolgt. Es ist ihr sehr wichtig, daß die Enkelinnen etwas lernen, da ihre Mutter Ausländerin ist und diese nach Ansicht von Frau Mai die Enkel nicht richtig betreut. Frau Mai fügt hinzu, daß sie als Mutter jedoch strenger gewesen wäre als heute bei den Enkelinnen. Dennoch erlaubt sie ihrer Meinung nach den Enkelinnen nicht mehr oder weniger als deren Eltern.

Frau Mai wünscht sich von ihren Enkeln, daß sie gut geraten, gesund sind und im Leben gut zurecht kommen. Sie wünscht ihren Enkelkindern, daß sie zufrieden sind, sich behaupten können, einen Beruf ergreifen, nicht krank und auf fremde Menschen angewiesen sind.

Kontakte zu Kindern im Altenheim fände Frau Mai gut. Sie erachtet es als schade, daß es im Altenheim keine Abteilung für Kinder gibt. Sie würde sich gern geistig mit Kindern beschäftigen, wie sie es formuliert. Sie möchte mit Kindern Bücher lesen und ihnen Märchen erzählen.

Leidenschaftliche Großmutter
Frau Els ist 87 Jahre alt und lebt seit acht Jahren im Wohnstift. Sie ist von Remscheid nach Frankfurt am Main gezogen, um näher bei ihren Kindern zu leben. Ihr Mann ist vor etwa drei Jahren verstorben. Sie berichtet, daß ihre Enkel ihm sehr nahe standen. Frau Els ist voll orientiert. Sie empfängt mich sehr freundlich, ist sehr aufgeschlossen und läßt sich interessiert auf das Interview ein. Frau Els hat drei Söhne und eine Tochter. Ein Sohn und eine Tochter wohnen in Frankfurt am Main, ein Sohn bei Heidelberg und einer in München. Sie hat insgesamt sieben Enkelkinder und vier Urenkel. Die Urenkel sind aber noch so jung, daß sie ihrer Meinung nach nicht viel mit ihnen anfangen kann. Ihre Enkel sieht sie etwa alle drei Monate und das findet sie auch gut so. Sie weiß, daß die Enkel viel zu tun haben und freut sich, wenn die Enkel sich Zeit für sie nehmen. Sie sieht die Enkel fast ausschließlich ohne deren Eltern, was ihr so auch am liebsten ist. Die Enkel trifft sie etwa gleichhäufig bei sich im Wohnstift wie bei den Enkeln zu Hause. Der Treffpunkt ist ihr jedoch egal. Sie freut sich immer, wenn sie ihre Enkel sieht.

Frau Els beurteilt Großeltern-Enkel-Kontakte als sehr wichtig. Ihrer Meinung nach haben diese generationenübergreifenden Kontakte für sie selbst und auch die Enkel Vorteile. Sie profitiert davon, da sie hört, was in der Welt los ist, was „in" ist. Sie erfährt viel Neues über die Enkelkinder, z.B. über Computer etc.

Die Enkel wiederum können sich von ihrer Großmutter Ratschläge holen und erfahren, wie es früher war. Frau Els vertritt die Ansicht, daß sie durch ihre Enkelkinder beweglicher und jünger bleibt. Sie hat Freude das Heranwachsen der Enkel zu beobachten und sie staunt, wie sich alles wiederholt. Nachteile durch diese Kontakte erkennt Frau Els weder für sich selbst noch für ihre Enkel. Sie räumt allerdings ein, daß Enkelkinder und insbesondere das eine behinderte Enkelkind, ihr manchmal Sorgen bereiten.

Die gemeinsame Zeit mit ihren Enkeln wird zumeist mit Gesprächen über die aktuelle Lebenssituation verbracht. Da ändern sich natürlich je nach dem Alter der Kinder die Gesprächsthemen. Es wird deutlich, wie gut sich Frau Els in der Schul-, Universitäts- und Berufswelt auskennt. Besonders gern geht Frau Els mit ihren Enkeln ins Konzert, Theater oder Kino. Gern würde sie noch mal mit ihren Enkeln verreisen. Das hat sie früher schon gemacht, doch heute haben die Enkel ihre eigenen Kameraden, wofür sie auch Verständnis hat. Gelegentlich erzählt sie den Enkelkindern auch von früher, ihrer eigenen Kindheit. Sie berichtet, wie früher das Familienleben war, wie das mit den Waschfrauen war oder wie ihr Vater mit dem Pferdewagen zu Krankenbesuchen gefahren ist. Es wird deutlich, daß Frau Els sehr gern Großmutter ist und das gibt sie auch selbst so an. Sie erläutert, welche Freude die Enkel ihr bringen. Sie genießt es, das Heranwachsen der Enkel zu erleben, aber nicht die Erziehungsverantwortung zu tragen. Dennoch hat sie im Umgang mit ihren Enkeln einige Erziehungsideale im Sinn. Sie möchte, daß ihre Enkel ehrlich sind, sich - auch geistig - nicht unterkriegen lassen, nicht strebsam sind, aber ihr Pensum machen und ihren Weg gehen. Im Vergleich zur Erziehung ihrer eigenen Kinder hält Frau Els fest, daß sie bei den Enkeln weicher und weniger streng ist. Allerdings erlaubt sie ihren Enkeln im Vergleich zu deren Eltern auch nicht weniger oder mehr.

Frau Els wünscht sich von ihren Enkeln, daß sie sie in guter Erinnerung behalten und ihren Enkeln wünscht sie, daß es möglichst wenig Komplikationen in ihrem Leben gibt.

Kontakte zu Kindern im Wohnstift würde Frau Els zu anstrengend finden. Sie ist mit ihren eigenen Enkelkindern und Urenkeln ausgelastet und zufrieden.

Bescheidene, stets zufriedene Großmutter
Frau Rose ist 80 Jahre alt und lebt seit 1 ½ Jahren im Altenheim. Als ich ins Altenheim komme, treffe ich Frau Rose nicht in ihrem Zimmer an. Scheinbar hat sie das Interview vergessen. Mit Hilfe eines Pflegers finde ich sie im Garten auf einer Parkbank sitzend. Sie ist nach wie vor gern zu dem Interview bereit. Ihre Antworten sind kurz und freundlich. Frau Rose scheint immer mit allem zufrieden zu sein. Sie fügt sich ins Leben, wie sie selbst von sich sagt.

Frau Rose hat einen 54jährigen Sohn und zwei Enkelkinder. Die Enkelin ist 26 Jahre und der Enkel 18 Jahre alt. Sie ist schon berufstätig, er geht noch zur Schule. Ihr Sohn, ihre Schwiegertochter und auch die Enkel wohnen in Frankfurt. Das Altenheim, in dem sie lebt, befindet sich in einem südlichen Frankfurter Stadtteil. In welchem Stadtteil ihr Sohn und die Enkel leben, fällt ihr nicht ein. Sie sieht ihre Enkelkinder zumeist nur an Festtagen wie Weihnachten, Ostern etc. Das findet sie auch gut so, denn die Enkel haben ihrer Auskunft nach wenig Zeit. Frau Rose sieht ihre Enkel fast ausschließlich gemeinsam mit deren Eltern, was sie ebenfalls befürwortet. Da sie kaum noch laufen kann, finden alle Treffen im Altenheim statt. Auch das wird von ihr begrüßt. Sie betont in diesem Kontext, daß ihr Sohn sie jeden Mittwoch besuchen kommt.

Frau Rose findet Enkel-Großeltern-Kontakte wichtig, jedoch nicht sehr wichtig oder weniger wichtig bzw. unwichtig. Sie ist sich nicht sicher, ob diese Kontakte für sie selbst Vorteile bringen. Wenn sie kommen, findet sie es gut. Doch aufzwingen will sie ihren Enkeln nichts. Ihrer Meinung nach gehört es zum Leben, Enkel zu haben: „das muß so sein". Bei Festen sind sie immer da. Frau Rose ist sich aber sicher, daß diese Kontakte für sie - ebenso wie für die Enkelkinder - keine Nachteile bringen. Vorteile bringen sie für die Enkel ihrer Meinung nach jedoch auch nicht, da die ihr eigenes Leben führen.

Wenn Frau Rose ihre Enkel sieht, unterhalten sie sich zumeist. Erzählungen von früher, aus ihrer Kindheit, finden allerdings nicht statt. „Da hat er gar keine Zeit zu" kommentiert sie diese Frage. Sie betont jedoch noch mal, wie lieb ihr Enkel - auf den sie sich während des Interviews hauptsächlich bezieht - ist. Lieblingsbeschäftigungen hat sie mit ihrem Enkel aber keine. Sie sagt wieder, „wenn er kommt, ist er da, aber er hat ja die Schule, noch so viel zu lernen und wenig Zeit". Sie hat auch keine Wünsche, was sie gern mal mit ihren Enkel machen würde, was bisher aber nicht möglich war. Auf solche Fragen reagiert sie mit Lachen, als wäre schon die Frage seltsam. Sie wünscht sich diesbezüglich nichts und ist zufrieden. Sie gibt auf der fünfstufigen Skala von sehr gern (1) bis sehr ungern (5) an, sie sei gern (2) eine Großmutter. Als Begründung sagt sie: „Ich habe sie alle gern, das gehört sich auch so".

Frau Rose vertritt im Umgang mit ihrem Enkel keine Erziehungsideale. Sie verhält sich ihrer Ansicht nach im Kontakt mit ihren Enkeln auch nicht anders als bei ihrem Sohn in dessen Kindheit bzw. Jugend und erlaubt dem Enkel auch nicht mehr oder weniger als seine Eltern.

Auf die Frage „Wenn Sie einen Wunsch frei hätten, was würden Sie sich von ihrem Enkel wünschen?", antwortet Frau Rose: „Nix, ich habe keinen Wunsch von ihm". Scheinbar findet sie diese Frage unvorstellbar. Ihren Enkelkindern wünscht sie jedoch nur Gutes. Sie räumt aber ein, daß sie sich darüber bisher noch keine Gedanken gemacht hat. Schließlich klappt bisher alles gut, er ist lieb und Extrawünsche hat sie keine.

Kinder in den Altenheimalltag zu integrieren findet sie gut. Sie würde mit ihnen spielen und ihnen erzählen „das kann man doch machen, da hat man Zeit zu, doch ich mache auch viel Handarbeit" ist ihr abschließender Kommentar zu dieser Thematik.

Frustrierte Großmutter
Frau Binger ist 84 Jahre alt und lebt seit etwa einem halben Jahr im Altenheim. Sie scheint mit ihrer Lebenssituation rundum unzufrieden zu sein. Sie hat einen 53jährigen Sohn, der sich vor knapp einem Jahr von der Schwiegertochter getrennt hat. Die beiden Enkelkinder sind 25 und 20 Jahre alt. Sie sind nicht die leiblichen Kinder ihres Sohnes und der Schwiegertochter, sondern wurden adoptiert. Bei der Adoption war das Mädchen sieben und der Junge vier Jahre alt. Da war nach Ansicht der Befragten „schon alles zu spät und nichts mehr zu retten". Die Enkelkinder leben heute in Mainz und die Befragte sieht sie nur sehr selten, etwa viermal im Jahr. Doch auch zu der Hochzeit ihrer Enkelin ist sie vor wenigen Wochen nicht gefahren, da so eine Fahrt und Feier ihrer Meinung nach für sie zu anstrengend gewesen wären. Sie ist auch damit zufrieden, daß sie ihre Enkel recht selten sieht und möchte daran nichts ändern. Frau Binger sieht ihre Enkel fast ausschließlich in Anwesenheit der Eltern, aber ohne diese wäre es ihr lieber. Die Treffen finden vorrangig bei ihr im Heim statt, was sie auch befürwortet. Sie hat Angst, rauszugehen und es wäre ihr auch zu aufwendig, zu den Enkeln zu fahren. Frau Binger schätzt Großeltern-Enkel-Kontakte als wichtig ein. Doch Vorteile bringen sie ihrer Meinung nach für sie selbst nicht. Den Kindern schon eher, weil sie ihnen oft Geld schenkt. Nachteile entdeckt sie bei diesen generationenübergreifenden Kontakten weder für sich noch für die Enkelkinder. Allerdings merkt sie an, daß es teilweise schon nachteilig wäre, „das Geld an die Enkel loszuwerden". Sie fügt jedoch gleich hinzu, daß sie das aber gerne tue.

Wenn Frau Binger ihre Enkel sieht, unterhalten sie sich gemeinsam. Lieblingsbeschäftigungen mit den Enkeln kann sie nicht angeben. Sehr gern würde sie die Enkel aber mal besuchen, um zu sehen, wie die Enkel wohnen. Doch das wäre ihr zuviel. Frau Binger gibt auf der fünfstufigen Skala von sehr gern (1) bis sehr ungern (5) an, daß sie gern (2) eine Großmutter ist. Scheinbar bezieht sie das eher auf vergangene Jahre, denn sie erläutert ihre Einschätzung folgendermaßen: „Ich spiele gern mit Kindern und habe immer gern kleine Kinder um mich gehabt".

Ob Frau Binger im Umgang mit ihren Enkeln Erziehungsideale vertritt, ist ihr selbst nicht ganz klar. Sie verweist jedoch darauf, daß die Enkel ihrer Meinung nach zu dick seien. Insbesondere die Enkelin müsse abnehmen, doch das hört sie gar nicht gern und da sagt Frau Binger lieber nichts mehr. Sie meint, die Enkel wollen nicht kritisiert werden. Hierbei erläutert sie ganz genau, wie die Enkelin schon als Kind „wie eine Maschine alles in sich hineingestopft" habe. Frau Bingers Meinung nach hat die Enkelin in den ersten sieben Lebensjahren nie genug zu essen bekommen, deshalb müsse sie jetzt so viel essen. Sie äußert sich hier sehr abfällig über ihre Enkelkinder, gibt sogar den Enkelkindern die Schuld für das Scheitern der Ehe ihres Sohnes. Sie räumt jedoch ein, daß sie selbst im Umgang mit den Enkeln etwas nachsichtiger sei als sie es bei ihren eigenen Kindern (sie hatte zwei Söhne, einer ist bereits verstorben) war.

Frau Binger wünscht sich von ihren Enkeln, „daß sie auf eigenen Beinen stehen können und gut durchs Leben kommen". Sie wünscht ihnen ein gutes und anständiges Leben.

Von Kontakten zu Kindern im Altenheim ist Frau Binger wenig begeistert. In dem Altenheim, in dem sie lebt, gibt es sogar Kontakte zu einem benachbarten Kindergarten. Die Kinder kommen regelmäßig - etwa ein- bis zweimal im Monat - in das Altenheim und Alt und Jung basteln beispielsweise zusammen. Aber nach Ansicht von Frau Binger bringt das nicht viel, da man nicht wirklich mit den Kindern in Kontakt tritt.

5.13 Ausblick

Großelternschaft wird von den meisten Befragten aus Altenheimen nicht mit der gleichen Lebendigkeit und Hingabe gelebt wie bei den Großeltern aus Privathaushalten. Zwar freuen sich die Befragten aus Altenheimen, wenn sie ihre Enkel sehen, doch verstehen sie diese Treffen vorrangig als kurzweilige Auflockerungen des Heimalltags. Die Großeltern-Enkel-Beziehungen zeichnen sich weniger durch gemeinsame Alltagserfahrungen aus. Es scheint jedoch, daß Großeltern, die zu Kindheitszeiten ihrer Enkel eine enge Beziehung zu diesen hatten, auch im Alter und im Altenheim - und zwar unabhängig von der derzeitigen Kontakthäufigkeit - die Beziehung zu ihren Enkeln als intensiver erleben als diejenigen, deren Großeltern-Enkel-Beziehung auch schon früher weniger bedeutsam war. Inwiefern Großeltern-Enkel-Kontakte für die Befragten aus Altenheimen als „gewinnbringend" zu bezeichnen sind, wird eher von individuellen biographischen Hintergründen als von dem Heimaufenthalt beeinflußt. Das hohe Alter der Befragten und das Leben in der Institution Altenheim scheinen sich jedoch auf die Gestaltbarkeit der Großeltern-Enkel-Beziehung eher nachteilig auszuwirken.

6 Exkurs: Der Generationenbegriff - ein spannender Störfaktor

Bei der Thematisierung von Generationenbeziehungen in familialen und institutionellen Kontexten erscheint eine Auseinandersetzung mit dem Generationenbegriff, wie schon oben erörtert, unumgänglich. Im folgenden wird daher zuerst ein Einblick in einige aktuelle Diskurse gewährt, um darauf aufbauend und unter Berücksichtigung der hier durchgeführten empirischen Studie neue Überlegungen zum Generationenbegriff zu diskutieren.

6.1 Der Generationenbegriff - eine Literaturstudie

Der Generationenbegriff stammt ursprünglich aus dem lateinischen „generatio", das wiederum aus dem griechischen „genesis" abgeleitet wurde. Es bedeutet ursprünglich Zeugung, Entstehung und auch Nachkommenschaft und ist zudem wortverwandt mit „génos", was mit Geschlecht zu übersetzen ist (Brüggen 1998, S. 266). Heute ist der Generationenbegriff in unterschiedlichen Diskursen zu finden. Im privat-familialen Sektor ist er allgemein bekannt, insofern Kontakte zu älteren und auch jüngeren Generationen das Zusammenleben prägen. Hinzu kommt, daß Menschen - sofern sie ein gewisses Alter erreichen - Erfahrungen sammeln, die jüngere, die mittlere und auch die ältere Generation zu sein. Die Definition des Generationenbegriffs ist jedoch vielschichtig. Neben diesen altersgruppenspezifischen Abgrenzungen (Kohorten), wie sie im familialen Sektor bekannt sind, stellt sich aus historischer Sicht die Frage, wie Generationen und Generationenabfolgen definiert werden können. Hinzu kommt das pädagogische Verständnis des Generationenbegriffs, das weitere Dimensionen dieser Debatte eröffnet.

In der zweiten Hälfte des 20. Jahrhunderts wurde der Diskussion um Generationsverhältnisse und Generationenbeziehungen wenig Interesse gewidmet. Im Hinblick auf die Rentenbeiträge und die Altersversorgung entfachten in den letzten Jahren auf politischer Ebene neue Diskussionsimpulse (vgl. Kapitel I und II). Doch was für ein Verständnis von Generation und Beziehung/Verhältnis verbirgt sich hinter diesen Debatten? Ergeben sich unterschiedliche Definitionen des Generationenbegriffs im öffentlichen und familialen Kontext?

6.1.1 Abhandlungen zum Generationenbegriff

In der erziehungswissenschaftlichen Forschung wurde den Generationenbeziehungen bisher ein eher geringfügiges Interesse zuteil. Dementsprechend ist auch die Definition des Generationenbegriffs nach wie vor relativ unscharf. Diese Unschärfe und Mehrdeutigkeit des Generationenbegriffs (Lüscher; in: Lüscher, Schultheis 1993, S. 17ff.) scheint sich in vielfacher Hinsicht hemmend auf die wissenschaftliche Auseinandersetzung mit der Generationsthematik auszuwirken. Die verschiedenen theoretischen Diskurse bedürfen einer inhaltlichen Bündelung und Gliederung. Im folgenden werden einige wesentliche Definitionsansätze vorgestellt und aufbauend auf diesen eine erweiterte Übersicht von Generationsbezügen entwickelt.

Eine wesentliche Festlegung bei der Debatte um die Generationsbezüge ist die Differenzierung zwischen der Makro- und der Mikroebene. Werden Generationen nach einer „abstrakten" Zugehörigkeit im historischen Kontext betrachtet, wird von Makroperspektive gesprochen. Hiermit werden anonym vernetzte Gruppen bezeichnet (z.B. Nachkriegsgeneration). Im Gegensatz hierzu bezieht sich die Mikroperspektive auf den sozialen Nahbereich. Gemeint sind einfache soziale Generationsbezüge im Lebensumfeld. Die Personen stehen in direktem Kontakt zueinander (Rauschenbach; in: Ecarius 1998, S. 19; Ecarius; in: Ecarius, S. 42; Lüscher, in: Lüscher, Schultheis 1993, S. 23). Kaufmann (in: Lüscher, Schultheis 1993, S. 95ff.) schlägt vor, für die Makroperspektive den Begriff „Generationsverhältnisse" und für die Mikroebene den Begriff „Generationenbeziehungen" zu nutzen.

Einen wesentlichen Beitrag zur Strukturierung der Makroebene hat Mannheim (1928) durch die Einführung der Begriffe Generationslagerung, Generationszusammenhang und Generationseinheit geleistet: "Generationseinheit ist also eine viel konkretere Verbundenheit als die, die der bloße Generationszusammenhang stiftet. Dieselbe Jugend, die an derselben historisch-aktuellen Problematik orientiert ist, lebt in einem "Generationszusammenhang", diejenigen Gruppen, die innerhalb desselben Generationszusammenhanges in jeweils verschiedener Weise diese Erlebnisse verarbeiten, bilden jeweils verschiedene "Generationseinheiten" im Rahmen desselben Generationszusammenhanges." (Mannheim 1928, S. 163)

Neben der Mikro- und der Makroperspektive ist die Unterscheidung von Gleichheit und Differenz ein wesentliches Kriterium zur Definition von Generationsbezügen. Bei der Beschreibung von Gleichheit, von identitätsstiftenden Merkmalen einer Generation, steht die synchrone Perspektive (intragenerativer Horizont) im Vordergrund, während bei der Erarbeitung von Differenz - Unterscheidungskriterien zwischen verschiedenen Generationenangehörigen - die diachrone Pespektive (intergenerativer Horizont) eingenommen wird (Herrmann 1987; Rauschenbach; in: Ecarius 1998).

Zusätzlich wird von Rauschenbach (in: Ecarius 1998, S. 19/29) die Differenzierung zwischen Teilnehmerperspektive (z.B. mein Bruder, meine Schwester) und Beobachterperspektive (z.B. Geschwister), aus denen sich Generationsbezüge beschreiben lassen, als von zentraler Bedeutung für die Erziehungswissenschaft benannt. Anhand dieser Perspektiven kann die Differenz zwischen Mit- und Umwelt, zwischen Selbst- und Fremdbeobachtung verdeutlicht werden.

Typologie der Generationsbezüge

	MIKROPERSPEKTIVE		MAKROPERSPEKTIVE		
	Teilnehmerperspektive	Beobachterperspektive	Teilnehmerperspektive	Beobachterperspektive	
Synchrone Perspektive	(1a) „meine Schwester, meine Freunde"	(1b) Geschwister, Gleichaltrige	(2a) „meine Generation"	(2b) „Kriegsgeneration", „68er Generation"	Intragenerativer Horizont
Diachrone Perspektive	(3a) „meine Mutter, mein Sohn"	(3b) Großeltern, Eltern, Kinder etc.	(4a) „unsere Großelterngeneration"	(4b) generativer, epochaler Wandel	Intergenerativer Horizont
	Generationsbeziehungen		Generationenverhältnisse		

(Rauschenbach; in: Ecarius 1998, S.19)

Die oben genannte Dreiteilung bei dem Versuch der Erstellung einer Typologie der Generationsbezüge verweist auf die Komplexität des Generationenbegriffs. Die Differenzierung zwischen Makro- und Mikroebene stellt einen entscheidenden Beitrag für den Umgang mit dem Generationenbegriff dar. Die Unterteilung in synchrone und diachrone Perspektive sowie in Teilnehmer- und Beobachterperspektive verstehe ich dagegen als zwei der Mikro- und Makroebene untergeordnete Zugangsweisen. Die Anwendung der Teilnehmer- und Beobachterperspektive kombiniert mit synchroner und diachroner Perspektive beinhaltet zudem einige Schwierigkeiten. Diese Definitionsprobleme zeigen sich deutlich, begibt man sich in die empirische Forschung. Operiert man mit den oben genannten Perspektiven synchron/diachron und Teilnehmer/Beobachter, ergeben sich - beispielsweise bei der Sampleerstellung - für empirische Studien Probleme. Wie kann man sich z.B. auf Mikroebene und vor intragenerativem Horizont eine Differenzierung zwischen Teilnehmer- und Beobachterperspektive vorstellen? Welche Personengruppen können die Teilnehmer-, welche die Beobachterperspektive einnehmen? Welche Personengruppen könnten im Mikrobereich aus Beobachterperspektive vor intragenerativem Horizont Auskünfte über beispielsweise Gleichaltrige geben? Sind die in Frage kommenden Personen nicht oftmals auch TeilnehmerInnen? Welche Rolle wird hierbei den ForscherInnen zuteil?

Doch nicht nur beim Vergleich des theoretischen Generationendiskurses mit der praxisnahen Forschung zeigen sich unterschiedliche Zugänge. Auch innerhalb des theoretischen Diskurses werden verschiedene Ansätze deutlich. So differenziert Liebau folgende drei Generationenbegriffe:

a. historischer Generationenbegriff (im Anschluß an Dilthey (1875) und Mannheim (1928) - z.B. bei Herrmann (1987));
b. genealogischer Generationenbegriff (z.B. bei Schmied (1984));
c. pädagogischer Generationenbegriff (z.B. bei Sünkel (1985)).

(Liebau; in Liebau 1997, S. 20)

Während der historische Generationenbegriff demnach der Makro- und der genealogische der Mikroebene zuzuordnen ist, versteht Liebau unter dem pädagogischen Generationenbegriff die Differenzierung zwischen der belehrenden und der aneignenden Generation. Die drei von Liebau angeführten Generationenbegriffe können Liebaus Definition nach nicht ineinander überführt oder zu einem einzigen zusammengefaßt werden. Es stellt sich jedoch die Frage, inwiefern diese drei Generationenbegriffe ineinanderreichen, sich teilweise überschneiden. Ist es nicht auch möglich, Abstammungsfolgen in Familien (genealogisch) unter historischer Perspektive zu untersuchen? Kann der historische Blick tatsächlich ausschließlich auf die Unterscheidung kollektiver historisch-sozialer Gruppierungen gelenkt werden? Der pädagogische Generationenbegriff wiederum, das Verhältnis zwischen vermittelnder und aneignender Generation, findet sich im historischen und im genealogischen Bereich.

Auch hinsichtlich der Bezeichnungen „Generation" (Herrmann 1987) und „Kohorte" (Schmied 1984) im historischen Kontext bestehen nach wie vor Unklarheiten und kontroverse Ansichten. Sicherlich sind die von Schmied angeführten Argumente gegen den Gebrauch eines „historischen Generationenbegriffs" bzw. für die Festschreibung des Begriffs „Generation" im genealogischen Kontext wesentliche Einwände. Insbesondere die Festlegung der kollektiven Gruppierung aufgrund historisch einschneidender Ereignisse in Abhängigkeit von der angeblich prägensten Lebensphase im Alter von 17-25 Jahren ("Jahre der Empfänglichkeit") erscheint auch mir sehr vage. Es stellt sich nicht nur die Frage, ob es sie als "Generation" überhaupt gäbe, wenn in diesen Jahren der Empfänglichkeit keine "großen Tatsachen und Veränderungen" stattfinden würden. Sondern ebenso muß hinterfragt werden, inwiefern diese Altersspanne für die

Entwicklung des Generationszugehörigkeitsgefühls als die prägenste verstanden werden kann. Denn auch die Bedeutung der Kindheit erscheint in diesem Kontext interessant. Zugleich liegt die Frage nahe, inwiefern sich Generationszugehörigkeitsgefühle in nur einer begrenzten Altersspanne bilden. Andererseits zeigen jedoch Mannheims Definitionen von Generationslagerung, Generationszusammenhang und Generationseinheit (Mannheim 1928), daß der Gebrauch des Kohortenbegriffs, wie Schmied (1984) ihn vorschlägt, eine Ignorierung historisch-inhaltlicher Anteile bedeuten würde.

Weitgehend unberücksichtigt blieb in den bisherigen Überlegungen zum Generationenbegriff und den Entstehungszusammenhängen von Generationszugehörigkeitsgefühlen die Bedeutsamkeit intergenerationeller Kontakte. Es stellt sich jedoch die Frage, wie wesentlich intergenerationelle Kontakte sind. Wie würde sich das Leben in Familien ohne intergenerationelle Kontakte gestalten, gäbe es dann überhaupt Generationszugehörigkeitsgefühle? Inwiefern können sich Generationszusammenhänge und Generationseinheiten bilden, wenn es keine intergenerationellen Kontakte gibt? Entstehen nicht auch diese in Anlehnung bzw. Abgrenzung zur vorherigen bzw. nachfolgenden Generation? Die Vernachlässigung dieses Kriteriums im Generationendiskurs hemmt Überlegungen, die zur inhaltlichen Füllung des Generationenbegriffs meines Erachtens von großer Bedeutung sind.

Aufgrund der oben erörterten Überlegungen, stelle ich folgende Definition des Generationenbegriffs zur Diskussion:

Die Differenzierung von Mikro- (einfache soziale Systeme im sozialen Nahraum) und Makroebene (abstrakte Zugehörigkeit zu einer anonym vernetzten Gruppe) erscheint mir eine wesentliche Komponente bei der Definition des Generationenbegriffs. Für erforschenswert halte ich zudem die Wechselwirkungen zwischen diesen beiden Bereichen, ist doch jeder Mensch im Mikro- und auch Makrobereich generationell verortet. In jedem dieser beiden Bereiche kann zwischen der Analyse von zeitgenössischen/gegenwärtigen Prozessen und historisch zurückliegenden Generationen differenziert werden. Die Analyse von Vergangenem und Gegenwärtigem wird sich allerdings im Bereich der Makro- und Mikroebene sehr unterschiedlich gestalten. Während es aus Makroperspektive teilweise schwer fallen könnte, zeitgenössische/gegenwärtige Generationen zu definieren, solange der gesellschaftliche Prozeß noch im Gange ist, mag es im Mikrobereich besonders interessant sein, aktuelle, gelebte Generationenbeziehungen zu untersuchen. Die Erforschung von Generationenbeziehungen im sozialen Nahraum in der Vergangenheit ist dagegen stark davon abhängig, wie sehr diese Beziehungen dokumentiert wurden (Tagebücher, Biographien etc.). Die rückblickende Festschreibung von Generationen unter Berücksichtigung historischer Ereignisse wird - da die politisch-gesellschaftlichen Entwicklungen im allgemeinen dokumentiert werden - ungleich leichter fallen. Für das Generationsverhältnis wiederum mag das nicht im selben Ausmaß zutreffen. Es sind demnach bei empirischen Studien zu Generationsverhältnissen und Generationenbeziehungen sowie bei der Differenzierung von „historisch rückblickend" und „gegenwärtig" unterschiedliche Forschungsmethoden erforderlich.

Innerhalb der Mikroebene erscheint es außerdem wesentlich, eine zusätzliche Differenzierung einzuführen: die der familialen Beziehungen (im Sinne von genealogisch) und die der nicht-familialen Generationenbeziehungen.

Weitgehend unberücksichtigt blieb bisher die Gestaltung und Bedeutung von generationellen Verhältnissen und Beziehungen in institutionellen Rahmenkontexten. Wie gestalten sich Generationenbeziehungen in Institutionen (beispielsweise in Kindertagesstätten, Horten, Kinderheimen, Pflegeheimen etc.) zwischen den „Institutionennutzern" (den Kindern, Alten) und dem pädagogischen Fachpersonal sowie zwischen den „Institutionennutzern" und deren älteren und/oder jüngeren Familienmitgliedern, Freunden in institutionellen Kontexten? Werden generationenübergreifende Kontakte in institutionellen Kontexten anders ge- und erlebt als in nicht-institutionellen Settings? Aufgrund dieser Überlegungen erscheint es im Mikrobereich sinnvoll, eine Differenzierung zwischen diesen beiden Bereichen vorzunehmen. Inwiefern auch auf Makroebene eine solche Unterscheidung angemessen ist, bedarf weiterer Überlegungen und Untersuchungen. Ist auf Makroebene ein interinstitutioneller generationenübergreifender Kontakt in Form von anonym vernetzten Gruppen vorstellbar (beispielsweise zwischen Vereinen, Parteien, Senioren-/Juniorengruppen)?

Entwurf eines Generationen-Modells

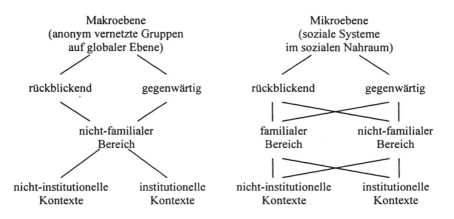

Personen bewegen sich selbstverständlich in allen diesen Bereichen, als Familienmitglied und/oder Freund im sozialen Nahraum und ebenso als Generationsmitglied auf Makroebene. Inwiefern sich Generationszugehörigkeit eher basierend auf Makro- oder Mikroereignissen bildet, steht zur Debatte und mag eventuell auch von Person zu Person sowie in Abhängigkeit von politisch-gesellschaftlichen Gegebenheiten unterschiedlich sein. Auf der Mikroebene wiederum stellt sich die Frage, ob für generationelle Zugehörigkeitsgefühle eher innerfamiliale Positionen - die Abfolge von Lebensabschnitten im familialen Rahmen (z.B. Kindheit, Enkelrolle, Adoleszenz, Ehe/Partnerschaft, Elternschaft, Großelternschaft) - oder aber beispielsweise Phasen im Bildungs-/Erwerbsarbeitsprozeß (Schulzeit, Erwerbsarbeit, Rente) die Generationszugehörigkeitsgefühle hervorrufen. Es wird deutlich, daß zur Definition des Generationenbegriffs die Einbeziehung empirischer Untersuchungen sinnvoll ist. Eine Aufhebung der strikten Trennung zwischen wissenschaftlich-theoretischen Generationendiskursen und empirischen Studien erscheint anstrebenswert.

6.1.2 Aufhebung des Generationenbegriffs als Resultat generationenübergreifender Lebensmodelle?

Im zeitgenössischen Kontext wird immer wieder diskutiert, daß der Generationenbegriff für heutige Verhältnisse nicht mehr angewandt werden kann. Hierzu werden vor allem folgende Überlegungen angeführt:

Zum einen wird argumentiert (vgl. Wimmer; in: Ecarius 1998, S. 100ff.), daß es innerhalb einer Generation zwischen den verschiedenen Generationsmitgliedern vielfältige Differenzen geben kann (generative Differenzen). Angehörige einer Generation können sowohl hinsichtlich umfassender Themenkomplexe wie z.B. politischen Einstellungen als auch hinsichtlich persönlicher Bereiche wie Hobbies, Musikgeschmack, Freizeitgestaltung sehr unterschiedliche Auffassungen vertreten. Zudem können sie sich - bedingt durch die gegebenen Wahlmöglichkeiten bei der Lebensplanung - im Hinblick auf ihre Lebensplanung/-gestaltung in sehr unterschiedlichen Phasen befinden. So können Angehörige eines Generationenzusammenhanges im Sinne Mannheims (1928) zwar in gleichen Altersphasen übereinstimmende gesellschaftliche Erfahrungen sammeln, doch die Verarbeitung und der Umgang mit den historisch einschneidenden Ereignissen kann sich sehr unterschiedlich gestalten und auch verschiedenartig auf die Lebensgestaltung auswirken. Zudem kann der Umgang mit gesellschaftlichen Ereignissen in der prägensten Lebensphase im Alter von 17-25 Jahren von der jeweiligen individuellen Lebenssituation - z.B. der familialen Situation, den finanziellen Gegebenheiten, dem Bildungsniveau etc. - beeinflußt werden.

Zum anderen wird argumentiert, daß der Generationenbegriff in Auflösung begriffen ist, insofern gegebenenfalls vorhandene Differenzen zwischen verschiedenen Generationen nicht notwendigerweise durch die Generationsdifferenz begründet werden können. Diese Differenzen sind möglicherweise auch das Resultat von Status-, Geschlechts-, Bildungsdifferenzen. Bisher ist es nicht möglich, diese Zusammenhänge eindeutig zu entschlüsseln, da vielfältige Faktoren zu berücksichtigen sind. Unklar bleibt demnach, welche Kriterien die Differenz bewirken (vgl. Wimmer; in: Ecarius 1998, S. 100ff.). In diesem Kontext ist auch der abnehmende Sozialisationseinfluß der Elterngeneration auf die Kinder und der steigende Einfluß von Gleichaltigen, Markt und Medien zu verstehen. Die Veränderungen im Erziehungsmilieu, die Wandlung vom Befehls- zum Verhandlungshaushalt unterstützen diese Prozesse sowie den abnehmenden Einfluß der Erwachsenengeneration auf die Sozialisation heutiger Kinder (Müller 1999, S. 789).

Doch nicht nur die Gründe für die Differenzen im intragenerationellen Vergleich sowie die nicht entschlüsselbaren Differenzen im intergenerationellen Vergleich, sondern ebenso die vorhandene Gleichheit im intergenerationellen Vergleich, mögen für die Aufhebung des Generationenbegriffs sprechen. Es stellt heutzutage beispielsweise keine Ausnahme mehr dar, wenn Vater und Sohn oder Enkel und Großvater einen ähnlichen Musikgeschmack haben oder die gleichen Hobbies verfolgen. Sowohl für Enkelin, Mutter, Großmutter ist es möglich, ein Studium zu beginnen, zu heiraten, auf Weltreise zu gehen. In diesem Kontext wird auch der pädagogische Generationenbegriff unter heutigen Lebensumständen in Frage gestellt (Sünkel; in: Liebau 1997, S. 195ff.). Sünkel legt dar, daß das Lehrer-Zögling-Verhältnis heute keinesfalls mehr in der Form festgelegt werden kann, daß Kinder und Jugendliche der aneignenden und Erwachsene der vermittelnden Generation angehören. Unter den sich schnell wandelnden Lebensbedingungen - beispielsweise im EDV-Bereich - kann das Lehrer-Zögling-Verhältnis leicht wechseln: Kinder erklären ihren Eltern die neusten Computerentwicklungen. Es entsteht damit eine Umkehrungen des Lehrer-Zögling-Verhältnisses. Hinzu kommt, daß Angehörige der verschiedenen Generationen, mal Vermittelnde, mal Aneignende sein können. Auch der pädagogische Generationenbegriff scheint von daher in Auflösung begriffen zu sein. "Eine pädagogische Generation ist also, anders als jede auf andere Weise definierte Generation, keine wie auch immer eindeutig umschreibbare „Kohorte", sondern eine „Funktion" bei der Lösung eines der fundamentalen Existenzprobleme der menschlichen Gattung" (Sünkel; in: Liebau, Wulf 1996, S. 284).

Diese Argumente für eine Enthebung des Generationenbegriffs betreffen sowohl den Bereich der Mikro- als auch den der Makroebene. Doch auch wenn es zutreffen kann, daß 20- und 60jährige den gleichen Musik- oder Modegeschmack haben, die Universität im gleichen Semester besuchen und sich evtl. sogar hinsichtlich der Familiengründung in gleichen Phasen befinden, darf hierbei nicht ignoriert werden, daß im Lebenskontext eines 60jährigen beispielsweise ein Studium andere Bedeutung haben wird als im Lebenskontext eines 20jährigen Menschen. Durch die in der heutigen Gesellschaft gegebenen Wahlmöglichkeiten - Bastelbiographien (Beck, Beck-Gernsheim; in: Beck, Beck-Gernsheim 1994, S. 13) - sowie die Verbesserung des gesundheitlichen Wohlbefindens im Alter (Bundesministerium für Familie, Senioren, Frauen und Jugend, 1996, S. 80ff., Bundesministerium für Familie, Senioren, Frauen und Jugend, 1995, S. 41ff.) ergeben sich für Menschen unterschiedlichster Altersgruppen vielfältige und zum Teil ähnliche Lebensgestaltungsperspektiven. Die Interessen von beispielsweise 20- und 60jährigen können heute zwar sehr ähnlich sein, doch die schon begangenen Lebenswege und damit auch die Motivationen, welche die Betroffenen leiten, verleihen den gleich oder ähnlich erscheinenden Interessen eines 20- und 60järigen unterschiedliche Bedeutungen. Und auch bezüglich des pädagogischen Generationenbegriffs darf nicht ignoriert werden, daß bei diesen Prozessen des Vermittelns und Aneignens Faktoren wie z.B. Austausch von Emotionen, Umgangsweisen, Verantwortungsgefühle, Zuständigkeiten, die sich oftmals aus Abstammungsfolgen herleiten lassen, den Wissenstransfer beeinflussen.

Eine Aufhebung des Generationenbegriffs ist daher kritisch zu diskutieren. Es erscheinen empirische Studien anstrebenswert, in denen Erkenntnisse zu Entstehungshintergründen und zur Beschaffenheit von generationellem Empfinden gewonnen werden können.

6.2 Neue Perspektiven im Diskurs zum Generationenbegriff - eine empirische Studie

Der Begriff "Generation" wird - wie oben erläutert - nach wie vor sehr unterschiedlich definiert. In der hier durchgeführten Studie wird im Rahmen einer empirischen Untersuchung versucht, den Generationenbegriff von den Interviewten inhaltlich zu bereichern. Wie definieren die Befragten Generation, wovon ist es abhängig, ob sie sich einer Generation zugehörig fühlen. Entsteht dieses Zugehörigkeitsempfinden eher über die Mikro- oder Makroebene? Falls Mikroebene, sind eher familiale Kontexte wie Großmutter, Mutter, Enkelin sein oder beispielsweise Bildungs-/Erwerbsarbeitskriterien wie Berufseinstieg oder Berufsausstieg von Bedeutung?

Es findet damit eine Verbindung von Forschungskomplexen statt, die bisher weitgehend separat thematisiert wurden: theoretische Diskurse zum Generationenbegriff und empirische Untersuchungen zu Generationenbeziehungen. Zudem wird der Blick auf generationelle Kontexte in Institutionen geworfen. Hierbei wird der Frage nachgegangen, welchen Einfluß institutionelle Rahmenbedingungen auf generationelles Empfinden haben können. Oder ist generationelles Empfinden an privat-familiale Settings gebunden?

6.2.1 Alte Menschen in Privathaushalten: Lebenswege und Generationszugehörigkeit

Im folgenden wird die Sicht der befragten Alten aus Privathaushalten (vgl. Kapitel IV.1.2) auf ihren Lebensweg, ihr Generationsverständnis und auch ihr Generationszugehörigkeitsgefühl dargelegt.

6.2.1.1 Lebenswege und einschneidende Ereignisse

Welche Ereignisse erscheinen alten Menschen im Rückblick auf ihr Leben besonders wichtig? In Anbetracht der Kontroversen zum Generationenbegriff stellt sich hier die Frage, inwiefern die Befragten eher Ereignisse der Mikro- oder Makroebene benennen.

Die Befragten wurden gebeten drei Ereignisse zu benennen, die ihnen in ihrem Leben besonders wichtig erscheinen. 76,6% geben auch tatsächlich drei Ereignisse an, während 10% zwei und 3,3% nur ein Ereignis/se äußern. Ebenfalls 3,3% geben vier und weitere 6,7% fünf Ereignisse an. Im Durchschnitt benennen die Befragten hier 3,0 Ereignisse, die ihnen besonders wichtig erscheinen. Von allen Befragten äußern 43,3% ausschließlich Ereignisse, die der Mikroebene zuzuordnen sind (z.B. „schöne Kindheit, Kennenlernen des Mannes, Geburt der Kinder" oder „Tod des Vaters, Heirat, Tod des Ehemannes, Geburt des ersten Enkels"). Bei weiteren 40% der Befragten sind die genannten Ereignisse vorrangig der Mikroebene zuzuordnen (z.B. „Krieg, sich verlieben, Kind bekommen" oder „Kindesalter waren Kriegsjahre, Ausbildung als Industriekaufmann, große Liebe geheiratet und drei Kinder geboren"). Damit liegt bei über 80% der Befragten ein Schwerpunkt in dem Mikrobereich. Von 6,7% werden Mikro- und Makroebene in etwa gleichem Ausmaß bedacht und 10% äußern vorrangig der Makroebene zuzuordnende Ereignisse. Erstaunlich ist allerdings, daß bei dem zuerst genannten Ereignis mit 43,3% weitaus häufiger als bei dem zweit- (20%) und drittgenannten (3,3%) Ereignis die Makroebene bedacht wird.

Diejenigen, die ein viertes und/oder fünftes Ereignis angeben, nennen immer der Mikroebene zuzuordnende Ereignisse. Die Mikroebene scheint - in Form von Hochzeit, Geburt der Kinder, Bildungsweg, Krankheiten, Todesfällen - für die Befragten von größerer Bedeutung als die Makroebene (Krieg, Gefangenschaft, Flucht). Von den der Mikroebene zuzuordnenden Ereignissen beziehen 56,7% der Befragten diese ausschließlich auf ihr Familienleben (Eheschließung, Geburt der Kinder und Enkel) und weitere 16,7% vorrangig auf das Familienleben. Für die Befragten und deren Lebenslauf ist die Familie damit von ganz besonderer Bedeutung. Auf ausschließlich Bildung und Beruf bezieht sich nur ein Befragter und 6,7% benennen vorrangig Bildung und Beruf. Zu 13,3% werden Bildung/Beruf und Familie gleichermaßen bedacht. Den traditionellen geschlechtsspezifischen Vorstellungen entsprechend äußern Frauen mit 52,4% weitaus häufiger als Männer (22,2%) ausschließlich der Mikroebene zuzuordnende Ereignisse. Von den befragten Männern werden mit 66,7% am häufigsten vorrangig Mikroereignisse genannt, d.h. bei beispielsweise drei Ereignissen gehören zwei der Mikro- und eines der Makroebene an. Zudem beziehen sich bei den Frauen die genannten Mikroereignisse mit 66,7% am häufigsten ausschließlich auf die Familie, was bei den Männern zu 33,3% zutrifft. Insgesamt wird die Geburt der Kinder von knapp zwei Drittel und die Geburt der Enkelkinder von gut 15% der befragten Großeltern bedacht. 56,7% erwähnen die Heirat bzw. Liebe zum Partner/zur Partnerin. Der Tod eines Menschen wird von 23,3% der Befragten als eines der wesentlichen Lebensereignisse berücksichtigt.

Die von den Befragten genannten Lebensereignisse geben einen Einblick in ihren bisherigen Lebensweg und welchen Stellenwert Mikro- bzw. Makroereignisse in ihrem Leben einnehmen. Sie verraten etwas über die Identität der Befragten, ihre Lebensideale. Geben sie möglicherweise auch Aufschluß über die Bedeutung von Mikro- und Makroereignissen hinsichtlich des Generationszugehörigkeitsgefühls? In der Literatur wird überwiegend die Meinung vertreten, daß Makroereignisse prägenden Einfluß auf das Generationszugehörigkeitsgefühl nehmen. Doch obwohl - oder möglicherweise auch weil - die befragte Generation durch die Kriegsgeschehnisse über tiefgreifende Makroerlebnisse verfügt, geben die Befragten vorrangig Mikroerlebnisse an. Andererseits berücksichtigen immerhin 56,7% der Befragten ein oder mehrere Makroerlebnisse. Die historischen Entwicklungen haben demnach prägenden Einfluß auf das Leben dieser Befragten genommen. Wichtiger erscheinen den meisten Befragten rückblickend jedoch die Mikroereignisse. Es stellt sich die Frage, wie eine Altersgruppe von Menschen, in deren Leben weitaus weniger weitreichende Makroereignisse stattgefunden haben, mit einer solchen Fragestellung umgehen würde.

In dem folgenden Kapitel wird ersichtlich werden, welchen Stellenwert Mikro- und Makroereignisse auf das Generationszugehörigkeitsgefühl der Befragten haben. Den hier vorliegenden Ergebnissen zufolge kann davon ausgegangen werden, daß familiale und möglicherweise auch berufliche Lebensrhythmen das Leben der Menschen in größerem Ausmaß prägen als Makroereignisse.

6.2.1.2 Generationszugehörigkeitsgefühl

Zwei Drittel der Befragten fühlt sich einer bestimmten Generation zugehörig. Für ein Drittel der Befragten trifft das nicht zu. Frauen fühlen sich mit 71,4% häufiger einer Generation zugehörig als Männer (55,6%). Diejenigen Befragten, die sich keiner Generation zugehörig fühlen, begründen dies entweder mit ihrem Alter (30%) - weil sie sich noch jung fühlen „ich fühle mich noch so jung, meinen Kindern noch so nah; ich bin noch keine alte Frau" - und/oder mit ihrem Verständnis für Menschen aller Lebensalter bzw. Lebenslagen (60%): „Ich habe vertraute und enge Freunde in allen Generationen, deshalb fühle ich mich keiner Generation zugehörig, obwohl ich schon weiß, zu welcher Generation ich gehöre; ich fühle mich zu jungen und zu alten hingezogen". Das Wort Generation ruft bei den Befragten Assoziationen von hohem Lebensalter hervor. Dies scheint bei einigen Befragten Abwehrreaktionen auszulösen, weshalb sie sich keiner Generation zugehörig fühlen möchten. Es wird zudem die Auffassung vertreten, wenn jemand gut mit Menschen verschiedener Altersklassen auskommt, er/sie sich jenseits der Generationen bewegt, nicht einer Generation zuzuordnen ist. Offenheit und Toleranz stehen hier im Gegensatz zu Generationszugehörigkeit. Es entsteht der Eindruck, daß diese Menschen den Generationenbegriff eher negativ besetzen. Er wird von ihnen mit hohem Alter in einem negativen Sinn, mit Intoleranz und Unflexibilität gleichgesetzt. Unter Generationszugehörigkeit wird eine generationenisolierende Existenz verstanden. Diese Befragten wollen sich nicht in eine Schublade stecken lassen „ich fühle mich gar keiner Generation zugehörig, vielleicht gehört das zu der Freiheit, die ich mir im Alter genommen habe, in Schubladen kann man mich nicht stecken, ich lache mit 25- und mit 45jährigen und ich spiele mit 6jährigen ...".

Ganz anders sind die Reaktionen derer, die sich einer bestimmten Generation zugehörig fühlen. 66,7% der Befragten fühlen sich einer bestimmten Generation zugehörig. Es werden folgende Generationen genannt: „ältere Generation, Kriegsgeneration, Nachkriegsgeneration, Rentnergeneration, Großelterngeneration, Seniorengeneration, Luftwaffenhelfergeneration". Zu jeweils 50% beziehen sich diese Angaben auf Generationsbezeichnungen, die der Makro- bzw. der Mikroebene zuzuordnen sind. Während Angaben wie Kriegsgeneration und Nachkriegsgeneration ihren Ursprung im Makrobereich haben, gehören Generationsangaben wie Großelterngeneration, Rentnergeneration und ältere Generation zur Mikroebene. Bei ersteren Äußerungen geben historisch gesamtgesellschaftliche Ereignisse den Ausschlag für die Generationsbezeichnung, während es bei der Mikroebene um eher private Hintergründe oder das Alter der Befragten geht. Die Zuordnung des Lebensalters ist problematisch. Da die Anzahl der Lebensalter von historischen Ereignissen - Makroerlebnissen - unabhängig ist, werden sie hier dem Mikrobereich zugeordnet. Bei den weiteren Begründungen, weshalb die Befragten sich der von ihnen genannten Generation zugehörig fühlen, zeichnen sich ähnliche Ergebnisse ab. Die Erläuterungen sind zu 50% der Mikroebene, zu 40% der Makroebene zuzuordnen. Bei 10% der Antworten beziehen sich die Angaben auf beide Bereiche. Hierbei äußern Frauen häufiger als Männer Mikrobegründungen. Es fällt jedoch auf, daß den Makrozuordnungen, die sich ja größtenteils auf Kriegs- oder Nachkriegserlebnisse beziehen, oftmals auch sehr individuelle Erfahrungen zugrunde liegen. Beispielsweise schildert eine Befragte das Aufwachsen nach dem Krieg, die damit einhergehenden Entbehrungen, daß es kaum Spielsachen gab, aber die Freiheit, draußen zu spielen. Ein anderer Befragter berichtet von seinen Kriegserfahrungen und Nachkriegserlebnissen. Besonders einprägsam empfand er, daß seine Großmutter verzweifelt auf ihren Sohn gewartet hat, der aber im Krieg gefallen ist. Andere Befragte erinnern sich an den großen Hunger im Krieg oder die schrecklichen Bombennächte und haben auch hierzu ganz bestimmte und individuelle Ereignisse, die ihnen sofort einfallen. Die Begründungen für das Generationszugehörigkeitsgefühl haben hier zwar eindeutig historisch-gesellschaftliche Hintergründe, werden aber insbesondere durch individuelle Ereignisse einprägsam und für die Befragten von so weitreichender Bedeutung. Bei denjenigen, die sich bei den Generationsbezeichnungen und den dazugehörigen Begründungen auf der Mikroebene bewegen, werden vor allem allgemeine Begründungen („das Lebensalter und die Lebenserfahrungen, alles ist geruhsamer; durch das Alter, ich habe andere Vorstellungen als jüngere; meine Freunde sind alle in diesem Alter") und nur teilweise individuelle wie „ich habe einen anderen Musikgeschmack als die Jüngeren und kaum Computerkenntnisse; das Alter spielt keine Rolle, wenn mit Menschen Diskussionen möglich sind - über politische Ansichten und Meinungen - dann ist das meine Generation, der ich mich zugehörig fühle" genannt. Es ist überraschend, daß die der Mikroebene zuzuordnenden Begründungen eher einen allgemeinen Charakter haben als die Argumentationsstränge der Makroebene. Zum Teil ergibt sich das aus den Angaben zum Alter im Mikrobereich. Das Lebensalter wird immerhin zu 40% als Definitionskriterium für die Generationszugehörigkeit gewählt. Frauen (46,67%) beziehen sich hierbei häufiger auf das Lebensalter als Männer (20%). Letztere benennen mit 60% dagegen häufiger Kriegserlebnisse als die befragten Frauen (40%). Kriegserlebnisse werden insgesamt zu 45% angeführt.

Hat dieses Generationszugehörigkeitsgefühl nach Ansicht der Befragten Einfluß auf ihre Lebensgestaltung? 75% der Befragten bejahen diese Frage. Mehrheitlich wird die Ansicht vertreten, daß sie durch diese Generationszugehörigkeit zu bescheidenen und sparsamen Menschen geworden sind. Die Befragten beziehen sich hierbei vor allem auf die Entbehrungen der Kriegs- und Nachkriegsjahre: „man ist sparsamer und dankbar für die Tatsache, kaufen zu können, was man will, wenn man Geld hat natürlich, man kann reisen, hat Komfort und man muß keinen Hunger leiden; ich lebe nicht übertrieben freizügig, schon etwas sparsam, werfe kein Essen weg, mit wenig Geld hatten wir damals eine ganz kleine Wohnung und waren doch glücklich". Doch auch Gelassenheit und Zuversicht („Ich bin gelassener, habe bei Veränderungen im persönlichen und wirtschaftlichen Bereich die Erfahrung gemacht, daß es vor und zurück geht"), die durch das Lebensalter erworben werden, sowie eine besondere Familienverbundenheit werden von den Befragten angeführt. Diese Ansichten und Lebensweisen resultieren den Meinungen der Befragten zufolge aus ihrer Generationszugehörigkeit und den damit zusammenhängenden prägenden Ereignissen. 95% der Befragten, die sich einer Generation zugehörig fühlen, spürt diese Generationszugehörigkeit in bestimmten Situationen und Kontexten stärker als in anderen. Hierzu geben je 26,3% der Befragten an, daß sie sich insbesondere im Kontakt mit Jüngeren - aus diachroner Perspektive (vgl. Rauschenbach, in: Ecarius 1998) - bzw. im Kontakt mit Gleichaltrigen - aus synchroner Perspektive - der Generationszugehörigkeit bewußt werden. 15,8% nennen beide Aspekte. Während von den Befragten bei der synchronen Ebene die Gemeinsamkeiten mit den Gleichaltrigen betont werden, fallen ihnen bei der diachronen Ebene die Unterschiede im Vergleich mit der jüngeren Generation auf.

Der Begriff Generation wird von den Befragten zum Teil ganz unterschiedlich aufgefaßt und ist für immerhin ein Drittel der Befragten eher negativ besetzt. Von denjenigen, die sich einer Generation zugehörig fühlen, werden Mikro- und Makrobegründungen etwa gleichermaßen benannt. Demnach nehmen Mikroereignisse bei der Entwicklung von Generationszugehörigkeit einen weitaus bedeutsameren Stellenwert ein als es basierend auf den in der Literatur vorherrschenden Ansichten zu erwarten war. Wird nach wichtigen - gewissermaßen prägenden - Lebensereignissen gefragt, demnach ein anderer Zugang als Definitionsgrundlage für die Generationszugehörigkeit gewählt, werden sogar vorrangig Mikroereignisse benannt. Bei der weiteren Analyse von Generationszugehörigkeitsgefühlen und des Generationendiskurses erscheint daher eine differenzierte Berücksichtigung von Mikroerlebnissen angemessen.

6.2.2 Alte Menschen in Altenheimen: Lebenswege und Generationszugehörigkeit

Im folgenden wird die Sicht der befragten Alten aus Altenheimen (vgl. Kapitel IV.1.2) auf ihren Lebensweg, das Generationsverständnis und auch Zugehörigkeitsgefühl dargelegt. Bei diesem Themenkomplex interessiert auch, inwiefern das Leben in der Institution Altenheim oder Wohnstift auf die Beantwortung der Fragen Einfluß nimmt.

6.2.2.1 Lebenswege und einschneidende Ereignisse

Bezug nehmend auf die Diskurse zum Generationenbegriff und die große Bedeutung, die hierbei den Ereignissen auf der Makroebene zugeschrieben wird, sollten hier - ebenso wie bei der Befragung von Großeltern in Privathaushalten - die Alten selbst benennen, welche Ereignisse ihr Leben geprägt haben. Sie wurden daher aufgefordert, die für sie drei wichtigsten Lebensereignisse anzugeben.

Die Aufforderung, drei wichtige Lebensereignisse zu äußern, rief bei einigen Befragten Schwierigkeiten hervor, da sie leicht eine wesentlich größere Anzahl an wichtigen Lebensereignissen hätten nennen können. Einige der Befragten motivierte diese Frage auch zur Erläuterung der wichtigsten Stationen in ihrem Leben. Es war ihnen nicht möglich, sich auf nur drei Ereignisse zu konzentrieren. 50% der Befragten konnten sich jedoch auf drei Ereignisse beschränken, 13,3% kamen sogar mit 2 und 3,3% mit nur einem Ereignis aus. Zu 23,3% wurden vier Ereignisse und zu 10% 5 und mehr Ereignisse genannt. Hierbei beziehen sich 43,3% der Befragten ausschließlich auf Lebensereignisse, die dem Mikrobereich (vgl. Rauschenbach, in Ecarius 1998) zuzuordnen wären: „Heirat, Geburt meines Sohnes, mein Vater hat häufig geheiratet und ich hatte viele Stiefmütter; mit 15 Jahren habe ich für ¼ Jahr meinen Onkel in Rio besucht, meine Ehe - war etwas kompliziert, da ich meinen Mann eigentlich nicht heiraten sollte, da er katholisch war und ich evangelisch und mein Mann nicht den richtigen Beruf hatte und noch 15 Jahre älter war als ich, doch dann hat es endlich geklappt -, meine Tochter, meine Schulzeit im Internat in Potsdam; am 20. Mai 1944 Hochzeit in Fulda, Umzug nach Frankfurt am Main, 1944 mein erster und 1947 mein zweiter Sohn". Weitere 40% nennen vorrangig Mikroereignisse, also beispielsweise zwei Mikroereignisse und ein Makroereignis oder drei Mikroereignisse und ein Makroereignis („Vertreibung, Heirat 1948, Scheidung 1970; drei Kinder geboren, Mann im Krieg gefallen, viel Arbeit auf dem Bauernhof; ich wurde adoptiert, was ich in der Schulzeit erfahren habe, weil ich Akten im Bücherschrank gefunden habe, aber meine Eltern haben nicht darüber geredet, mit 20 Jahren habe ich geheiratet, im Krieg mußten wir aus Frankfurt raus und waren bis 1950 evakuiert, heute habe ich beide Beine ab - 1994 das erste und 1992 das zweite Bein ab"). Nur 6,7% äußern ausschließlich Makroereignisse („Flucht mit etwa 5 Jahren vom Land in die Stadt während der Revolution in Rußland, Flucht mit dem Schiff nach Deutschland am Weihnachtsabend 1918, Flucht aus Baltiko, teils zu Fuß, teils mit Pferdegespann am Ende des Krieges 1945; Flucht vor Russen, zwei Kriege") und 10% vorrangig Makroereignisse („1945 Besetzung von Russen, 1957 Aussiedlung nach Frankfurt, 1991 Einzug ins Altenheim; Mann kennengelernt und beruflicher Wechsel zur Landwirtschaft, Flucht aus Ostzone nach Frankfurt; Kriegsausbruch, Kriegsende"). Das erst- und zweitgenannte Ereignis sind zu 73,3% dem Mikrobereich angehörig. Die Angaben aus dem Mikrobereich beziehen sich zu 36,7% ausschließlich und zu weiteren 39,3% vorrangig auf das Familienleben der Befragten. Bildung und Beruf spielen eine eher untergeordnete Rolle. Häufig genannte wesentliche Lebensereignisse aus dem familialen Bereich sind die Geburt der Kinder, die Heirat des Partners/der Partnerin bzw. Liebe zum Partner/zur Partnerin. Ein Drittel benennt auch den Verlust eines geliebten Menschens und zu 10% wird die Geburt der Enkelkinder berücksichtigt. Beim Vergleich der Altenheim- und WohnstiftbewohnerInnen wird deutlich, daß zwar die WohnstiftbewohnerInnen etwas häufiger ausschließlich Mikroereignisse benennen als die AltenheimbewohnerInnen, letztere aber weitaus häufiger vorrangig Mikroereignisse angeben. Dementsprechend nennen die AltenheimbewohnerInnen insgesamt betrachtet häufiger als die WohnstiftbewohnerInnen Lebensereignisse aus dem Mikrobereich und konzentrieren sich innerhalb dieser Mirkoereignisse auch häufiger auf familiale Ereignisse. Die WohnstiftbewohnerInnen dagegen geben etwas häufiger Makroereignisse an und bei ihnen nehmen innerhalb des Mikrobereichs Bildungsereignisse einen etwas höheren Stellenwert ein. Letzteres läßt sich sicherlich durch die oftmals wesentlich bildungsorientierteren Lebensläufe der WohnstiftbewohnerInnen erklären.

Rückblickend auf ein langes Leben sind den befragten Alten vorrangig familiale Ereignisse wesentlich. Obwohl diese Altersgruppe zumeist zwei Kriege erlebt hat, spielen die Kriegserfahrungen eine eher untergeordnete Rolle. Als entscheidende und prägende Momente dominieren diesen Befragungsergebnissen zufolge Mikro- über Makroereignisse.

6.2.2.2 Generationszugehörigkeitsgefühl

Im folgenden wird der Frage nachgegangen, inwiefern sich Menschen im hohen Alter einer Generation zugehörig fühlen und falls ja, welcher Generation sich die Befragten zuordnen. Zudem interessiert, welche Gründe von den befragten Alten genannt werden, weshalb sie sich einer oder auch keiner Generation angehörig fühlen.

62,1% der Befragten aus Altenheimen fühlen sich einer bestimmten Generation zugehörig und 37,9% der Befragten haben kein Generationszugehörigkeitsgefühl. Mit 73,3% geben die WohnstiftsbewohnerInnen häufiger ein Generationszugehörigkeitsgefühl an als die AltenheimbewohnerInnen (50%). Diejenigen, die sich keiner Generation zugehörig fühlen, nennen hierfür als Begründung, daß sie sich noch jung fühlen, Kontakte zu vielen Menschen unterschiedlichen Alters haben, mit der Zeit gehen, keine Kontakte zu Gleichaltrigen haben oder sich nicht zuordnen wollen. Demnach kann Mangel an Kontakten zu Gleichaltrigen ebenso wie Kontakte zu unterschiedlichen Altersgruppen als Erklärung dienen, weshalb sich die Befragten keiner Generation zugehörig fühlen. Aufgeschlossenheit und mit der Zeit gehen sind diesen Angaben zufolge weitere Indizien für kein Generationszugehörigkeitsgefühl.

Diejenigen Befragten, die sich einer Generation zugehörig fühlen, geben zu 61,1% an, daß sie sich der älteren Generation, zu 22,2% der Kriegsgeneration und zu 16,7% der jüngeren oder mittleren, aber nicht der älteren Generation zuordnen würden. Zu knapp 80% werden demnach Generationsdefinitionen gewählt, die sich über das Alter der Befragten ergeben und zu gut 20% erklärt sich die Generationszugehörigkeit über historisch-gesellschaftliche Ereignisse. Bei den Erläuterungen der Befragten, weshalb sie sich der jeweiligen Generation zugehörig fühlen, erwähnt jedoch die Hälfte der Befragten historisch-gesellschaftliche Ereignisse. Von allen diesen Befragten werden hierbei Kriegserlebnisse bedacht. Bei knapp 50% der Befragten wird das Alter als Begründung für die Generationszugehörigkeit angeführt.

Für etwa drei Viertel derjenigen, die sich einer Generation zugehörig fühlen, nimmt das Generationszugehörigkeitsgefühl Einfluß auf ihre Lebensgestaltung. Den Angaben der Befragten zufolge äußert sich das z.B. in ihrer positiven Lebenshaltung, den Einsichten und Lebensweisheiten, die sie aus ihren Erlebnissen gewonnen haben oder in ihrer eher konservativen Lebenshaltung. Etwa vier Fünftel der Befragten spüren ihre Generationszugehörigkeit vor allem im Umgang mit jüngeren Menschen, also in diachroner Abgrenzung zur jüngeren Generation. Im Einklang mit Gleichaltrigen (synchron) sind sich nur etwa ein Fünftel der Befragten ihrer Generationszugehörigkeit bewußt.

Die Bedeutung der Mikroebene zeigt sich bei diesen Befragten sowohl bei den Angaben wichtiger Lebensereignisse als auch bei der Benennung der Generationszugehörigkeit. Das Generationsempfinden wird von den Befragten vorrangig in Abgrenzung zu Menschen anderer Lebensalter und weitaus seltener durch das Zusammensein mit Gleichaltrigen hervorgerufen. Beide Ergebnisse sind im Kontext des Generationendiskurses überraschend.

6.2.3 Alte Menschen in Privathaushalten und Altenheimen im Vergleich: Lebenswege und Generationszugehörigkeit

Im folgenden wird analysiert, inwiefern das Generationsverständnis und Generationszugehörigkeitsgefühl alter Menschen davon beeinflußt wird, ob sie im Alter in einem Privathaushalt oder in einer Institution leben. Zudem wird sich zeigen, inwiefern Generation und Generationszugehörigkeitsgefühle im Alter anders definiert und wahrgenommen werden als im hohen Alter.

6.2.3.1 Lebenswege und einschneidende Ereignisse

Bei den Aussagen zu den drei wichtigsten Lebensereignissen geben in beiden Befragtengruppen 43% bzw. 43,3% der Befragten ausschließlich Mikroereignisse an und zu 40% werden ebenfalls in jeder Befragtengruppe vorrangig Mikroereignisse genannt. Demnach dominieren hier mit gut 80% sowohl bei den Alten aus Privathaushalten als auch den Alten aus Altenheimen Mikroereignisse. Diese Angaben beziehen sich bei den Befragten aus Privathaushalten zu 56,7% ausschließlich und zu 16,7% vorrangig auf deren Familienleben. Die Alten aus Altenheimen geben zu je 39,29% ausschließlich bzw. vorrangig Familienereignisse an. Ausschließlich auf Bildung und Beruf bezieht sich in beiden Befragtengruppe jeweils nur eine Person. Besonders häufig genannte Mikroereignisse sind bei beiden Befragtengruppen die Geburt der Kinder, Heirat/Liebe zum Partner/zur Partnerin und - wenn auch etwas seltener - der Verlust eines Menschen. Demnach haben familiale Ereignisse und generell private Erlebnisse auf der Mikroebene für beide Befragtengruppen - trotz der unterschiedlichen Lebensalter und verschiedenen historisch-gesellschaftlichen Hintergründe - weitreichendere Bedeutung als gesellschaftlich-historische Ereignisse. Ausschließlich Makroereignisse werden von keiner/keinem der Befragten aus Privathaushalten und von nur zwei Befragten aus Altenheimen genannt. Der Lebenskontext Privathaushalt oder Institution tritt bei diesem Themenkomplex nicht als bedeutsam hervor.

6.2.3.2 Generationszugehörigkeitsgefühl

66,7% der Befragten aus Privathaushalten und 62,1% derjenigen aus Altenheimen fühlen sich einer bestimmten Generation zugehörig. Bei den Alten aus Privathaushalten wird das Generationszugehörigkeitsgefühl in etwa gleichem Maße von Mikro- wie von Makrogründen geleitet. Das Alter der Befragten ist hierbei von ebenso großer Bedeutung wie Kriegserlebnisse. Die Befragten aus Altenheimen beziehen sich bei der Definition der Generationszugehörigkeit häufiger als die andere Befragtengruppe auf ihr Alter. Der Kriegsgeneration fühlen sie sich seltener zugehörig. Obwohl diese Befragten zumeist zwei Kriege erlebt haben, definieren sie ihre Generationszugehörigkeit eher über ihr Alter als über Kriegserlebnisse. Zu jeweils etwa zwei Drittel geben die Alten aus beiden Befragtengruppen an, daß das Generationszugehörigkeitsgefühl Einfluß auf ihr Leben genommen hat. Bescheidenheit, Sparsamkeit und Familienverbundenheit werden von den Alten aus Privathaushalten häufig genannt, während die anderen Befragten ihre konservative Haltung und/oder positive Lebenseinstellung erwähnen und auf die Erfahrungen verweisen, die sie sammeln konnten. Während die Alten aus Privathaushalten ihre Generationszugehörigkeit etwa gleichermaßen in Einklang mit Gleichaltrigen wie in Abgrenzung zu Jüngeren spüren, sind sich die Hochaltrigen (Altenheim/Wohnstift) häufiger in Abgrenzung zu jüngeren Menschen ihrer Generationszugehörigkeit bewußt.

Diejenigen Befragten aus Privathaushalten ohne Generationszugehörigkeitsgefühle geben häufig an, daß sie sich zu jung fühlen, um sich einer Generation zuzuordnen, und/oder sie Kontakte und Verständnis zu/für Menschen vieler Altersgruppen haben. Die Befragten aus Altenheimen, die sich keiner Generation zuordnen, verweisen ebenfalls, wenn auch etwas seltener, auf ihre Kontakte und ihr Verständnis zu/für viele/n Menschen. Sie nennen aber auch andere Aspekte, wie „will mich nicht unterordnen" oder „möchte meinen Lebensabend allein und in Ruhe genießen". Bei beiden Befragtengruppen definieren diejenigen, die sich keiner Generation zugehörig fühlen, den Begriff Generation negativ im Sinne von alt, isoliert, intolerant.

Bei beiden Befragtengruppen erlebt jedoch die Mehrheit der Befragten Generationszugehörigkeitsgefühle. Die Erläuterungen der Befragten zeigen zudem bei beiden Befragtengruppen - wenn auch in unterschiedlichem Ausmaß -, daß hierfür nicht - wie in der Literatur angenommen - vorrangig Makroereignisse als Begründung dienen können. Ein Zusammenhang zwischen Generationszugehörigkeitsgefühlen und den Lebenskontexten Privathaushalt und Institution ist nicht ersichtlich. Es liegt die Annahme nahe, daß die Entwicklung von Generationszugehörigkeitsgefühlen schon in jüngeren Jahren beginnt, demnach der aktuelle Lebenskontext nur begrenzt darauf Einfluß nimmt.

6.3 Resümee: Der Generationenbegriff theoretisch, empirisch, von Alten und Hochbetagten in Privathaushalten und Institutionen

Im Leben beider Befragtengruppen - alten Menschen in Privathaushalten und sehr alten Menschen in Institutionen - haben Mikroereignisse einen bedeutsameren Stellenwert als Makroereignisse. Im Zusammenhang mit dem Begriff Generation assoziieren allerdings beide Befragtengruppen eher Makroereignisse als bei der Benennung wesentlicher Lebensereignisse. Doch auch im Kontext des Generationenbegriffs und der Frage nach der Generationszugehörigkeit zeigt sich bei beiden Befragtengruppen eine weitaus größere Bedeutung von Mikroereignissen als aufgrund der im Generationendiskurs oftmals vertretenen Bedeutsamkeit von Makroereignissen zu vermuten war.

Die Lebenskontexte Privathaushalt oder Institution nehmen diesen Ergebnissen zufolge nur geringfügigen oder auch gar keinen Einfluß auf das generationelle Empfinden der Befragten. Ebenso lassen sich aus den Altersphasen der Befragten - alten und hochbetagten Menschen - nur sehr wenige bis hin zu keinen Differenzen bezüglich der hier thematisierten Generationsdefinitionen feststellen.

7 Großeltern-Enkel-Beziehungen aus Sicht von Enkelkindern und Großeltern in Privathaushalten

7.1 Forschungsinteresse

Im folgenden wird untersucht, inwiefern Enkel und Großeltern, die in Privathaushalten leben, ähnliche oder divergierende Wahrnehmungen und Wünsche von Großeltern-Enkel-Beziehungen haben. Stehen möglicherweise alte Menschen diesen generationenübergreifenden Kontakten zu Kindern skeptischer oder aufgeschlossener gegenüber als dies für Kinder zutrifft?

7.2 Familienverständnis

Die befragten Enkelkinder und Großeltern haben größtenteils ähnliche Vorstellungen vom Familienbegriff. Beide Befragtengruppen haben den traditionellen Familienbegriff von Eltern und Kindern verinnerlicht und um die Großeltern bzw. Enkelkinder ergänzt. Möglicherweise ergibt sich diese Erweiterung um die dritte Generation aus dem Interviewthema, evtl. hat diesbezüglich aber auch ein gesellschaftlicher Wandel stattgefunden. Hierzu stehen weitere Untersuchungen an, inwiefern - in Anlehnung an Biens (in: Bien 1994) Ergebnisse zur multilokalen Mehrgenerationenfamilie - eine dritte Generation, auch wenn sie nicht mit im selben Haushalt lebt, heutzutage als fester Bestandteil des Familienbegriffs verstanden wird.

7.3 Bedingungen und Kontexte bei Großeltern-Enkel-Kontakten

Wie nehmen die befragten Enkelkinder und Großeltern die Bedingungen und Kontexte bei ihren Großeltern-Enkel-Kontakten wahr und welche Vorlieben vertreten sie bezüglich der Gestaltung dieser Bedingungen und Kontexte?

Wohnortentfernung und Kontakthäufigkeit
Beim Vergleich des Enkelkinder- und Großelternsamples ergibt sich hinsichtlich der Wohnortentfernung ein gravierender Unterschied. Da bei den Enkelkindern auch ausländische Kinder befragt wurden, leben bei 26,7% der befragten Kinder die Großeltern im Ausland. Das hat Auswirkungen auf die Kontakthäufigkeit. Diese Kinder sehen ihre Großeltern zumeist in den Ferien für mehrere Tage oder Wochen. Aufgrund des Anteils an ausländischen Kindern bei der Enkelkinderbefragung ist die Wohnortentfernung hier etwas größer und die Kontakthäufigkeit etwas seltener als bei der Großelternbefragung. Ansonsten trifft es aber für beide Befragtengruppen zu, daß die Mehrheit der Kinder und Großeltern recht nah beieinander wohnt, d.h. im selben Haus, in der Nachbarschaft, im selben Stadtteil oder in halbstündiger Autoentfernung. Dementsprechend ist auch die Kontakthäufigkeit bei beiden als rege zu bezeichnen. Etwa zwei Drittel der Interviewten beider Befragtengruppen sehen sich täglich, ein- bis zweimal in der Woche oder ein- bis zweimal im Monat. Allerdings sind mehr Enkelkinder als Großeltern mit dieser Kontakthäufigkeit unzufrieden. Die Enkelkinder wünschen sich zu 53,3% und die Großeltern zu 36,7% noch häufigere Großeltern-Enkel-Kontakte.

Großeltern-Enkel-Kontakte mit/ohne Eltern
Während etwa 70% der Großeltern angeben, daß bei den Kontakten mit den Enkeln die Eltern der Enkel häufig anwesend sind oder aber gleichhäufig an- wie abwesend sind, meinen 70% der Enkel, daß die Eltern entweder fast ausschließlich oder zumindest häufig anwesend sind. Gibt es diesbezüglich bei dem Großeltern- und Enkelsample tatsächlich Unterschiede oder nehmen die beiden Befragtengruppen die Anwesenheit der Elterngeneration in unterschiedlichem Ausmaß wahr?

Ein Vergleich der Wünsche von Großeltern und Enkelkindern zur An- bzw. Abwesenheit der Elterngeneration bei Großeltern-Enkel-Kontakten ergibt folgendes: Während sich 70% der Großeltern die Abwesenheit der Eltern wünschen, trifft dies bei den Enkeln nur zu 43,3% zu. 30% der Enkel wünschen sich, daß die Eltern bei den Großeltern-Enkel-Kontakten anwesend sind, was von den Großeltern nur zu 10% gewünscht wird. Den übrigen Befragten ist es egal, ob die Eltern der Kinder bei den Großeltern-Enkel-Kontakten dabei sind oder nicht. Möglicherweise erleben die Großeltern bei den Großeltern-Enkel-Kontakten die Elterngeneration als Beeinträchtigung für die Intensität ihrer Großeltern-Enkel-Beziehung. Eventuell nimmt die Anwesenheit der Elterngeneration auf das Verhalten der Großeltern beim Zusammensein mit den Enkeln größeren oder auch störenderen Einfluß als dies für das Verhalten und auch Erleben der Enkelkinder zutrifft. Schließlich fühlen sich bei Anwesenheit der Eltern zumeist die Eltern für ihre Kinder zuständig und entziehen damit den Großeltern Aufgabenbereiche, die sich bei Abwesenheit der Eltern für diese eröffnen. Es trifft jedoch für beide Befragtengruppen zu, daß sie sich weitaus häufiger als es ihren Realitätsangaben entspricht Großeltern-Enkel-Kontakte ohne die Anwesenheit der Eltern der Kinder wünschen.

Treffpunkte bei Großeltern-Enkel-Kontakten
Nach Angaben der befragten Großeltern finden bei diesen die Großeltern-Enkel-Kontakte mit 40% am häufigsten „eher bei den Großeltern", zu 26,7% „eher bei den Enkelkindern" und zu 33,3% „sowohl bei den Enkelkindern als auch bei den Großeltern" statt. Bei den befragten Enkelkindern berichten sogar 70%, daß sie ihre Großeltern vorrangig bei diesen zu Hause treffen. Als favorisierten Treffpunkt geben beide Befragtengruppen mit etwa 60% das Wohnumfeld der Eltern an.

7.4 Gestaltung der Großeltern-Enkel-Beziehung

Nach Angaben der Großeltern finden bei den Großeltern-Enkel-Treffen etwas häufiger als es den Interviews mit den Enkeln zu entnehmen ist, direkte Interaktionen zwischen Enkeln und Großeltern statt. Die Enkel dagegen verweisen etwas häufiger auch auf Beschäftigungen, die sie bei ihren Großeltern aber nicht mit diesen erleben, wie z.B. mit Nachbarskindern spielen, Cousinen besuchen, Nachbarshund Gassi führen. Zudem geben die Kinder häufiger als die Großeltern vorrangig Außenaktivitäten an. Während die Großeltern zu jeweils 50% meinen, daß sie a) mit den Enkeln alltäglichen bzw. b) besonderen (Ausflüge etc.) und auch alltäglichen Beschäftigungen nachgehen, geben gut 75% der Enkel alltägliche Tätigkeiten an, die sie bei ihren Großeltern erleben. Das Thema „Essen" wird von beiden Befragtengruppen zu etwa 30% erwähnt. Während sich demnach bei den Realitätsbeschreibungen einige Unterschiede ergeben, sind sich die befragten Großeltern und Enkelkinder bei den Angaben zu den Lieblingsbeschäftigungen, die ja auch Wunschcharakter implizieren, relativ einig. Alle Großeltern und 86,7% der Enkelkinder geben Lieblingsbeschäftigungen an, die auf direkten Interaktionen zwischen Großeltern und Enkelkindern basieren. 93,3% der Enkelkinder nennen hierzu alltägliche Beschäftigungen, was zu 76,7% auch für die Großeltern zutrifft. Von den Großeltern wird zudem zu 13,3% beides, also sowohl alltägliche wie auch besondere Aktivitäten, erwähnt. Jeweils etwa 40% der Enkelkinder und Großeltern favorisieren hierbei Innenaktivitäten, 30% der Enkel und 40% der Großeltern nennen Außenaktivitäten. Bei den Großeltern verliert das Thema „Essen/Kochen" als Lieblingsbeschäftigung an Bedeutung, während es von noch immer 16,7% der Enkelkinder bedacht wird. Insgesamt betrachtet sind jedoch die Lieblingsbeschäftigungen von Großeltern und Enkelkindern sehr ähnlich.

Haben die befragten Großeltern und Enkelkinder auch unerfüllte Wünsche hinsichtlich der Gestaltung von Großeltern-Enkel-Kontakten? Auf die Frage, was sie gern einmal mit ihren Enkeln/Großeltern machen würden, was aber bisher nicht möglich war, geben 43,3% der Enkelkinder und 40% der Großeltern nichts an. Mehrheitlich wird diese Angabe dahingehend kommentiert, daß sie wunschlos glücklich bzw. zufrieden seien. Die Großeltern, die Wünsche äußern, nennen hier mit 40% überwiegend besondere Tagesausflüge oder Reisen. Auf solche Weise neue Welten zu entdecken, wird aber nur von 16,7% der Enkel genannt. Zu 30% wünschen diese sich jedoch, die Großeltern in ihre Welt zu integrieren, sie beispielsweise mit zum Reitturnier oder ins Schwimmbad zu nehmen.

Es wäre nur allzu verständlich, wenn Enkelkinder und Großeltern auch aneinander Kritik üben würden. Doch 53,3% der Enkel und 43,3% der Großeltern machen hierzu keine Angaben. Diese Befragten können keine Beschäftigungen nennen, die sie mit ihren Enkeln/Großeltern weniger gern machen. Möglicherweise trägt die Besonderheit von Großeltern-Enkel-Beziehungen, das Miteinander ohne Alltagsverpflichtungen, zu einem überwiegend „störungsfreien" Miteinander bei. Von denjenigen Befragten, die Kritikpunkte äußern, verweisen die Kinder zu 66,7% auf bestimmte Tätigkeiten (staubsaugen, im Gartenhelfen etc.) und zu 33,3% auf Eigenheiten der Großeltern (schimpfen etc.). Die Großeltern dagegen nennen hierzu hauptsächlich bestimmte Spiele, die sie nicht mögen. Aber auch Fernseh gucken und Kontrolle ausüben müssen, wenn sie die Verantwortung für die Enkel tragen (z.B. Zähne putzen, für Schule üben etc.), werden erwähnt.

Obwohl den Angaben der befragten Großeltern und Enkelkindern zufolge beide Befragtengruppen zum Teil unterschiedliche Erfahrungen hinsichtlich der Gestaltung der Großeltern-Enkel-Beziehung sammeln, stimmen die Wünsche der befragten Großeltern und Enkelkinder hinsichtlich der Gestaltung der Großeltern-Enkel-Beziehung größtenteils überein.

7.5 Bedeutung und Intensität der Großeltern-Enkel-Beziehung

Sowohl die Enkelkinder als auch die Großeltern wissen ihre Enkel- bzw. Großelternrolle zumeist sehr zu schätzen. Auf der fünfstufigen Skala von sehr gern (1) bis sehr ungern (5) geben 83,3% der Enkel und 90% der Großeltern an, daß sie sehr gern Enkel bzw. Großeltern sind. Der Mittelwert beträgt bei den Enkelkindern 1,20 und bei den Großeltern 1,13. Beide Befragtengruppen wissen hierbei vor allem die Liebe/Zuneigung, aber auch die Freude zu schätzen, die sie durch die Kontakte zu den Enkeln bzw. Großeltern erhalten.

In Einklang mit diesen Ergebnissen steht, daß sich beide Befragtengruppen der Vorteile bewußt sind, die Großeltern bzw. Enkel mit sich bringen. Für die Enkel können Großeltern wichtige Bezugspersonen neben den Eltern darstellen, ihnen Liebe und Vertrauen schenken und ihren Erfahrungshorizont erweitern. Auch die Großeltern erwähnen die Liebe und Zuneigung, die ihnen von den Enkeln geschenkt wird. Sie verweisen darauf, daß die Enkel sie jung halten, es Freude bringt, ihre Lebensverläufe zu verfolgen und schön ist, das Fortsetzen der Familie zu erleben.

Auch bei den eher emotionsgeladenen Äußerungen der Großeltern und Enkelkinder zu den Beschreibungen der Großeltern bzw. Enkelkinder und den Wünschäußerungen für die Enkel/Großeltern ergeben sich überwiegend positive Eindrücke. Die Enkel umschreiben jedoch ihre Großeltern wesentlich unkritischer als dies für die Beschreibungen der Enkel von Seiten der Großeltern zutrifft. Die Enkel äußern zu 63,3% ausschließlich positive Angaben. Alle weiteren Nennungen sind überwiegend positiv, niemals überwiegend oder ausschließlich negativ oder etwa gleichgewichtig positiv wie negativ. Die Großeltern zeigen sich dagegen etwas kritischer. Auch sie beschreiben ihre Enkel zwar vorrangig positiv, doch nicht mit demselben Enthusiasmus wie die Enkelkinder ihre Großeltern illustrieren. Die Großeltern geben zu 33,3% ausschließlich positive und zu 56,7% vorrangig positive Umschreibungen für ihre Enkelkinder an. 6,7% äußern in etwa gleichem Maße positive wie negative und eine Großmutter nennt überwiegend negative Beschreibungen.

Die Wünsche der Befragten an sowie für die Enkelkinder bzw. Großeltern spiegeln in der überwiegenden Mehrheit der Angaben sowohl bei den Kindern als auch den Alten das Einfühlungsvermögen in die Lebenskontexte der Großeltern bzw. Enkelkinder. Erwartungsgemäß nennen die Großeltern hier ausschließlich immaterielle Wünsche, während die Kinder bei den Wunschäußerungen an die Großeltern zu gut einem Drittel materielle Wünsche nennen. Ansonsten überwiegen aber auf beiden Seiten eher uneigennützige Wünsche.

7.6 Ausblick

Die überwiegend positiven Bewertungen der Großeltern-Enkel-Beziehung von Seiten der Enkelkinder und auch Großeltern sind auffallend. Sowohl heutige Kinder als auch alte Menschen scheinen sich der Vorteile dieser innerfamilialen generationenübergreifenden Kontakte bewußt zu sein. In Anbetracht dieser positiven Resultate scheint sich zumindest im familialen Sektor ein Krieg der Generationen weder aus Sicht der Kinder- noch der Altengeneration anzubahnen.

8 Großeltern-Enkel-Beziehungen aus Sicht von Enkelkindern in Privathaushalten und Kinderheimen

8.1 Forschungsinteresse

Ein Vergleich der Großeltern-Enkel-Beziehung zwischen den befragten Familien- und Heimkindern ist sicherlich problematisch, da die Heimkinder aus zumeist schwierigen familialen Kontexten kommen, was bei den Familienkindern eher die Ausnahme darstellt. Von daher ist es unangemessen, die ersichtlichen Differenzen der Großeltern-Enkel-Beziehungen ausschließlich aus dem Leben in einem familialen bzw. institutionellen Kontext abzuleiten. Dennoch kann der Frage nachgegangen werden, wie in institutionellen Lebensbereichen mit generationenübergreifenden familialen Kontakten umgegangen wird, wie die in den Institutionen Lebenden diese Beziehungen wahrnehmen und welche Potentiale und/oder Risiken die Großeltern-Enkel-Beziehung für Kinder, die in der Institution Kinderheim leben, bergen kann. Diese Ergebnisse sollen mit den Angaben der Familienkinder verglichen werden. Inwiefern ähneln sich die realen Gegebenheiten und auch die Bedürfnisse und Wünsche dieser beiden Kindergruppen hinsichtlich der Großeltern-Enkel-Kontakte?

8.2 Familienverständnis

Sowohl die Enkelkinder aus Familien als auch die aus Kinderheimen nennen im Durchschnitt etwa gleich viele Familienmitglieder (Familie: im Durchschnitt 6,2; Kinderheim im Durchschnitt 6,0). Von den Kinderheimkindern werden zu 70% drei und zu 30% 2 Generationen bedacht. Die Familienkinder berücksichtigen mit 80% etwas häufiger drei Generationen (zu 20% zwei Generationen). Dementsprechend bedenken 80% der Familien- und 70% der Heimkinder ihre Großeltern bei der Auflistung von Familienmitgliedern. Geschwister (93,3%) sowie Tanten, Onkel, Cousinen etc. (30%) werden von den Kindern aus den Heimen häufiger angegeben als bei den Familienkindern (Geschwister zu 60%; Tanten, Onkel, Cousinen etc. zu 20%). Sicherlich mag es zutreffen, daß Kinderheimkinder im Durchschnitt häufiger Geschwister und auch eine größere Anzahl an Geschwistern haben. Die Aufzählungen der Kinderheimkinder zeigen jedoch zugleich, daß sie mit großem Stolz ihre vielen Geschwister angeben. Sie tun dies beispielsweise auch, wenn sie ihren eigenen Erläuterungen zufolge kaum Kontakt zu ihren Schwestern und/oder Brüdern haben. Viele Kinder nennen auch ihren Vater, obwohl sie ihn schon seit Jahren nicht mehr gesehen haben: „meinen Vater, den vergeß' ich immer, weil der so lange nicht bei mir war, schon 9-10 Jahre nicht". Es gibt jedoch auch Kinder, die ihre Väter explizit ausschließen „mein Vater ist in Holland, aber der gehört nicht zur Familie; mit meinem Papa habe ich eigentlich nix zu tun; mein Papi, da weiß ich nicht, wo die Sau ist, zu dem habe ich keinen Kontakt mehr". Immerhin halten es die Kinder jedoch für angebracht, ihren Vater zu erwähnen. Sie lassen ihn nicht einfach unerwähnt, da ein Vater ihrer Ansicht nach wohl zur Familie gehören sollte. Mit ihren Äußerungen geben sie kund, daß sie einen Vater haben, von daher der „Normalität" entsprechen. Sie können ihn aber nicht mehr zur Familie zählen, weil er seinen „Vaterpflichten" nicht nachkommt. Den Angaben der Heimkinder zufolge sind deren familiale Strukturen zum Teil undurchsichtiger als bei den Familienkindern. Hierzu vier Beispiele, wer nach Angaben der befragten Kinder aus Heimen zu ihren Familien gehört: (1) „ich, meine Oma, Opa, mein Bruder, der ist schon 20 Jahre, die Tochter von meinem Bruder, die ist 5 Jahre, meine Mutter, Schwester, die ist 12 Jahre, Frau von meinem Bruder, meine Mutter hat zwei Meerschweinchen, die hat sie aber vielleicht verkauft, die Katze von meinem Vater gehört mir auch etwas mit, der Vater von meiner Schwester gehört nicht mit zur Familie ..." (2) „ich, Oma, mein Vater und Mutter (Anmerkung: seine Pflegeeltern), mein Bruder und meine Schwester, meine leibliche Mutter und mein leiblicher Vater, die darf ich aber nicht sehen, das finde ich doof" (3) „ich, meine zwei Brüder, die sind aber bei Pflegeeltern, mein Bruder aus der Nachbargruppe, Papa, Mama, Oma, meine kleine Schwester, die hätte ich beinahe vergessen, mit

Papa habe ich eigentlich nichts zu tun" (4) „ich, meine neue Oma, das ist die Mutter vom Freund meiner Mutter, die darf ich Oma nennen, aber jetzt sind meine Mutter und der Freund verkracht, meine richtige Oma hasse ich, die war schlecht zu meiner Mutter und zu mir, mein Bruder, meine Cousine, weiß aber nicht, wo die wohnt und wann ich die das letzte mal gesehen habe, ist schon lange her, meine Mutter, mein Vater ist in Holland, aber der gehört nicht zur Familie". Im Vergleich hierzu sind die Angaben der Familienkinder weitaus weniger kompliziert. Zumeist zählen sie ohne weitere Kommentare ihre Familienmitglieder auf - also beispielsweise „ich, Papa, Mama"; „ich, meine Mama, mein Papa, zwei Schwestern und ein Bruder" oder „ich, mein Opa, meine Oma, Schwester, mein Vater und meine Mutter, mein Cousin und meine Cousine". Gut ein Viertel der Kinder macht zusätzliche Bemerkungen wie: „ich, mein Bruder, mein Opa, Oma, das ist eigentlich meine Stiefoma, meine Oma ist gestorben, mein Vater, kleiner Bruder, meine Mutter", „ich, mein Bruder, meine Oma und Opa, meine Mutter und mein Vater, der ist aber leider im Krankenhaus" oder „ich, Papa, Oma, Cousin, Cousine, noch zwei Cousinen, Opa, Halboma, Mama, meine Lieblingsoma ist gestorben, da hat Opa nichts mehr gegessen, aber dann hat er Arni kennengelernt, da wurde es wieder besser", „ich, meine Oma, meine Mama, mein Opa, mein Papa wohnt zu weit weg". Die Angaben der Familienkinder erscheinen erst mal unkomplizierter, wenn auch das Familienverständnis bei beiden Kindergruppen sehr ähnlich ist. Vater, Mutter, Geschwister und auch Großeltern - möglicherweise bedingt durch das den Kindern bekannte Interviewthema - gehören zur Familie. Andere Verwandtschaftsverhältnisse werden eher selten bedacht.

8.3 Bedingungen und Kontexte bei Großeltern-Enkel-Kontakten

Während die Kinder aus den Heimen mit 36,7% am häufigsten eine Großmutter und einen Großvater und mit 23,3% am zweithäufigsten eine Großmutter haben, verfügen die Familienkinder mit 33,3% am häufigsten über zwei Großmütter und einen Großvater und am zweithäufigsten mit 16,7% über zwei Großmütter. Großväter sind bei den Heimkindern auffallend selten vertreten. Während bei den Familienkindern alle Kinder eine und sogar 63,3% zwei Großmütter haben, trifft ersteres für 90% und letzteres für nur 16,7% der Heimkinder zu. Möglicherweise hängt das seltenere Vorkommen von Großvätern und auch von zwei Großelternpaaren bzw. zwei Großmüttern mit dem bei den Heimkindern häufiger vertretenen Ein-Elternkonstellationen in der Eltern- und auch Großelterngeneration zusammen.

Deutliche Unterschiede zeigen sich beim Vergleich der Kontakthäufigkeit zwischen Großeltern und Familien- bzw. Heimenkelkindern. Erwartungsgemäß sieht kein Kind, das im Heim lebt, die Großeltern täglich, was jedoch für 16,7% der Familienkinder zutrifft. Während 46,7% der Familienkinder ihre Großeltern täglich oder ein- bis zweimal in der Woche sehen, trifft dies für nur 6,7% der Heimkinder zu (vgl. Kapitel IV.4). Immerhin zu 40% treffen diese jedoch ihre Großeltern ein- bis zweimal im Monat, wohl vorrangig bei den Besuchswochenenden, und zu 16,7% in den Ferien für mehrere Tage. Die Ferienbesuche kommen bei Familienkindern - hauptsächlich bei den befragten ausländischen Kindern - mit 26,7% jedoch noch häufiger vor. Werden die Angaben von täglich, ein- bis zweimal in der Woche, ein- bis zweimal im Monat und in den Ferien als relativ reger Kontakt interpretiert, trifft dies für 93,3% der Familien- und 63,3% der Heimkinder zu. Dementsprechend wohnen die Familienkinder häufig näher (im selben Haus, in der Nachbarschaft, im selben Stadtteil) bei ihren Großeltern als die Heimkinder. Bei diesen ist die nächste Entfernung zwischen Großeltern und Enkelkindern die etwa halbstündige Autoentfernung, was jedoch für immerhin 60% der Heimkinder zutrifft. Mit der oben angegebenen Kontakthäufigkeit sind 43,3% der Familien- und 26,7% der Heimkinder zufrieden. Doch jeweils gut 50% beider Befragtengruppen wünschen sich häufigeren Kontakt zu ihren Großeltern. Die Heimkinder geben mit 53,3% allerdings wesentlich häufiger als die Familienkinder (30%) den Wunsch an, daß diese Kontakte in Anwesenheit der Eltern stattfinden sollen. Die Großeltern ohne Eltern zu sehen, entspräche den Vorstellungen von nur 23,3% der Heim-, aber 43,3% der Familienkinder. Den Heimkindern ist damit der Kontakt zu den Eltern auch in diesem Kontext sehr wichtig. Möglicherweise sind sie weniger an den individuellen Interaktionen mit den Großeltern als an familialen Kontakten generell interessiert. Diese unterschiedlichen Wunschäußerungen lassen sich nicht über die Erfahrungen der Kinder hinsichtlich ihrer Großelternkontakte erklären, denn nach Angaben der Kinder sind bei beiden Kindergruppen die Eltern in etwa gleichem Ausmaß bei diesen Kontakten anwesend. Auch bei den Angaben der beiden Kindergruppen zu den realen Treffpunkten mit den Großeltern zeigt sich weitgehende Übereinstimmung. Die Kinder aus beiden Kindergruppen sehen ihre Großeltern mehrheitlich (70-80%) vorrangig bei den Großeltern zu Hause. Auffällig ist jedoch, daß nur ein Heimkind die Großeltern zumeist im Heim trifft. 13,3% der Heimkinder würden es aber bevorzugen, von ihren Großeltern im Heim besucht zu werden. Zum bevorzugten Treffpunkt mit den Großeltern sind sich beide Kindergruppen einig. Jeweils die Mehrheit der Kinder favorisiert als Treffpunkt das zu Hause der Großeltern.

8.4 Gestaltung der Großeltern-Enkel-Beziehung

Wie gestalten sich Großeltern-Enkel-Beziehungen, wenn die Kinder bei ihren Eltern oder in einer Institution wie dem Heim leben? Sowohl die Mehrheit der Familien- (66,7%) als auch der Heimkinder (53,3%) benennt hier Aktivitäten, die sich auf eine direkte Interaktion mit den Großeltern beziehen (z.B. „Oma im Garten helfen, mit Oma ins Schwimmbad gehen, mit Opa auf die Kerb gehen, Geschichten vorlesen"). Immerhin etwa je ein Drittel beider Kindergruppen gibt jedoch sowohl Beschäftigungen an, die sich auf Interaktionen mit den Großeltern beziehen, als auch solche, die solche Interaktionen ausschließen (z.B. mit Freunden spielen; mit Bruder Federball im Garten spielen; dort Fahrrad fahren, da ist ein Park; Fernseh gucken). Wie auch in Kapitel IV.2 deutlich wurde, kann - insbesondere für die Familienkinder - das Lebensumfeld der Großeltern für Kinder sehr anregend und interessant sein. Bei den meisten Heimkindern finden mit 57,7% die Aktivitäten bei den Großeltern vorrangig draußen statt, während bei den Familienkindern zu etwa je einem Drittel die Aktivitäten drinnen, draußen oder sowohl drinnen als auch draußen stattfinden. Den Angaben der Heimkinder zufolge ist bei diesen die Entdeckung neuer Lebenswelten bei/mit ihren Großeltern von etwas größerer Bedeutung als bei den Familienkindern. Es wird jedoch von beiden Kindergruppen mehrheitlich angegeben, daß sie mit den Großeltern hauptsächlich Alltägliches unternehmen, Ausflüge und besondere Aktivitäten finden eher selten statt. Dies entspricht auch den Wünschen der Kinder. Bei ihren Lieblingsbeschäftigungen mit ihren Großeltern geben beide Gruppen mehrheitlich alltägliche Dinge an. Allerdings trifft dies mit 93,3% für die Familienkinder in weitaus größerem Ausmaß zu als für die Heimkinder (60%). Hierbei ist auffällig, daß 23,3% der Heimkinder keine Lieblingsbeschäftigung angeben können (Familienkinder: 6,7%). Diesen Heimkindern sind ihre Großeltern zu wenig vertraut, um hier Vorlieben zu äußern, oder es gibt nichts, was sie bei/mit ihren Großeltern gerne tun. Bei den benannten Vorlieben äußern sich nur knapp 50% der Heimkinder dahingehend, daß ihnen die Großeltern-Enkel-Interaktion wichtig ist, was jedoch für 86,7% der Familienkinder zutrifft. Es deuten von daher einige Angaben der Heimkinder auf weniger intensive Großeltern-Enkel-Beziehungen hin. Immerhin 70% der Heimkinder haben jedoch Vorstellungen und Wünsche, wie sie die Zeit mit ihren Großeltern gerne verbringen würden. Bei diesen Äußerungen dominieren Unternehmungen und besondere Erlebnisse - hierbei scheinen die Aktivitäten von größerer Bedeutung zu sein als das Zusammensein mit den Großeltern - aber auch Wünsche nach Familienzusammenführungen, wie z.B. „mit Oma und der ganzen Familie verreisen; Fahrrad fahren mit Oma, Opa und Mama". Bei den Familienkindern äußern nur 46,7% der Kinder Vorstellungen, was sie gerne einmal mit ihren Großeltern machen würden, was aber bisher nicht möglich war. Sie wünschen sich zu 16,7% mit ihren Großeltern neue Welten zu entdecken, zu 30% möchten sie die Großeltern verstärkt in ihre Welt integrieren, sie an ihren Hobbies teilhaben lassen. Es entsteht der Eindruck, daß sich die Beziehungen zu den Großeltern bei Familien- und Heimkindern teilweise anders gestalten. Bei den Familienkindern zeichnet sich die Gestaltung der Großeltern-Enkel-Beziehung durch mehr Alltäglichkeit und einen eindeutigeren Schwerpunkt auf Interaktionen zwischen Großeltern und Enkelkindern aus. Die Heimkinder sehen in den Kontakten zu den Großeltern eher die Chance etwaige Defizite - wie Mangel an besonderen Unternehmungen und Erlebnissen - auszugleichen. Doch auch gut 50% dieser Kinder schätzen insbesondere die alltäglichen Aktivitäten mit den Großeltern. Es entsteht der Eindruck, daß bei den Heimkindern eine größere Spannbreite an Großeltern-Enkel-Beziehungen, deren Gestaltung und Beschaffenheit existiert als bei den befragten Familienkindern.

8.5 Vergleich zwischen dem Leben im Elternhaus/Heim und bei den Großeltern

Es vertreten mit gut 50% mehr Heim- als Familienkinder (33,3%) die Ansicht, daß es bei ihren Großeltern völlig anders sei als in ihrem primären Lebenskontext, d.h. im Heim bzw. bei den Eltern. Mehr Heimkinder als Familienkinder erleben bei ihren Großeltern eine Welt, die sie als völlig anders von ihrem sonstigen Alltag zu Hause (sei es im Heim oder bei den Eltern) begreifen. Die Erläuterungen der beiden Kindergruppen zu diesen Unterschieden sind verschieden. Während bei den Familienkindern deutlich wird, daß sie bei ihren Großeltern sehr bewußt das andere Lebensumfeld - den größeren Garten, die stillere Wohnung, den tiefen Weinkeller oder auch die Nachbarskinder, den Nachbarshund - wahrnehmen, verweisen die Heimkinder vor allem auf die größere Freizügigkeit der Großeltern. Diese Kinder genießen bei den Großeltern die größeren Freiheiten, um deren sie sich im Heim häufig beraubt fühlen. Inwiefern manche dieser Freiheiten (wie z.B. bis Mitternacht Fernseh gucken, viel Süßigkeiten naschen dürfen) als positiv zu bewerten sind, ist zum Teil fraglich. Die größere Freizügigkeit der Großeltern wird von den Familienkindern bei deren Angaben zu Unterschieden beim Vergleich von ihrem Leben zu Hause und bei den Großeltern kaum berücksichtigt. Erst auf direkte Nachfrage, inwiefern die Großeltern mehr als die Eltern erlauben, antworten 60% bejahend; bei den Heimkindern sogar 76,7%. Ein weiterer Unterschied zwischen den zwei Kindergruppen beim Vergleich des primären Lebensumfeldes - also Elternhaus oder Kinderheim - mit dem Leben bei den Großeltern ergibt sich durch eindeutig negative Angaben der

Kinderheimkinder. Sie verweisen auf unangenehme Eigenheiten der Großeltern bis hin zu Ängsten vor den Großeltern (16%). Das kommt bei den Familienkindern gar nicht vor.

8.6 Bedeutung und Intensität der Großeltern-Enkel-Beziehung

Insgesamt betrachtet zeigen die Familienkinder eine durchschnittlich höhere Wertschätzung ihrer Enkelrolle als die Heimkinder. Dennoch sind auch immerhin 53,3% der Heimkinder sehr gerne Enkelkinder, was aber für 83,3% der Familienkinder zutrifft. Die Begründungen sind entsprechend der größeren oder geringeren Wertschätzung der Enkelrolle verschieden. Bei denjenigen Kindern jedoch, die positive Aspekte benennen, dominieren bei beiden Kindergruppen: Liebe und Zuneigung empfangen, Großeltern als wichtige Bezugspersonen, Spaß/Unterhaltung und Geschenke erhalten. Im Gegensatz zu den Familienkindern gibt es bei den Heimkindern jedoch auch negative Aspekte wie beispielsweise Ängste vor den Großeltern, negative Eigenheiten der Großeltern und das negative Umfeld bei den Großeltern. Die Familienkinder unterlegen ihre positiven Angaben zur Wertschätzung der Enkelrolle bei einer anderen Fragestellung nach den Vorteilen von Großeltern. Hierbei zeigt sich deutlich, daß die Familienkinder ihre Großeltern als wichtige Bezugspersonen schätzen und/oder es genießen, die Liebe und Zuneigung der Großeltern zu empfangen. Bei den Heimkindern zeigt sich auch bei dieser Fragestellung ein komplexeres Bild. Zwar benennen auch Heimkinder als Vorteile, daß die Großeltern sich um sie kümmern und es schön ist, eine weitere Familienperson zu haben. Doch ebenso bedacht werden die Geschenke der Großeltern, daß die Großeltern locker sind, mit ihnen Ausflüge unternehmen. Etwa 15% der Heimkinder wissen keine Vorteile zu benennen. Bei der Beschreibung der Großeltern mit drei Wörtern/Adjektiven geben 63,3% der Familien- und 46,7% der Heimkinder ausschließlich positive Beschreibungen ab. Während jedoch keines der Familienkinder ausschließlich oder überwiegend negative Angaben liefert, trifft dies für ein Fünftel der Heimkinder zu. 13,3% dieser Kinder machen ausschließlich negative Äußerungen.

Bei den Wünschen an die Großeltern, die die Kinder am Ende der Interviews nennen, äußern sowohl die Familien- als auch die Heimkinder zu jeweils zwei Drittel immaterielle und zu einem Drittel materielle Wünsche. Inhaltlich zeigen sich bei den immateriellen Wünschen jedoch einige Differenzen. Während sich die Familienkinder beispielsweise Gesundheit für die Großeltern, die Wiederbelebung eines Großelternteils, daß die Großeltern nett/lieb bleiben wünschen, dominiert bei den Heimkindern eindeutig der Wunsch, von den Großeltern aus dem Heim geholt zu werden. An zweiter Stelle steht der Wunsch nach einem regeren Kontakt zu den Großeltern. Bei den Wunschäußerungen der Heimkinder an ihre Großeltern zeigt sich deutlich deren Sehnsucht nach einem primären familialen Lebenskontext. Inwiefern sie sich die Großeltern tatsächlich als „Retter" vorstellen können, bleibt hierbei unklar. Bei den Wünschen für die Großeltern dominieren bei beiden Kindergruppen die immateriellen Wünsche, wenn auch bei den Familienkindern mit 96,7% noch eindeutiger als bei den Heimkindern (80%). „Gesundheit und ein langes Leben" stellt mit 66,7% bei den Familienkindern den am häufigsten genannten Wunsch für die Großeltern dar, was bei den Heimkindern zu 36,7% bedacht wird. Wieder sind die Angaben der Heimkinder weitaus uneinheitlicher und komplizierter zu kategorisieren als die Nennungen der Familienkinder. Wünsche von Heimkindern, die von Familienkindern nicht geäußert werden, sind beispielsweise: daß sich Eltern und Großeltern wieder versöhnen, daß die Großeltern weniger Ärger mit ihren Kindern haben, daß die Großeltern tot wären bzw. bald sterben würden.

8.7 Ausblick

Im Durchschnitt sind die Großeltern-Enkel-Beziehungen bei den Familienkindern wesentlich erfahrbarer und auch intensiver als bei den Heimkindern. Die Beurteilungen der Heimkinder beziehen sich zum Teil auf weitaus seltenere bis hin zu sehr vereinzelten Kontakten und basieren vermutlich in größerem Ausmaß auf länger zurückliegenden Erinnerungen. Sehr intensive Großeltern-Enkel-Beziehungen, wie einige Familienkinder diese generationenübergreifenden Beziehungen erfahren, kommen bei den Heimkindern nicht vor. Einige Großeltern-Enkel-Beziehungen der Heimkinder scheinen sogar Gefährdungen für die Kinder zu implizieren. Es gibt aber auch Heimkinder, für die solche generationenübergreifende familialen Kontakte Bereicherungen darstellen bzw. darstellen könnten. Dies zu differenzieren und die diesbezügliche Beurteilungsfähigkeit der Kinder zu stärken, stellt weitreichende Herausforderungen an die pädagogische Arbeit in Kinderheimen.

9 Großeltern-Enkel-Beziehungen aus Sicht von Großeltern in Privathaushalten und Altenheimen

9.1 Forschungsinteresse

Beim Vergleich der befragten Großeltern in Privathaushalten und Altenheimen muß sicherlich bedacht werden, daß die im Altenheim lebenden Großeltern im Durchschnitt etwa 17 Jahre älter sind als die Großeltern der anderen Großelterngruppe. Die Befragten im Altenheim sind häufig auch körperlich und/oder geistig geschwächt, was für die Großeltern in Privathaushalten nicht zutrifft. Zudem beziehen sich die Großeltern aus Altenheimen nicht auf Enkel im Kindesalter, sondern hauptsächlich auf Enkel im Erwachsenenalter. Es handelt sich jedoch bei beiden Befragtengruppen um familiale intergenerationelle Kontakte bei denen eine Generation - die Elterngeneration - übersprungen wird.

9.2 Familienverständnis

Beim Vergleich der Angaben von Großeltern aus Privathaushalten mit denen in Altenheimen zeigt sich, daß erstere mit 80% häufiger als letztere (60%) drei Generationen und seltener nur zwei Generationen berücksichtigen. Doch die Altenheim-Großeltern geben mit 20% häufiger als die Privathaushalt-Großeltern (6,7%) vier Generationen an. Allerdings verweisen - ihrem Lebensalter entsprechend - ausschließlich die Privathaushalt-Großeltern auf eine ältere Generation als die eigene. Die eigenen Kinder werden aber von beiden Befragtengruppen etwa gleichermaßen bedacht. Auch die Enkelkinder werden von beiden Befragtengruppen zu jeweils etwa 80% erwähnt. Urenkel werden dagegen nur von 44,4% derjenigen Befragten aus Altenheimen genannt, die schon Urgroßeltern sind. Die Befragten aus Privathaushalten haben noch keine Urenkel. Familienangehörige wie Tanten, Onkel, Cousinen etc. finden nur bei 13,3% der Privathaushalt-Großeltern und 23,3% der Altenheim-Großeltern Berücksichtigung. Freunde werden dagegen von Privathaushalt-Großeltern mit 10% etwas häufiger als von der anderen Befragtengruppe (3,3%) als Familienmitglieder betrachtet. Die Unterschiede beim Vergleich des Familienverständnisses sind bei diesen beiden Befragtengruppen eher gering. Das herkömmliche Familienbild prägt die familialen Vorstellungen beider Befragtengruppen. Es fällt jedoch auf, daß das Zusammenleben in einem Haushalt nicht als Definitionskriterium dient und die Mehrheit der Befragten die herkömmliche Vater-Mutter-Kind Familie um eine dritte Generation ergänzt.

9.3 Bedingungen und Kontexte bei Großeltern-Enkel-Kontakten

Inwiefern ergeben sich hinsichtlich der Gegebenheiten bei Großeltern-Enkel-Kontakten - Kontakthäufigkeit, Ort des Treffens, Anwesende bei den Kontakten - Unterschiede beim Vergleich von Großeltern, die in Privathaushalten und Großeltern, die in Altenheimen leben?

Wohnortentfernung und Kontakthäufigkeit
Die Enkelkinder der Großeltern aus Privathaushalten wohnen häufiger etwas näher - z.b. im selben Stadtteil - bei ihren Großeltern und seltener weiter entfernt - in über dreistündiger Autoentfernung - als das für die Enkelkinder der Altenheim-Großeltern zutrifft. Dennoch wohnen auch die meisten Enkelkinder von Altenheim-Großeltern relativ nahe bei ihren Großeltern. Von diesen leben weitaus mehr als bei den Privathaushalt-Großeltern in etwa halbstündiger Autoentfernung. Von daher und auch in Anbetracht der größeren Flexibilität der älteren Enkelkinder von Altenheim-Großeltern stellt die Wohnortentfernung beim Vergleich dieser beiden Befragtengruppen kein Kriterium dar, das nachhaltigen Einfluß auf die Durchführbarkeit von Kontakten nehmen kann. Dennoch finden Kontakte zwischen Enkeln und Großeltern in Privathaushalten weitaus häufiger statt als bei der Befragtengruppe in Altenheimen. Während sich 50% der Enkelkinder und Großeltern in Privathaushalten täglich oder ein- bis zweimal in der Woche sehen, trifft das nur für 10% der Großeltern-Enkel-Kontakte in Altenheimen zu. Zum einen läßt sich das wohl über das höhere Alter der Enkelkinder - und den damit einhergehenden reduzierten Zeitressourcen - dieser Befragtengruppe erklären. Möglicherweise trägt jedoch auch die Institution Altenheim zu diesen selteneren Kontakten bei, insofern Altenheime - nach Angaben der Befragten - wenig attraktive Treffpunkte darstellen. Sicherlich schmerzt es einige Enkel, ihre Großeltern in dem ungewohnten Umfeld eines Altenheimes zu erleben. Zum anderen kann hinterfragt werden, inwiefern bei AltenheimbewohnerInnen eher weniger intensive familiale Bande oder sogar familiale Probleme vorliegen als bei Menschen, die im Alter in Privathaushalten leben. Darüber liegen jedoch keine Aussagen vor. Das Familienverständnis der Befragten - wie oben dargelegt - bestätigt solche Annahmen jedoch nicht.

Hinsichtlich der Zufriedenheit mit diesen doch recht unterschiedlichen Kontakthäufigkeiten vertreten die beiden Befragtengruppen gleiche Ansichten. Bei beiden Gruppen geben gut 60% der Befragten an, daß sie mit der Kontakthäufigkeit zufrieden sind und knapp 40% wünschen sich häufigere Kontakte.

Großeltern-Enkel-Kontakte mit/ohne Eltern
Während die Altenheim-Großeltern bei diesen Angaben die ganze Palette von „fast ausschließlich mit Eltern" über „gleichhäufig mit/ohne Eltern" bis „fast ausschließlich ohne Eltern" in etwa gleichen Ausmaßen nennen, finden Großeltern-Enkel-Kontakte in Privathaushalten vorrangig „häufiger mit Eltern" und „gleichhäufig mit/ohne Eltern" statt. Die Großeltern in Privathaushalten favorisieren jedoch zu 70%, ihre Enkelkinder ohne deren Eltern zu sehen. Dieser Wunsch ist bei den Altenheim-Großeltern weniger deutlich ausgeprägt, dominiert aber auch hier mit 43,3% die Wunschliste. Zu 40% ist es dieser Befragtengruppe jedoch egal, ob die Enkelkind-Kontakte mit/ohne die Eltern der Enkel stattfinden. Bei den Interviews entsteht der Eindruck, daß nicht insbesondere Kontakte zu den Enkelkindern, sondern generell familiale Kontakte begrüßt werden. Für die Großeltern aus Privathaushalten nehmen dagegen die Kontakte zu ihren Enkeln häufig einen besonderen Stellenwert ein.

Treffpunkte bei Großeltern-Enkel-Kontakten
Die Kontakte finden bei den Privathaushalt-Großeltern zu 40% vorrangig bei den Großeltern, zu 33,3% sowohl bei den Großeltern als auch bei den Enkeln zu Hause und zu 26,7% vorrangig bei den Enkeln zu Hause statt. Bei den Altenheim-Großeltern finden die Kontakte mehrheitlich (62,1%) im Altenheim statt, was auch von 60% der Befragten favorisiert wird. Zumeist ergibt sich dieser Wunsch aus den eingeschränkten Bewegungsmöglichkeiten dieser Großeltern. Ähnlich sind die Wünsche der Großeltern aus Privathaushalten. Auch sie favorisieren zu 60%, daß die Kontakte bei ihnen zu Hause stattfinden. Beiden Befragtengruppen ist es demnach lieber, die Enkelkinder in den eigenen Räumlichkeiten zu empfangen. Das entspricht jedoch bei den Altenheim-Großeltern häufiger der Realität als bei der anderen Befragtengruppe.

9.4 Gestaltung der Großeltern-Enkel-Beziehung

Unterschiede ergeben sich beim Vergleich der Gestaltung der Großeltern-Enkel-Kontakte in Privathaushalten und in Altenheimen vor allem bei folgendem: Die Kontakte mit Enkeln finden bei den Altenheim-Großeltern weitaus häufiger drinnen statt und es handelt sich auch häufiger um alltägliche Beschäftigungen. Ausflüge oder andere besondere Unternehmungen stellen in größerem Ausmaß Ausnahmen dar als bei den Privathaushalt-Großeltern. Dementsprechend spielt die Bedeutung der Erkundung neuer Lebenswelten bei den Altenheim-Großeltern zumeist keine Rolle. Bei den anderen Großeltern ist die Erkundung neuer Lebenswelten vorrangig von geringer, doch zum Teil auch von großer (13,3%)

oder mittelgroßer (33,3%) Bedeutung. Entsprechend der eingeschränkten Möglichkeiten von Altenheim-Großeltern ihren Lebensalltag abwechslungsreich und kreativ zu gestalten, wirkt sich dieser Lebensstil auch auf die Gestaltung der Großeltern-Enkel-Kontakte aus. Es dominieren hier eindeutig Gespräche und auch gemeinsame Essen mit den Enkeln. Sehr überraschend sind jedoch die Angaben dieser Befragtengruppe zu ihren Lieblingsbeschäftigungen mit den Enkeln. Während zu dieser Fragestellung alle Privathaushalt-Großeltern Angaben liefern, können 50% der Befragten aus Altenheimen hierzu nichts äußern. Es ist ihnen nicht möglich, eine Lieblingsbeschäftigung mit den Enkeln anzugeben. Das legt die Vermutung nahe, daß die Großeltern-Enkel-Beziehungen in den Privathaushalten doch sehr viel lebhafter und konturenreicher sind als die in den Altenheimen. Diejenigen AltenheimbewohnerInnen, die Lieblingsbeschäftigungen nennen, bevorzugen hierbei - ebenso wie die Großeltern aus Privathaushalten - alltägliche Aktivitäten in direkter Interaktion mit ihren Enkeln. Die Befragten aus Altenheimen wünschen hier häufiger Innenaktivitäten und die Erkundung neuer Lebenswelten ist ihnen - in Anlehnung an ihre reale Lebenssituation - unwichtiger als den Befragten aus Privathaushalten. Auch Wünsche, was sie gerne einmal mit ihren Enkeln machen würden, was aber bisher nicht möglich war, werden von der Hälfte der AltenheimbewohnerInnen nicht genannt. Das trifft jedoch auch für 40% der Großeltern aus Privathaushalten zu. Diese kommentieren jedoch weitaus häufiger, daß sie rundum zufrieden seien und daher zu dieser Frage nichts angeben würden.

Bei der Gestaltung von Großeltern-Enkel-Beziehungen zeigt sich, daß diese Beziehungen von Alten in Privathaushalten weitaus lebendiger gelebt und erfahren werden als von Alten in Altenheimen. Sicherlich mag das auch mit dem Alter der Befragten oder anderen familialen Begebenheiten zusammenhängen. Dennoch kann zur Gestaltung von Großeltern-Enkel-Beziehungen in Altenheimen und Privathaushalten festgehalten werden, daß Alte aus Altenheimen über weniger intensive und alltägliche Kontakte zu ihren Enkelkindern verfügen als Alte in Privathaushalten.

9.5 Bedeutung und Intensität der Großeltern-Enkel-Beziehung

Die Wichtigkeit von Großeltern-Enkel-Kontakten wird in beiden Befragtengruppen von niemanden als weniger wichtig oder unwichtig bezeichnet. Allerdings beurteilen Großeltern aus Privathaushalten mit 60% die Großeltern-Enkel-Kontakte häufiger als sehr wichtig als die Befragten aus Altenheimen (46,7%). Außerdem sind die Befragten aus Privathaushalten wesentlich häufiger (90%) sehr gern Großeltern als die Befragten aus Altenheimen (48,1%). Die Gründe, weshalb die Großelternrolle geschätzt wird, sind jedoch bei den beiden Befragtengruppen ähnlich. Zumeist wird auf die Liebe und Zuneigung der Enkel verwiesen und hervorgehoben, wie wichtig familiale Kontakte sind. Trotz der weniger leidenschaftlichen Einschätzung der Großelternrolle bei den Alten aus Altenheimen geben 90% dieser und 100% der Großeltern aus Privathaushalten Aspekte an, was sie gut daran finden, Enkelkinder zu haben. Allerdings äußern sich auch hierzu die Privathaushalt-Großeltern wesentlich umfangreicher als die Altenheim-Großeltern.

Die Bedeutung und Intensität wurde aber - wie schon oben erläutert - auch über Umwege zu ermitteln versucht. Hierzu wurden die Befragten u.a. gebeten, Wünsche für sich von den Enkeln und auch Wünsche für die Enkel zu äußern. Hierbei interessiert, wie individuell und auf die Lebenskontexte der Enkel zugeschnitten die Wünsche formuliert werden. Die Wünsche dienen somit als Spiegel des großelterlichen Einfühlungsvermögens in die Lebenszusammenhänge ihrer Enkel. Bei den Wünschen, die die Großeltern von den Enkeln für sich äußern, bedenken die Altenheim-Großeltern noch häufiger als die Privathaushalt-Großeltern das Lebensglück der Enkel als ihr eigenes. Sie wünschen sich von den Enkeln beispielsweise, daß sie einen guten Beruf bekommen, eine Familie gründen. Insgesamt betrachtet bewegen sich die Wünsche der Altenheim-Großeltern jedoch eher auf einem oberflächlichen Niveau als die der anderen Befragtengruppe. Letztere scheinen weitreichendere Einblicke in die Lebenskontexte ihrer Enkel zu haben als die Befragten aus Altenheimen. Ähnliches zeigt sich auch bei den Wünschen der Großeltern für die Enkelkinder. Dennoch trifft es für beide Befragtengruppen zu, daß sie den Enkeln vorrangig beruflichen Erfolg, familiale Zufriedenheit, Gesundheit, gute Zeiten (kein Krieg, keine Umweltkatastrophen) wünschen. Die Privathaushalt-Großeltern äußern allerdings weitaus häufiger (40%) als die andere Befragtengruppe (3,3%) für ihre Enkel den Wunsch, daß sie sich selbst verwirklichen können und Lebenszufriedenheit erlangen.

Beiden Befragtengruppen liegt das Wohlergehen ihrer Enkelkinder sehr am Herzen und es wird deutlich, daß die Enkel ein Teil ihres Lebens sind. Die Angaben veranschaulichen jedoch auch, daß Großeltern-Enkel-Beziehungen bei Großeltern, die in Privathaushalten leben, lebensnäher und intensiver sind als bei Großeltern, die in Altenheimen leben.

9.6 Einstellungen zu Großeltern-Enkel-Beziehungen

Alle befragten Großeltern, die in Privathaushalten leben und 83,3% derer, die in Altenheimen leben, sind der Auffassung, daß intergenerationelle Kontakte zwischen ihnen und ihren Enkelkindern für sie Vorteile implizieren. Von den Befragten aus Privathaushalten werden allerdings umfangreichere Informationen hinsichtlich dieser Vorteile gegeben. Die Befragten aus Altenheimen äußern vorrangig den Vorteil, daß sie durch die Enkel einen Zugang zur Welt der Jüngeren bekommen, was sie jung hält, und daß die Enkel ihnen Freude und Liebe schenken, was ihnen gut tut. Beides wird auch von den Großeltern aus Privathaushalten bedacht. Diese verweisen aber zudem auf die enge und gute Beziehung zu ihren Enkelkindern, die sie als Bereicherung wahrnehmen und die Besonderheiten der Großeltern-Enkel-Beziehungen im Vergleich zu den Beziehungen zu den eigenen Kindern. Einige sehen in den Kontakten zu den Enkeln auch einen Lebenssinn, eine Aufgabe, die sie vor Langeweile bewahrt. Nachteile dieser Kontakte für Großeltern erkennt keine der Befragten aus Altenheimen und nur eine Befragte aus den Privathaushalten.

Für die Enkelkinder benennen 96,7% der Befragten aus Privathaushalten und 60% derer aus Altenheimen Vorteile dieser intergenerationellen Kontakte. Als Vorteile werden von den Befragten aus Privathaushalten häufig bedacht: Großeltern als zusätzliches Erfahrungsfeld (in Abgrenzung zu Eltern); Großeltern sind gelassener, ruhiger, großzügiger; über Großeltern lernen Kinder die alte Generation kennen. Die Alten aus Altenheimen äußern dagegen häufiger folgende Vorteile: Großeltern als Ratgeber mit viel Lebenserfahrung und Großeltern machen Geschenke, bieten finanzielle Unterstützung. Die beiden Befragtengruppen definieren ihre Großelternschaft demnach über zum Teil unterschiedliche Eigenheiten und Funktionen.

Nachteile durch diese Kontakte für die Enkelkinder erkennen 16,7% der Befragten aus Privathaushalten und niemand aus der anderen Befragtengruppe. Letztere sehen demnach weder für sich noch für die Enkel Nachteile in diesen Kontakten. Die Befragten aus Privathaushalten äußern als Nachteile hauptsächlich das Verwöhnen der Enkel durch die Großeltern.

Die befragten Großeltern aus Privathaushalten sehen zwar zum Teil auch Nachteile für ihre Enkelkinder und/oder auch sich selbst durch die Großeltern-Enkel-Kontakte, sie nennen jedoch auch vielfältige Vorteile, die sich durch diese Kontakte für sie und ihre Enkelkinder ergeben. Die andere Befragtengruppe gibt zwar keine Nachteile für sich oder die Enkel an, doch benennt sie auch etwas seltener Vorteile für sich und insbesondere für die Enkel. Den Befragten in Altenheimen fällt es schwer Vorteile zu äußern, die sich für ihre Enkel aus den Kontakten zu Großeltern (im Altenheim) ergeben können. Oftmals meinen sie aufgrund ihrer Gebrechlichkeit und/oder Unbeweglichkeit sowie dem Umfeld Altenheim ihren Enkeln nichts mehr bieten zu können.

9.7 Ausblick

Großeltern in Privathaushalten erleben ihre Großeltern-Enkel-Beziehung weitaus lebendiger und facettenreicher als die befragten Großeltern, die in Institutionen leben. Auch für letztere stellen die Enkelkinder einen wichtigen Lebensbereich dar, sie gehören zum Leben dieser alten Menschen, schenken ihnen Freude. Doch nehmen sie - sei es aufgrund des höheren Alters dieser Befragten und ihrer Enkelkinder oder wegen des institutionellen Lebenskontextes - für diese Menschen bei weitem nicht den Stellenwert ein wie dies für Großeltern in Privathaushalten zutrifft.

10 Großeltern und Enkelkinder in familialen und institutionellen Lebenskontexten: Auswirkungen auf die Gestaltung und Bedeutung von Großeltern-Enkel-Beziehungen

10.1 Forschungsinteresse

In den folgenden Kapiteln werden durch einen Vergleich der Angaben von Großeltern und Enkelkindern aus Privathaushalten mit denen von Großeltern und Enkelkindern aus Institutionen die Besonderheiten des Lebens in familialen bzw. institutionellen Kontexten hinsichtlich der Gestaltung und Bedeutung von Großeltern-Enkel-Kontakten erarbeitet.

10.2 Familienverständnis

Der Familienbegriff wird von den Befragtengruppen ähnlich definiert. Zum einen beziehen sich die Befragten auf das klassische Familienmodell von Vater, Mutter, Kind/er, zum anderen erweitern sie es - eventuell angeregt durch das Interviewthema - um eine dritte Generation. Demnach bietet nicht das Zusammenleben in einem Haushalt die Grundlage des Familienverständnisses. Bei den Befragten, die in Institutionen leben, wird nicht die Institution und deren Mitglieder/BewohnerInnen als Familie verstanden. Es fällt jedoch auf, daß bei den Befragten aus Institutionen eher bestimmte Familienangehörige aus der Auflistung der Familienmitglieder ausgeschlossen werden. Bei den Kinderheimkindern wird beispielsweise auf den Vater verwiesen, der aber nicht mehr zur Familie gehört, da er die Kinder enttäuscht hat. Die Befragten aus Altenheimen verzichten dagegen weitaus häufiger als die Alten aus Privathaushalten auf die Erwähnung der Schwiegerkinder. Trifft es demnach zu, daß in Institutionen für junge und auch alte Menschen vorrangig ein besonderes Klientel lebt, bei dem familiale Beziehungen eher problematisch sind?

10.3 Bedingungen und Kontexte bei Großeltern-Enkel-Kontakten

Inwiefern zeigen sich bei Bedingungen und Kontexten von Großeltern-Enkel-Kontakten Spezifika, die sich aus dem Lebenskontext Familie bzw. Institution ableiten lassen?

Wohnortentfernung und Kontakthäufigkeit
Die Angaben der Befragten aus Privathaushalten und aus Institutionen verdeutlichen, daß Großeltern und Enkelkinder in Privathaushalten häufiger näher beieinander wohnen und auch regeren Kontakt zueinander haben als dies für Großeltern und Enkelkinder zutrifft, die im Altenheim bzw. Kinderheim leben. Zufrieden mit den Kontakthäufigkeiten zeigen sich jedoch etwas häufiger die Alten - sowohl aus Privathaushalten als auch aus Altenheimen - als die Kinder. Bei den Kindern wiederum sind mit gut 40% die Privathaushalt-Enkelkinder zumeist zufriedener als die Kinderheim-Enkelkinder (26,7%).

Großeltern-Enkel-Kontakte mit/ohne Eltern
Hinsichtlich der An- bzw. Abwesenheit der Eltern der Enkelkinder bei den Großeltern-Enkel-Kontakten lassen sich bezüglich familialer oder institutioneller Lebensformen keine Besonderheiten ableiten. Sowohl bei den Privathaushalt-Großeltern und Enkelkindern als auch bei den Kinderheim-Enkelkindern sind die Eltern mehrheitlich anwesend, was jedoch in diesem Ausmaß für die Großeltern-Enkel-Kontakte der Alten aus Altenheimen nicht zutrifft. Vermutlich wird dieser Aspekt eher vom Alter der Enkelkinder als von familialen oder institutionellen Lebenskontexten der Befragten geprägt.

Auch hinsichtlich der Wünsche zu dieser Thematik sind keine Besonderheiten erkennbar, die sich aus dem familialen oder institutionellen Lebenskontext der befragten Alten und Kinder ableiten lassen. Eindeutig ist der Wunsch der Privathaushalt-Großeltern nach Enkelkinder-Kontakten ohne die Anwesenheit der Eltern (70%). Die Enkelkinder aus Privathaushalten äußern diesen Wunsch nicht derartig eindeutig (43,3%). Kinderheimkinder dagegen favorisieren die

Anwesenheit ihrer Eltern (53,3%) und Alte aus Altenheimen zeigen mit 43,3% eine gewisse Vorliebe für die Abwesenheit der Eltern.

Treffpunkte bei Großeltern-Enkel-Kontakten
Während nach Ansicht der Privathaushalt-Enkelkinder die Kontakte zu den Großeltern vorrangig bei den Großeltern stattfinden, trifft das nach Angaben der befragten Großeltern aus Privathaushalten nur zu 40% zu. Kinderheim-Enkelkinder sehen ihre Großeltern zumeist (80%) bei den Großeltern zu Hause. Möglicherweise vermischen die Kinder hierbei zum Teil die Ortsangaben bei den Großeltern und den Eltern zu Hause. In jedem Fall finden diese Kontakte nicht im Heim statt, was aber für die Altenheim-Großeltern und deren Großeltern-Enkel-Kontakte mehrheitlich zutrifft.

Bei den Wunschvorstellungen zum Treffpunkt bei Großeltern-Enkel-Kontakten wird - in unterschiedlichem Ausmaß - von allen Befragtengruppen das Treffen bei den Großeltern favorisiert. Für die Befragten aus Altenheimen bedeutet dies, im gewohnten Umfeld zu bleiben, während es für die Kinderheim-Enkelkinder ein Verlassen der Institution impliziert. Von daher wird auch in institutionellen Lebenskontexten hiermit ganz unterschiedlich umgegangen.

10.4 Gestaltung der Großeltern-Enkel-Beziehung

Während die Alten aus Privathaushalten und Institutionen größtenteils angeben, daß bei den Großeltern-Enkel-Kontakten direkte Interaktionen mit den Enkeln dominieren, trifft das für die beiden Kinderbefragtengruppen nicht im gleichen Ausmaß zu. Nach deren Angaben beschäftigen sie sich bei ihren Großeltern auch teilweise ohne diese und mit anderen Dingen. Aus Sicht der befragten Alten aus Altenheimen und der Kinder aus Kinderheimen und Privathaushalten handelt es sich bei diesen Beschäftigungen vorrangig um alltägliche Aktivitäten, was jedoch nur von der Hälfte der Privathaushalt-Großeltern angegeben wird. Die andere Hälfte meint, sowohl alltägliche als auch besondere Aktivitäten gleichermaßen mit den Enkelkindern zu erleben. Auffällig ist jedoch, daß bei 10% der Kinderheimkinder angegeben wird, daß sie bei/mit ihren Großeltern nichts machen. Bei den Lieblingsbeschäftigungen mit den Großeltern geben sogar 26,6% dieser Kinder nichts an. Und auch 50% der Befragten aus Altenheimen wissen keine Lieblingsbeschäftigung mit ihren Enkelkindern zu benennen. Das trifft für keine Großmutter/keinen Großvater aus Privathaushalten und nur zwei der Enkelkinder aus Privathaushalten zu. Zudem ist diesen beiden Befragtengruppen bei den Lieblingsbeschäftigungen die direkte Interaktion mit den Großeltern bzw. Enkelkindern wesentlich häufiger wichtig als dies für die Kinderheimkinder und die Großeltern aus Altenheimen zutrifft.

Auch auf die Frage, was die Enkelkinder bzw. Großeltern gern einmal mit den Großeltern bzw. Enkelkindern machen würden, was aber bisher nicht möglich war, wissen 50% der Großeltern aus Altenheimen nichts zu benennen. Das trifft jedoch für 40% der Großeltern aus Privathaushalten, 26,7% der Enkel aus Kinderheimen und 43,3% der Enkel aus Privathaushalten ebenfalls zu. Allerdings wird dies bei den Befragten aus Privathaushalten weitaus häufiger als bei den beiden anderen Befragtengruppen dahingehend kommentiert, daß die Befragten „rundum zufrieden seien" und daher keine Wünsche äußern könnten.

Vor allem hinsichtlich der Lieblingsbeschäftigungen mit den Großeltern bzw. Enkelkindern fällt auf, daß die befragten Alten und Kinder aus Institutionen hier weitaus seltener Angaben machen können als diejenigen aus Privathaushalten. Es liegt die Annahme nahe, daß die Großeltern-Enkel-Beziehungen der Befragten aus Alten- und Kinderheimen im Vergleich zu den beiden anderen Befragtengruppen weniger intensiv und leidenschaftlich erlebt werden. Diese Annahme wird im folgenden Kapitel näher untersucht.

10.5 *Bedeutung und Intensität der Großeltern-Enkel-Beziehung*

Die befragten Alten aus Altenheimen erachten mit 46,7% die Großeltern-Enkel-Beziehung seltener als sehr wichtig als die befragten Alten aus Privathaushalten. Erstere geben zudem weitaus seltener als letztere an, daß sie sehr gern Großeltern seien. Und auch die Enkelkinder aus Kinderheimen schätzen ihre Enkelkindrolle weniger als die Kinder aus Privathaushalten. Kinder aus Privathaushalten sind zu 83,3% sehr gern Enkelkinder, was bei den Kinderheim-Enkelkindern zu gut 50% zutrifft.

Bei den eher emotionalen Äußerungen zur Großeltern-Enkel-Beziehung in Form von Beschreibungen der Enkel bzw. Großeltern und von Wunschäußerungen an bzw. für die Großeltern bzw. Enkel entsteht bei den Befragten aus Privathaushalten häufiger der Eindruck von lebhaften alltagsnahen Beziehungen als bei den Befragten aus Institutionen. Dennoch ist zu bedenken, daß auch von einigen Befragten aus Institutionen sehr lebensnahe Schilderungen der Enkel bzw. Großeltern gegeben und auch hier sehr individuell und einfühlsam Wünsche formuliert werden. Allerdings kommt dies nicht derartig häufig vor wie bei den befragten Alten und Kindern aus Privathaushalten. Es muß demnach, auch im Hinblick auf pädagogisch-konzeptionelle Überlegungen in Institutionen, sehr individuell überlegt werden, bei wem und inwiefern solche oder auch andere generationenübergreifenden Kontakte sinnvoll erscheinen oder eben nicht.

10.6 Einstellungen zu Großeltern-Enkel-Beziehungen

Wie schon erwähnt, können 93,3% der Privathaushalt-Enkelkinder und 90% der Kinderheim-Enkelkinder angeben, was sie gut daran finden, Großeltern zu haben. Nachteile werden von beiden Befragtengruppen nicht geäußert. Die befragten Alten aus Altenheimen können sich nur zu 60% vorstellen, daß Kontakte zu Großeltern für Enkelkinder Vorteile bringen, was jedoch 96,7% der Alten aus Privathaushalten meinen. Nachteile für Enkel sieht dagegen in diesen Kontakten keine/kein Befragte/r aus Altenheimen, aber immerhin 16,7% der Privathaushalt-Großeltern. Im Hinblick auf die eigene Situation meinen 86,2% der Altenheim-Großeltern und alle Privathaushalt-Großeltern, daß diese Kontakte ihnen Vorteile bringen. Nachteile erkennt eine Befragte aus Privathaushalten und niemand aus Altenheimen. Demnach entdecken die Befragten aus Institutionen etwas seltener als jene aus Privathaushalten Vorteile von familialen generationenübergreifenden Kontakten zwischen Alt und Jung. Sie sehen aber auch etwas seltener Nachteile in diesen Kontakte. Möglicherweise ist auch dies ein Indiz für die zum Teil weniger lebhaften und facettenreichen Kontakte zwischen Großeltern und Enkelkindern bei diesen Befragtengruppen.

10.7 Ausblick

Sowohl bei Kinderheimkindern als auch bei AltenheimbewohnerInnen gestalten sich die Großeltern-Enkel-Beziehungen weniger lebendig und alltäglich als bei Großeltern und Enkelkindern, die in Privathaushalten leben. Dieses Ergebnis wirft die Frage auf, inwiefern institutionelle Lebenskontexte solche Besuchskontakte verhindern bzw. ein alltägliches Miteinander erschweren. Insofern stehen Überlegungen zum Abbau institutioneller Hemmschwellen und zur Realisierbarkeit alltäglicher Kontakte zwischen Kindern und alten Menschen, Enkeln und Großeltern in Institutionen an.

Sicherlich bleibt unklar, inwiefern die hier erzielten Resultate bezüglich der Großeltern-Enkel-Kontakte in Institutionen nicht auch vom Klientel und dessen Herkünften und Lebensaltern geprägt werden. Dennoch scheinen die oben thematisierten Fragestellungen für generationenübergreifendes Miteinander in Institutionen - seien es verwandtschaftliche oder nicht-verwandtschaftliche Kontakte - von weitreichender Bedeutung und bedürfen weiterer Forschung.

V Perspektiven

Die Studie belegt die weitreichende Bedeutung von innerfamilialen Kontakten zwischen Kindern und Großeltern. Sowohl aus Perspektive der Enkelkinder als auch aus Sicht der Großeltern in Privathaushalten stellen diese Kontakte Lebensbereicherungen dar. Die gemeinsamen Aktivitäten und Interaktionen werden - vor allem in Alltagskontexten - beiderseits genossen. Entgegen gesellschaftlicher Vorurteile finden diese Kontakte eine auffallend große Wertschätzung. Diese überwältigend positiven Wahrnehmungen der Großeltern-Enkel-Beziehungen in Privathaushalten lassen sich jedoch nicht in gleicher Weise auf Großeltern-Enkel-Beziehungen übertragen, wenn entweder die Kinder oder die alten Menschen in Institutionen leben. Die Interviews mit Kindern und alten Menschen, die in Institutionen leben, veranschaulichen weitaus distanziertere Großeltern-Enkel-Beziehungen. Wesentlich scheint hierzu beizutragen, daß für ein alltägliches Miteinander zwischen Großeltern und Enkelkindern in Institutionen wie Kinderheimen und Alten-/Pflegeheimen wenig Raum vorgesehen ist. Institutionelle Rahmenkontexte schließen Großeltern-Enkel-Beziehungen zwar nicht aus, doch eine Förderung dieser innerfamilialen generationenübergreifenden Kontakte ist konzeptionell zumeist weder in Kinder- noch in Alten-/Pflegeheimen vorgesehen. In Kinderheimen konzentriert sich die Familienarbeit vor allem auf die Elternarbeit, während in Alten-/Pflegeheimen Familienarbeit konzeptionell kaum verankert ist. Bei Kinderheimkindern basieren positive Großelternkontakte auf Wochenendbesuchen bei der Herkunftsfamilie, bei alten Menschen in Einrichtungen der Altenhilfe resultieren bereichernde Kontakte zu Enkelkindern aus herzlichen Großeltern-Enkel-Beziehungen in vergangenen, jüngeren Zeiten. Bei den befragten Kinderheimkindern und AltenheimbewohnerInnen mit positiven Kontakten zu ihren Großeltern bzw. Enkelkindern zeigt sich jedoch deutlich das Potential dieser Beziehungen für die Lebensgestaltung der Kinder und alten Menschen. Erstaunlich selbstsicher können die Kinder - ebenso wie die Alten - beurteilen, inwiefern Kontakte zu ihren Großeltern - Enkelkindern - für sie positiv besetzt sind oder aber - und das kommt ebenfalls vor - eine Belastung darstellen.

Basierend auf diesen Ergebnissen stellt sich die Frage nach pädagogisch-konzeptionellen Ansätzen zur Großelternarbeit in Kinderheimen und zur Enkelkinderarbeit in Alten-/Pflegeheimen. Neben der Aktivierung solcher innerfamilialen generationenübergreifenden Kontakte zwischen Großeltern und Enkelkindern erscheinen Modelle der außerfamilialen Alten- bzw. Kinderarbeit wertvoll, sofern die Kinderheimkinder und/oder AltenheimbewohnerInnen solche Kontakte befürworten. Dieser Gedanke läßt sich von Institutionen, in denen die BewohnerInnen vollzeit leben, auf Tageseinrichtungen sowie andere Treffpunkte für junge bzw. alte Menschen ausdehnen. Allerdings erscheint es - wie schon oben angedeutet - wesentlich, daß die BewohnerInnen bzw. BesucherInnen der Institutionen diese Kontakte wünschen und darin Bereicherungen für ihre Lebenssituationen erkennen können. Demnach sind generationenübergreifende Kontakte in Institutionen, die als Gruppenereignisse geplant sind, ohne im Vorfeld die Motivation und Lust der Beteiligten zu ermitteln, wenig angemessen. Hier eröffnet sich ein weites Feld, welches bei der pädagogischen Alltagsgestaltung in Institutionen bisher weitgehend vernachlässigt wurde. Es stehen zu diesem Themenkomplex weitere Studien an, die beispielsweise auch das Beziehungserleben der Großeltern von Kinderheimkindern und der Enkel von AltenheimbewohnerInnen erkunden, sich mit dem daraus resultierenden Aufgabenprofil der pädagogischen Fachkräfte befassen und deren Ansichten zu generationenübergreifenden Kontakten zwischen Jung und Alt - sei es im innerfamilialen oder außerfamilialen Kontext - erforschen.

Hinsichtlich des Generationenbegriffs hat die Befragung von alten Menschen interessante Informationen geliefert. Insbesondere die in der Literatur zur Generationsthematik bisher weitgehend unterschätzte Bedeutung der Mikro- im Vergleich zur Makroebene für das generationelle Empfinden von Menschen eröffnet neue Perspektiven. Die Befragung von alten Menschen zur Generationsthematik hat gezeigt, daß solche methodischen Zugänge entscheidend zur Bereicherung des theoretischen Diskurses und zur Strukturierung des Generationenbegriffs beitragen können.

Literatur

Albert-Schweitzer-Kinderdorf in Hessen e.V.; Internationale Gesellschaft für Heimerziehung (Hrsg.): Familie und Heim. Perspektiven der Elternarbeit in der Heimerziehung. Frankfurt am Main 1993.

Almstedt, Matthias; Munkwitz, Barbara: Ortsbestimmung der Heimerziehung. Geschichte, Bestandsaufnahme, Entwicklungstendenzen. Weinheim, Basel 1982.

Apostel, Barbara Ulrike: Großeltern als Sozialisationsfaktoren. Die Bedeutung der Großeltern in biographischer Sicht. Bonn 1989.

Baas, Gudrun: Auswirkungen von Langzeitunterbringung im Erziehungsheim - Untersuchungen zu Selbstbild und Lebensbewältigung ehemaliger Heimkinder. Frankfurt am Main 1986.

Backes, Gertrud M.: Alter(n) als „gesellschaftliches Problem"? Opladen 1997.

Backes, Gertrud M.; Clemens, Wolfgang: Lebensphase Alter: eine Einführung in die sozialwissenschaftliche Alternsforschung. Weinheim, München 1998.

Balluseck, Hilde von (Hrsg.): Familien in Not. Wie kann Sozialarbeit helfen? Freiburg 1999.

Baltes, Margret; Montada, Leo (Hrsg.): Produktives Leben im Alter. Frankfurt am Main, New York 1996.

Baltes, Margret M.; Kohli, Martin; Sames, Karl (Hrsg.): Erfolgreiches Altern. Bedingungen und Variationen. Bern, Stuttgart, Toronto 1989.

Baltes, Paul B.; Mittelstraß, Jürgen (Hrsg.): Zukunft des Alterns und gesellschaftliche Entwicklung. Berlin, New York 1992.

Baltes, Paul B.; Mittelstraß, Jürgen; Staudinger, Ursula M. (Hrsg.): Alter und Altern: Ein interdisziplinärer Studientext zur Gerontologie. Berlin 1994.

Beck, Ulrich; Beck-Gernsheim, Elisabeth (Hrsg.): Riskante Freiheiten. Frankfurt am Main 1994.

Becker, Rolf (Hrsg.): Generationen und sozialer Wandel. Opladen 1997.

Beck-Gernsheim, Elisabeth: Was kommt nach der Familie? Einblicke in neue Lebensformen. München 1998.

Behrens, Maike; Brümmer, Annette: Selbstinitiierte Hausgemeinschaften - eine Antwort auf gesellschaftliche Veränderungen? Köln 1997.

Belardi, Nando; Fisch, Marlies: Altenhilfe. Eine Einführung für Studium und Praxis. Weinheim, Basel 1999.

Bengtson, Vern L.; Robertson, Joan F. (eds.): Grandparenthood. London, Beverly Hills 1985.

Bien, Walter (Hrsg.): Eigeninteresse oder Solidarität. Beziehungen in modernen Mehrgenerationenfamilien. Opladen 1994.

Blandow, Jürgen; Faltermeier, Josef (Hrsg.): Erziehungshilfen in der Bundesrepublik Deutschland. Stand und Entwicklungen. Frankfurt am Main 1989.
Blandow, Jürgen; Walter, Michael: Großeltern und Jugendhilfe ... ein Versuch, Interesse zu wecken. In: Forum Erziehungshilfen, 1/2001, S. 49-53.
Bock, Karin: Politische Sozialisation in der Drei-Generationen-Familie. Eine qualitative Studie aus Ostdeutschland. Opladen 2000.
Böhnisch, Lothar: Gespaltene Normalität. Lebensbewältigung und Sozialpädagogik an den Grenzen der Wohlfahrtsgesellschaft. Weinheim 1994.
Böhnisch, Lothar: Sozialpädagogik der Lebensalter. Eine Einführung. Weinheim, München 1997.
Böhnisch, Lothar; Lenz, Karl (Hrsg.): Familien. Eine interdisziplinäre Einführung. Weinheim, München 1997.
Borchers, Andreas; Miera, Stephanie: Zwischen Enkelbetreuung und Altenpflege. Die mittlere Generation im Spiegel der Netzwerkforschung. Frankfurt am Main 1993.
Brandt, Hans; Dennebaum, Eva-Maria; Rückert, Willi (Hrsg.): Stationäre Altenhilfe. Problemfelder - Rahmenbedingungen - Perspektiven. Freiburg 1987.
Brasse, Barbara; Klingeisen, Michael; Schirmer, Ulla (Hrsg.): Alt sein - aber nicht allein. Neue Wohnkultur für Jung und Alt. Münster 1993.
Brüggen, Friedhelm: Die Entdeckung des Generationenverhältnisses - Schleiermacher im Kontext. In: Neue Sammlung, 3/1998, S.265-279.
Brumlik, Micha: Gerechtigkeit zwischen den Generationen. Berlin 1995.
Buba, Hans Peter; Schneider, Norbert F. (Hrsg.): Familie. Zwischen gesellschaftlicher Prägung und individuellem Design. Opladen 1996.
Bürger, Ulrich: Heimerziehung und soziale Teilnahmechancen. Eine empirische Untersuchung zum Erfolg öffentlicher Erziehung. Pfaffenweiler 1990.
Bürger, Ulrich: Ambulante Erziehungshilfen und Heimerziehung. Empirische Befunde und Erfahrungen von Betroffenen mit ambulanten Hilfen vor einer Heimunterbringung. Frankfurt am Main 1998.
Bürger, Ulrich; Lehning, Klaus; Seidenstücker, Bernd: Heimunterbringungsentwicklung in der Bundesrepublik Deutschland. Theoretischer Zugang, Datenlage und Hypothesen. Frankfurt am Main 1994.
Bundesministerium für Familie, Senioren, Frauen und Jugend (Hrsg.): Datenreport Alter: individuelle und sozioökonomische Rahmenbedingungen heutigen und zukünftigen Alterns. Stuttgart 1997.
Bundesministerium für Familie, Senioren, Frauen und Jugend (Hrsg.): Dialog der Generationen. Bonn 1998.
Bundesministerium für Familie, Senioren, Frauen und Jugend (Hrsg.): Dritter Bericht zur Lage der älteren Generation. Alter und Gesellschaft. Berlin 2001.
Bundesministerium für Familie, Senioren, Frauen und Jugend (Hrsg.): Vierter Bericht zur Lage der älteren Generation. Risiken, Lebensqualität und Versorgung Hochaltriger - unter besonderer Berücksichtigung demenzieller Erkrankungen. Berlin 2002.
Bundesministerium für Familie, Senioren, Frauen und Jugend (Hrsg.): Erster Altenbericht. Die Lebenssituation älterer Menschen in Deutschland. Bonn 1996.
Bundesministerium für Familie, Senioren, Frauen und Jugend (Hrsg.): Fünfter Familienbericht. Bonn 1995.

Bundesministerium für Familie, Senioren, Frauen und Jugend (Hrsg.): Leistungen und Grenzen von Heimerziehung. Ergebnisse einer Evaluationsstudie stationärer und teilstationärer Erziehungshilfen. Stuttgart, Berlin, Köln 1998.
Bundesministerium für Familie, Senioren, Frauen und Jugend (Hrsg.): Sechster Familienbericht. Berlin 2000.
Bundesministerium für Familie, Senioren, Frauen und Jugend (Hrsg.): Zehnter Kinder- und Jugendbericht. Bonn 1998.
Bundesministerium für Familie, Senioren, Frauen und Jugend (Hrsg.): Zweiter Altenbericht. Wohnen im Alter. Bonn 1998.
Cherlin, Andrew J.; Furstenberg, Frank F. Jr.: The new American grandparent. A place in the family. A life apart. Cambridge (Massachusetts), London (England) 1986.
Christliches Jugenddorfwerk Deutschlands (CJD) e.V. (Hrsg.): Vorteile - Vorurteile - Urteile. Das Gespräch zwischen Jung und Alt - ein aktuelles Thema für die soziale Arbeit. Ein Handbuch zur Öffentlichkeitsarbeit. Bonn 1999.
Claussen, Claus; Merkelbach, Valentin: Erzählwerkstatt. Mündliches Erzählen. Braunschweig 1995.
Conen, Marie-Luise: Elternarbeit in der Heimerziehung. Eine empirische Studie zur Praxis der Eltern- und Familienarbeit in Einrichtungen der Erziehungshilfe: Frankfurt am Main 1996.
Crawford, Marion: Not disengaged: grandparents in literature and reality, an empirical study in role satisfaction. In: The sociological review, 3/1981, S. 499-517.
Dilthey, Wilhelm: Gesammelte Schriften. Bd. V. Stuttgart, Göttingen 1957.
Düx, Holger: Lebenswelten von Menschen in einem Alten- und Pflegeheim, eine qualitative Untersuchung mit heuristischen Methoden. Köln 1997.
Ecarius, Jutta: Individualisierung und soziale Reproduktion im Lebensverlauf. Konzepte der Lebenslaufforschung. Opladen 1996.
Ecarius, Jutta (Hrsg.): Was will die jüngere mit der älteren Generation? Generationenbeziehungen in der Erziehungswissenschaft. Opladen 1998.
Ehmer, Josef: Sozialgeschichte des Alters. Frankfurt am Main 1990.
Elger, Wolfgang; Jordan, Erwin; Münder, Johannes: Erziehungshilfen im Wandel. Münster 1987.
Entzian, Hildegard: Altenpflege zeigt Profil. Ein berufskundliches Lehrbuch. Weinheim 1999.
Entzian, Hildegard (Hrsg.): Soziale Gerontologie: Forschung und Praxisentwicklung im Pflegewesen und in der Altenarbeit. Frankfurt am Main 2000.
Fabian, Thomas: Großeltern als „Helfer" in familiären Krisen. In: neue praxis, 5/1994, S. 384-396.
Flitner, Andreas: Isolierung der Generationen? Über Orientierungsschwierigkeiten der heutigen Jugend. In: Neue Sammlung, 4/1984, S. 345-355.
Fogt, Helmut: Politische Generationen. Empirische Bedeutung und theoretisches Modell. Opladen 1982.
Freigang, Werner: Verlegen und Abschieben. Zur Erziehungspraxis im Heim. Weinheim 1986.
Friebertshäuser, Barbara; Prengel, Annedore (Hrsg.): Handbuch Qualitativer Forschungsmethoden in der Erziehungswissenschaft. Weinheim, München 1997.

Frieling-Sonnenberg, Wilhelm: Altenheime in der Krise? Handbuch zu den Perspektiven einer Institution. Hannover 1992.

Fthenakis, Wassilios E.: Intergenerative familiale Beziehungen nach Scheidung und Wiederheirat aus der Sicht der Großeltern. In: Zeitschrift für Soziologie der Erziehung und Sozialisation, 2/1998, S. 152-167.

Führe, Bernd; Kohorst, Christa; Schone, Reinhold; Stickdorn, Dieter: Verbundsysteme in der Heimerziehung. Regensburg 1979.

Gabriel, Thomas; Winkler, Michael (Hrsg.): Heimerziehung. Kontexte und Perspektiven. München 2003.

Giesecke, Herrmann: Veränderungen im Verhältnis der Generationen. In: Neue Sammlung, 5/1983, S. 450-463.

Glatzer, Wolfgang: Die Lebensqualität älterer Menschen in Deutschland. In: Zeitschrift für Gerontologie, 25/1992, S. 137-144.

Gogolin, Ingrid; Lenzen, Dieter (Hrsg.): Medien-Generation. Beiträge zum 16. Kongreß der DGfE. Opladen 1999.

Hamberger, Matthias; Hardege, Barbara; Henes, Heinz; Krumbholz, Monika; Moch, Matthias: „...das ist einfach eine richtige Familie". Zur aktuellen Entwicklung von Erziehungsstellen als Alternative zur Heimerziehung. Frankfurt am Main 2001.

Heinzel, Friederike (Hrsg.): Methoden der Kindheitsforschung. Ein Überblick über Forschungszugänge zur kindlichen Perspektive Weinheim, München 2000.

Henckmann, Antje: Aufbruch in ein gemeinsames Altern. Neue Wohnformen im Alter. Opladen 1999.

Herlyn, Ingrid; Kistner, Angelika; Langer-Schulz, Heike; Lehmann, Bianca; Wächter, Juliane: Großmutterschaft im weiblichen Lebenszusammenhang. Eine Untersuchung zu familialen Generationenbeziehungen aus der Perspektive von Großmüttern. Pfaffenweiler 1998.

Herrmann, Christine: Großmutter - große Mutter. Stereotype über die ältere Frau in der Kinder- und Jugendliteratur. Frankfurt am Main 1992.

Herrmann, Ulrich: Das Konzept der „Generation". Ein Forschungs- und Erklärungsansatz für die Erziehungs- und Bildungssoziologie und die Historische Sozialisationsforschung. In: Neue Sammlung, 3/1987, S. 364-377.

Heun, Hans-Dieter; Kallert, Heide; Bacherl, Clemens: Jugendliche Flüchtlinge in Heimen der Jugendhilfe. Situation und Zukunftsperspektiven. Freiburg 1992.

Hornstein, Walter: Die Erziehung und das Verhältnis der Generationen heute. In: Zeitschrift für Pädagogik, 18/1983, S. 59-79.

Hummel, Konrad: Öffnet die Altersheime! Gemeinwesenorientierte, ganzheitliche Sozialarbeit mit alten Menschen. Weinheim 1982.

Hummel, Konrad; Steiner-Hummel, Irene: Wege aus der Zitadelle: gemeinwesenorientierte Konzepte in der Altenpflege. Hannover 1990.

Institut für soziale Arbeit e.V. (Hrsg.): Hilfeplanung und Betroffenenbeteiligung. Münster 1994.

Jaide, Walter: Generationen eines Jahrhunderts. Wechsel der Jugendgenerationen im Jahrhunderttrend. Zur Geschichte der Jugend in Deutschland 1871 bis 1985. Opladen 1988.

Jansen, Birgit; Karl, Fred; Radebold, Hartmut; Schmitz-Scherzer, Reinhard (Hrsg.): Soziale Gerontologie. Ein Handbuch für Lehre und Praxis. Weinheim, Basel 1999.

Jordan, Erwin; Sengling, Dieter: Jugendhilfe. Einführung in Geschichte und Handlungsfelder, Organisationsformen und gesellschaftliche Problemlagen. Weinheim, München 1992.

Jordan, Erwin; Sengling, Dieter: Kinder- und Jugendhilfe. Einführung in Geschichte und Handlungsfelder, Organisationsformen und gesellschaftliche Problemlagen. Weinheim 2000.

Junge, Hubertus (Hrsg.): Heimerziehung im Jugendhilfeverbund. Konzepte und Konsequenzen. Freiburg 1989.

Kade, Sylvia (Hrsg.): Individualisierung und Älterwerden. Bad Heilbrunn 1994.

Kahana, Boaz; Kahana, Eva: Grandparenthood from the Perspective of the Developing Grandchild. In: Developmental Psychology 3/1970, S. 98-105.

Karl, Fred: Sozialarbeit in der Altenhilfe. Freiburg 1993.

Kivnick, Helen Q.: The Meaning of Grandparenthood. Ann Arbor Michigan 1982.

Knobling, Cornelia: Konfliktsituationen im Altenheim. Eine Bewährungsprobe für das Pflegepersonal. Freiburg 1985.

Koch-Straube, Ursula: Fremde Welt Pflegeheim. Eine ethnologische Studie. Bern, Göttingen, Toronto, Seattle 1997.

Kohli, Martin; Szydlik, Marc (Hrsg.): Generationen in Familie und Gesellschaft. Opladen 2000.

Kornhaber, Arthur; Woodward, Kenneth L.: Grandparents/Grandchildren. The vital connection. New Brunswick, London 1981.

Krappmann, Lothar; Lepenies, Annette (Hrsg.): Alt und Jung. Spannung und Solidarität zwischen den Generationen. Frankfurt am Main 1997.

Krüger, Heinz-Hermann; Helsper, Werner (Hrsg.): Einführung in Grundbegriffe und Grundfragen der Erziehungswissenschaft. Opladen 1998.

Krug, Marianne: Generationenbegegnung in der Kindertageseinrichtung. In: Kinder in Tageseinrichtungen. Ein Handbuch für Erzieherinnen, 6/1999, S. 299-306.

Kruse, Andreas; Lehr, Ursula; Oswald, Frank; Rott, Christoph (Hrsg.): Gerontologie. Wissenschaftliche Erkenntnisse und Folgerungen für die Praxis. München 1988.

Kupffer, Heinrich; Martin, Klaus-Rainer (Hrsg.): Einführung in Theorie und Praxis der Heimerziehung. Wiebelsheim 2000.

Kuratorium Deutsche Altershilfe (Hrsg.): Rund ums Alter. Alles Wissenswerte von A bis Z. München 1996.

Lambers, Helmut: Heimerziehung als kritisches Lebensereignis. Eine empirische Längsschnittuntersuchung über Hilfeverläufe im Heim aus systemischer Sicht. Münster 1996.

Lange, Andreas: „Generationenrhetorik" und mehr: Versuche über ein Schlüsselkonzept. In: Sozialwissenschaftliche Literaturrundschau, 39/1999, S. 71-89.

Lange, Andreas; Lauterbach, Wolfgang: Aufwachsen mit oder ohne Großeltern? Die gesellschaftliche Relevanz multilokaler Mehrgenerationsfamilien. In: Zeitschrift für Soziologie der Erziehung und Sozialisation, 3/1998, S. 227-249.

Laslett, Peter: Das dritte Alter. Historische Soziologie des Alterns. Weinheim 1995.

Lauterbach, Wolfgang: Die gemeinsame Lebenszeit von Familiengenerationen. In: Zeitschrift für Soziologie, 1/1995, S. 22-41.

Lehr, Ursula; Thomae, Hans (Hrsg.): Formen seelischen Alterns. Stuttgart 1987.

Lehr, Ursula; Thomae, Hans (Hrsg.):Altern. Probleme und Tatsachen. Frankfurt am Main 1968.

Leisering, Lutz: Sozialstaat und demographischer Wandel. Wechselwirkungen - Generationenverhältnisse - politisch-institutionelle Steuerung. Frankfurt am Main 1992.

Lenz, Karl; Rudolph, Martin, Sickendiek, Ursel (Hrsg.): Die alternde Gesellschaft. Problemfelder gesellschaftlichen Umgangs mit Altern und Alter. Weinheim, München 1999.

Lenzen, Dieter; Luhmann, Niklas (Hrsg.): Bildung und Weiterbildung im Erziehungssystem: Lebenslauf und Humanontogenese als Medium und Form. Frankfurt am Main 1997.

Lepenies, Annette (Hrsg.): Alt & Jung: Das Abenteuer der Generationen. Basel, Frankfurt am Main 1997.

Liebau, Eckart (Hrsg.): Das Generationenverhältnis. Über das Zusammenleben in Familie und Gesellschaft. Weinheim 1997.

Liebau, Eckart; Schwanebeck, Axel (Hrsg.): Alt und jung. Pädagogische Perspektiven im Generationenverhältnis. Tutzingen 1996.

Liebau, Eckart; Wulf Christoph (Hrsg.): Generation. Versuche über eine pädagogisch-anthropologische Grundbestimmung. Weinheim 1996.

Lüscher, Kurt; Liegle, Ludwig: Generationenbeziehungen in Familie und Gesellschaft. Konstanz 2003.

Lüscher, Kurt; Schultheis, Franz (Hrsg.): Generationenbeziehungen in „postmodernen" Gesellschaften. Konstanz 1993.

Mader, Wilhelm u.a.: Generationenbeziehungen. Berichte aus einem Lehrprojekt. berichte - materialien - planungshilfen. Frankfurt am Main 1990.

Mair, Helmut; Hohmeier, Jürgen (Hrsg.): Wohnen und soziale Arbeit zwischen Unterbringung und Eingliederung. Opladen 1993.

Mann, Bernhard: Altenheimeintritt und soziale Strategien. Frankfurt am Main 1987.

Mannheim, Karl: Das Problem der Generationen 1928. In: Vierteljahreszeitschrift für Soziologie, 6/1928, S. 157-185.

Mannschatz, Eberhard: Jugendhilfe als DDR-Nachlaß. Münster 1994.

Mansel, Jürgen; Rosenthal, Gabriele; Tölke, Angelika (Hrsg.): Generationen - Beziehungen, Austausch und Tradierung. Opladen 1997.

Marx, Marie Luise: Großeltern als Ersatzeltern ihrer Enkelkinder - ein vernachlässigtes Problem der Sozialpolitik. Frankfurt am Main 1996.

Nave-Herz, Rosemarie; Markefka, Manfred (Hrsg.): Handbuch der Familien- und Jugendforschung. Band 1 und 2. Neuwied 1989.

Meier, Rainer; Seemann, Hans-Jürgen: Die Grauen Panther. Rebellion der Alten. Weinheim 1982.

Merchel, Joachim (Hrsg.): Qualitätsentwicklung in Einrichtungen und Diensten der Erziehungshilfe. Methoden, Erfahrungen, Kritik, Perspektiven. Frankfurt am Main 2000.

Miedaner, Lore: Kinder und Senioren gemeinsam. Ein zukunftsweisendes Projekt auch für den Kindergarten? In: Theorie und Praxis der Sozialpädagogik, 4/1999, S. 47-50.
Mrochen, Siegfried: Alter in der DDR. Arbeit, Freizeit, materielle Sicherung und Betreuung. Weinheim, Basel 1980.
Müller, Hans-Rüdiger: Das Generationenverhältnis. Überlegungen zu einem Grundbegriff der Erziehungswissenschaft. In: Zeitschrift für Pädagogik, 6/1999, S. 787-805.
Munnichs, Joep M. A.; Janmaat, Han F. J.: Vom Umgang mit älteren Menschen im Heim. Freiburg 1980.
Neugarten, Bernice L./Weinstein, Karol K.: The changing American grandparent. In: Journal of Marriage and the Family; 26/1964, S. 199-204
Niederfranke, Annette; Naegele, Gerhard; Frahm, Eckart (Hrsg.): Funkkolleg Altern 1. Die vielen Gesichter des Alterns. Opladen 1999-a.
Niederfranke, Annette; Naegele, Gerhard; Frahm, Eckart (Hrsg.): Funkkolleg Altern 2. Lebenslagen und Lebenswelten, soziale Sicherung und Altenpolitik. Opladen 1999-b.
Oberhuemer, Pamela; Ulich, Michaela: Wer gehört zu einer Familie? Die Perspektive von Kindern. In: DISKURS, 1/1992, S. 28-34
Peters, Friedhelm; Trede, Wolfgang; Winkler, Michael (Hrsg.): Integrierte Erziehungshilfen. Qualifizierung der Jugendhilfe durch Flexibilisierung und Integration? Frankfurt am Main 2001.
Petzold, Christa; Petzold, Hilarion G.: Lebenswelten alter Menschen. Konzepte, Perspektiven, Praxisstrategien. Hannover 1992.
Planungsgruppe PETRA (Hrsg.): Analyse von Leistungsfeldern der Heimerziehung. Ein empirischer Beitrag zum Problem der Indikation. Frankfurt am Main, New York, Paris 1988.
Planungsgruppe PETRA (Hrsg.): Was leistet Heimerziehung? Ergebnisse einer empirischen Untersuchung. Frankfurt am Main 1988.
Post, Wolfgang: Erziehung im Heim. Perspektiven der Heimerziehung im System der Jugendhilfe. Weinheim, München 1997.
Rauschenbach, Thomas: Das sozialpädagogische Jahrhundert. Analysen zur Entwicklung sozialer Arbeit in der Moderne. Weinheim, Münschen 1999.
Rauschenbach, Thomas; Ortmann, Friedrich; Karsten Maria-E. (Hrsg.): Der sozialpädagogische Blick. Lebensweltorientierte Methoden in der Sozialen Arbeit. Weinheim 1993.
Rauschenbach, Thomas; Schilling, Matthias (Hrsg.): Kinder- und Jugendhilfereport 1. Analysen, Befunde und Perspektiven. Münster 2001.
Reimann, Helga; Reimann, Horst (Hrsg.): Das Alter. Einführung in die Gerontologie. Stuttgart 1994.
Robertson, Joan F.: Grandmotherhood: A study of role conceptions. In: Journal of Marriage and the Family, 39/1977, S. 165-174.
Rosenmayr, Leopold: Altern im Lebenslauf. Soziale Position, Konflikt und Liebe in den späten Jahren. Göttingen, Zürich 1996.
Rosenmayr, Leopold: Streit der Generationen? Lebensphasen und Altersbilder im Umbruch. Wien 1993.

Rosenmayr, Leopold; Köckeis, Eva: Umwelt und Familie alter Menschen. Neuwied am Rhein, Berlin 1965.
Rossi, Alice S.; Rossi, Peter H.: Of human bonding. Parent-Child Relations Across the Life Course. New York 1990.
Rückert, Willi: Art und Ausmaß der Aktivitäten von Pflegeheimbewohnern. In: Mitteilungen zur Altenhilfe, 4/1985, S. 25-33.
Sauer, Martin: Heimerziehung und Familienprinzip. Neuwied, Darmstadt 1979.
Schmied, Gerhard: Der soziologische Generationsbegriff. Darstellung. Kritik und „Gewissenserforschung". In: Neue Sammlung, 3/1984, S. 231-244.
Schneewind, Klaus A.; Ruppert, Stefan: Familien gestern und heute: ein Generationenvergleich über 16 Jahre. München 1995.
Schrapper, Christian; Sengling, Dieter (Hrsg.): Die Idee der Bildbarkeit. 100 Jahre sozialpädagogische Praxis in der Heilerziehungsanstalt Kalmenhof. Weinheim, München 1988.
Schrapper, Christian: Voraussetzungen, Verlauf und Wirkungen der „Heimkampagnen". In: Neue Praxis, 5/1990, S. 417-427.
Schubert, Herbert J.: Zur Rolle der sozialen Beziehungsnetze in der Altenpflege. In: Zeitschrift für Gerontologie, 1/1987, S. 292-299.
Schweppe, Cornelia (Hrsg.): Generation und Sozialpädagogik. Theoriebildung, öffentliche und familiale Generationenverhältnisse, Arbeitsfelder. Weinheim, München 2002.
Schweppe, Cornelia (Hrsg.): Soziale Altenarbeit. Pädagogische Arbeitsansätze und die Gestaltung von Lebensentwürfen im Alter. Weinheim, München 1996.
Schwob, Peter: Großeltern und Enkelkinder. Zur Familiendynamik der Generationsbeziehung. Heidelberg 1988.
Siekmann, Gerd: Altenheim - ja oder nein? Rechte und Pflichten. Kevelaer 1999.
Simmen, René: Heimerziehung im Aufbruch. Alternativen zu Bürokratie und Spezialisierung im Heim. Bern, Stuttgart 1990.
Smith, Peter K. (ed.): The psychology of grandparenthood. An International Perspective. London 1991.
Sozialpädagogisches Institut im SOS-Kinderdorf e.V. (Hrsg.): Heimerziehung aus Kindersicht. München 2000.
Statistisches Bundesamt (Hrsg.): Statistik der Jugendhilfe Teil III.2. Einrichtungen und tätige Personen 1994. Bonn 1996.
Statistisches Bundesamt (Hrsg.): Statistik der Jugendhilfe Teil III.3 - Einrichtungen und tätige Personen 1994, Bonn 1996.
Statistisches Bundesamt (Hrsg.): Privathaushalte nach Altersgruppen und Familienstand, Fachserie 1, R3, Bonn 1999.
Sticker, Elisabeth J.: Beziehungen zwischen Großeltern und Enkeln. In: Zeitschrift für Gerontologie 5/1987, S. 269-274
Strüder, Inge: Altsein in Deutschland. Ein Beitrag zur raumbezogenen Handlungssteuerung. Opladen 1999.
Sünkel, Wolfgang: Theorie der Erziehung. Erlangen 1985.
Tews, Hans Peter: Soziologie des Alterns. Heidelberg, Wiesbaden 1991.
Tews, Hans Peter: Altersbilder. Köln 1991.

Thomae, Hans; Lehr, Ursula (Hrsg.): Altern: Probleme und Tatsachen. Frankfurt am Main 1968.

Thomae, Hans; Lehr, Ursula (Hrsg.): Formen seelischen Alterns. Ergebnisse der Bonner Gerontologischen Längsschnittstudie (BOLSA). Stuttgart 1987.

Urlaub, Karl-Heinz: Angehörigenarbeit in Heimen. Konzepte und Erfahrungen. Ergebnisse einer empirischen Untersuchung. Köln 1995.

Vaskovics, Laszlo A. (Hrsg.): Familienleitbilder und Familienrealitäten. Opladen 1997.

Wahl, Hans-Werner: „Das kann ich allein". Selbständigkeit im Alter: Chancen und Grenzen. Bern, Göttingen, Toronto 1991.

Wallrafen-Dreisow, Helmut: Tagebuch aus dem Altenheim. Weinheim 1984.

Weigel, Georg; Winkler, Michael u.a.: Kinder- und Jugendhilfe. Kinder in Maßnahmen - verbandliche Stellungnahme. München 2000.

Weniger, Erich (Hrsg.): Friedrich Schleiermacher. Pädagogische Schriften. Erster Band: Die Vorlesungen aus dem Jahre 1826. Düsseldorf, München 1957.

Wenzel-Orf, Harald: Mit hundert war ich noch jung. Die ältesten Deutschen. München 2000.

Winterhager-Schmid, Luise (Hrsg.): Erfahrung mit Generationendifferenz. Weinheim 2000.

WOGE e.V.; Institut für soziale Arbeit e.V. (Hrsg.): Handbuch der sozialen Arbeit mit Kinderflüchtlingen. Münster 1999.

Wolf, Klaus (Hrsg.): Entwicklungen in der Heimerziehung. Münster 1995.

Wolff, Kurt H. (Hrsg.): Karl Mannheim - Wissenssoziologie. Auswahl aus dem Werk. Berlin, Neuwied 1964.

Wolff, Mechthild; Schröer, Wolfgang; Möser, Sigrid (Hrsg.): Lebensweltorientierung konkret - Jugendhilfe auf dem Weg zu einer veränderten Praxis. Frankfurt am Main 1997.

Wurzbacher, Gerhard (Hrsg.): Die Familie als Sozialisationsfaktor. Stuttgart 1968.

Zander, Margherita (Hrsg.): Anders Altsein. Kritik und Perspektiven der Altenpolitik. Essen 1987.

Printed in Germany
by Amazon Distribution
GmbH, Leipzig